btb

1991 erscheint in der DDR der erste Roman von Thomas Brussig. Auf einer Lesung lässt er sich zu einer pathetischen Rede hinreißen: Solange es nicht alle können, wird auch er keine Reise in den Westen unternehmen! Solange nicht jeder eines haben kann, wird auch er kein Telefon haben! Und, weil erst drei Versprechen magisch binden: Solange es verboten ist, will auch er niemals ›Die unerträgliche Leichtigkeit des Seins‹ lesen! Das macht ihn schlagartig berühmt. In den folgenden Jahren wird er, der eigentlich ein kleiner Feigling ist, für einen Dissidenten gehalten, er soll Olympiabotschafter für Berlin werden, knutscht im Harz unter Eiffeltürmen aus Holz, findet sich in eine Stasi-Affäre verwickelt und beeinflusst mit seinem Schreiben und seiner Guerilla-Statistik die öffentliche Meinung im Osten wie im Westen. Doch die DDR hält sich – bis heute.

THOMAS BRUSSIG, 1964 in Berlin geboren, hatte 1995 seinen Durchbruch mit »Helden wie wir«. Es folgten u. a. »Am kürzeren Ende der Sonnenallee« (1999), »Wie es leuchtet« (2004) und »Das gibts in keinem Russenfilm« (2015). Seine Werke wurden in über 30 Sprachen übersetzt. Thomas Brussig ist der einzige lebende deutsche Schriftsteller, der mit einem seiner literarischen Werke wie auch mit einem Kinofilm und einem Bühnenwerk ein Millionenpublikum erreichte.

Thomas Brussig

Das gibts in keinem Russenfilm

Roman

btb

Penguin Random House Verlagsgruppe FSC® N001967

1. Auflage
Taschenbuchausgabe Mai 2024
btb Verlag in der Penguin Random House Verlagsgruppe GmbH,
Neumarkter Str. 28, 81673 München

Covergestaltung: buxdesign | Ruth Botzenhardt unter Verwendung eines Motivs von Kathrin Brussig (Chicago Skyline) und Freepic
Druck und Einband: GGP Media GmbH, Pößneck
cb · Herstellung: sc
Printed in Germany
ISBN 978-3-442-77402-9

www.btb-verlag.de
www.facebook.com/penguinbuecher

Dies ist ein Roman. Zahlreiche Romanfiguren sind mit den Namen realer Menschen bezeichnet. Die Äußerungen und Taten der Romanfiguren mit den bekannt klingenden Namen sind meines Wissens Erfindungen des Autors. Anders gesagt: Wenn Du, lieber Leser, Dich beim Lesen hin und wieder fragst »Hat derundder etwa wirklich …?«, dann möge in Deinem Kopf als Echo mit meiner Stimme die Antwort erschallen »Nö, dis hab ich mir bloß ausgedacht.«

VORWORT
oder Die Erinnerung ist eine olle Kommode
(2014)

Wer nicht ertragen will, daß ein Leben vom Zufall gestaltet wird, kann sich gleich die Kugel geben. Du kommst mit dem Rad von der Arbeit, willst über die Baustelle abkürzen, übersiehst einen Nagel, hast nen Platten und mußt am nächsten Tag die S-Bahn nehmen, wo du einen alten Bekannten triffst, der dir sagt, in seiner Firma suche man gerade jemanden. Du bewirbst dich, wirst genommen und triffst die Frau deines Lebens. Hättest du den Nagel gesehen und wärest ihm mit einer winzigen Armbewegung ausgewichen, dann wärest du nicht nur einem Nagel, sondern zugleich dem Job, der Frau, drei Kindern und sieben Enkelkindern ausgewichen. Das Leben ist mit Zufällen gespickt, doch wir schreiben Lebensläufe.

Meine Erinnerungen sind wie der Inhalt einer alten Kommode, die Jahrzehnte auf dem Dachboden stand. Da gibt es Stücke, die nehme ich gern wieder in die Hand, anderes streift nur der Blick, und es verbleibt unberührt in der Schublade. Dann gibt es das gut verschnürte Päckchen, von dem ich genau weiß, was sich in ihm befindet, weshalb ich es auch nicht öffne. Hinterher ist die Unordnung sowieso größer, wie meistens, wenn ich »mal Ordnung schaffen« will.

Und weil ich eine Schwäche fürs Beschriften, Ordnen, Katalogisieren habe, kann ich sofort die Schublade ›20. August 1991‹ aufziehen. Dich, lieber Leser, interessiert sowieso nur diese eine Episode, »die mit dem Versprechen« – so wie dich bei Van Gogh auch nur eine Geschichte interessiert, »die mit dem Ohr«.

Ich erinnere mich nur noch selten an jenen 20. August 1991, an dem ich mein »babylonisches Versprechen« abgab. Aber jetzt, vor der Kommode mit meinen Erinnerungen, kann ich nicht widerstehen, dieses Erinnerungsstück herauszunehmen.

In jenen Wochen war vieles neu und aufregend. Ich trat in das erträumte Leben eines Schriftstellers ein, wurde fotografiert, sprach in Mikrophone, redete mit den Westmedien. Ich war auf »Experiment« gestimmt, auf »Wie lebt es sich so?«, auf »Wie fühlt sich das an?« »Wie ist es, mit einem Saal von sechshundert Leuten zu spielen, ihm Jubel, Gelächter, Applaus zu entlocken?« (Mein babylonisches Versprechen hatte auch mit Übermut zu tun.) Noch ein Jahr zuvor hätte ich selbst dort unten im Babylon sitzen und einem anderen Schriftsteller zuhören können. Eben war ich noch mit allen gleich, jetzt war ich es nicht mehr. Jetzt war ich es, der auf der Bühne saß. Diese Veränderung ängstigte mich. Und als ich nach meinen Privilegien als Schriftsteller gefragt wurde, rief ich: »Ich verspreche heute, daß ich erst in den Westen fahren werde, wenn jeder in den Westen fahren kann! Ich verspreche …« Hier mußte ich unterbrechen, weil alle schrien und johlten. »Ich verspreche, daß ich erst dann ein Telefon haben werde, wenn jeder ein Telefon haben kann!« Hier schrien die Leute wieder, so daß ich Zeit gewann, um mir ein weiteres Versprechen zu überlegen und auf die magische Zahl Drei zu kommen. »Und ich verspreche, daß ich erst dann ›Die unerträgliche Leichtigkeit des Seins‹ lesen werde, wenn jeder sie lesen kann.« Warum ausgerechnet dieses Buch? Ich hätte auch ›Der Archipel Gulag‹ sagen können, aber es waren schließlich Frauen im Saal, oder ›1984‹, doch den Orwell kannte ich schon, und ein Versprechen abzugeben, das schon gebrochen ist, wenn es über die Lippen kommt, also bitte, bin ich Politiker?

Ich ahnte nicht, daß mir dieser Moment ein Markenzeichen verschafft. Wie naiv war ich eigentlich? Immerhin war das Westfernsehen dabei. So wurde ich zu dem, der ich am wenigsten werden wollte, nämlich zu einem Schriftsteller, der nicht durch seine Bücher bekannt wurde, sondern durch seine Taten, genauer: seine Un-Taten, nämlich nicht zu westreisen, nicht zu telefonieren und ein bestimmtes Buch nicht zu lesen.

Mein Vater, der am liebsten Biographien liest, gab mir einen Tip, als ich ihm von meinem Vorhaben erzählte. »Was ist das Leben? Situationen wie diese: Du stehst im Fahrstuhl, jemand steigt ein, drückt die Sieben. Ihr wechselt kein Wort miteinander, und der Jemand steigt in der Siebten aus. Schreibst du darüber? Natürlich nicht. Es sei denn, der Jemand war Einstein. Dann muß das rein.«

Aber ich war nie mit Einstein im Fahrstuhl, und ich werde sowieso immer nur »der mit dem Versprechen« bleiben. Und als der werde ich in meinen Erinnerungen kramen, wie es sich mit diesem Versprechen gelebt hat.

Es war ein Junge und sie nannten ihn Thomas
(1964–1987)

Vom Tag meiner Geburt habe ich klare Vorstellungen. Wir befinden uns in einer Zeit, als Straßenränder eine einzige Parklücke waren, als Telefone noch klingelten und Scheuerlappen mit bloßen Händen ausgewrungen wurden. In der Berliner Esmarchstraße lag am Morgen des 19. Dezember 1964 der erste Schnee. Meine Oma, die jeden Helene-Weigel-Ähnlichkeitswettbewerb gewonnen hätte, ging kettenrauchend (Salem rot) durch die Zimmer ihrer Altbauwohnung und schaute abwechselnd auf das leere Kinderbettchen im Zimmer meiner Eltern und auf das schwarze Telefon aus Bakelit. Ihr Sohn Maximilian, der einen lebenslangen, aber letztlich vergeblichen Kampf gegen seinen Spitznamen Mäxchen führte, rüstete sich für die Babyfotowelle, indem er in seiner Dunkelkammer die Chemikalien immer wieder neu sortierte. Seine Verlobte Renate machte das, was sie immer machte, wenn sie nahe daran war, die Nerven zu verlieren: Sie ging in die Küche und wuchs über sich hinaus. So kurz vor Weihnachten war wildes Drauflosgebacke nicht mal anstößig. Und dann gab es noch die Haushaltshilfe, eine herzensgute Nachbarin aus dem Nebenhaus, welche durch unablässiges Keine-

Panik!-Es-wird-schon-schiefgehen!-Gequassel glaubte, zur Beruhigung beizutragen.

Dann klingelte das Telefon. Mein Onkel, der den weitesten Weg hatte, meine Oma, die schon über sechzig war, und meine Tante, die erst den Schneebesen fallen lassen mußte, eilten zum Telefon. Ein offenes Rennen, nur die Haushaltshilfe, die im Wischeimer-Geschepper das Klingeln überhörte, war chancenlos. Es gab Rempeleien, die am letzten Türrahmen zu erbitterten Positionskämpfen ausarteten, bevor die teigverschmierte Hand meiner Tante als erstes zum Hörer griff. Am anderen Ende war mein Vater, welcher die Geburt eines Thomas vermeldete. Thomas war damals groß in Mode, neben Andreas, Frank, Martin und Ralf. Auch Michael, Matthias und Stefan wurden gern vergeben – letzterer an meinen Bruder, der vier Jahre später kam. Aber diesmal war es ein Thomas.

Drei Tage später kam mein Liebmütterlein nach Hause – ohne mich. »Ja, wo isser denn, unser kleiner Fratz?« »Könn wir ihn mal sehen?« – »Nö, ich mußt ihn dalassen«, sagte mein Liebmütterlein. Tatsächlich wurde sie nach Hause geschickt, Weihnachten feiern, während ich auf Betreiben der resoluten Oberschwester Marianne nicht entlassen wurde, wegen Untergewicht. »Was solln denn die Leute von unserm Krankenhaus halten, wenn wir so n Magerfleisch entlassen? Der Junge braucht n bißchen Speck auf die Rippen, das sieht doch nicht aus!«

Der Junge bekam aber kein Speck auf die Rippen. Noch zu meinem ersten Geburtstag lieferte die Waage so verstörende Ergebnisse, daß ich mit gelben Früchten gefüttert werden sollte, sogenannten »Bananen«. Die Kinderärztin stellte jede Woche ein Rezept über »3 Bananen« aus und schickte meinen Vater zu einem ominösen Stand in der Berliner Markthalle, dessen Schaufensterscheiben mit Zeitungspapier blind gemacht waren. Mein Vater klopfte an die Scheibe. Die öffnete sich einen Spalt. Eine Hand kam zum Vorschein. Mein Vater, der sich wie in einem Agentenfilm fühlte, übergab wortlos das Rezept und einen Stoffbeutel – und eine Minute später erhielt er den Beutel gefüllt zurück. Es gelang ihm nie, einen Blick darauf zu erhaschen, was sonst noch hinter diesen Scheiben gelagert wurde, aber zweifellos waren es Geschichten wie diese, die dazu führten, daß man sich »in der Republik« erzählte, »die Berliner« bekämen »es vorn und hinten reingeschoben«, gar »alles in den Arsch geblasen«.

Meine erste Erinnerung: Wars, daß mir Herr Schiffling aus dem Parterre zeigte, wie er seine Beinprothese ab- und anschnallt? Oder die fünf Katzenbabies bei unserer Nachbarin, deren Minka gejungt hatte? Oder wie mich das Drogeristenpaar Pfeifahrer, das »selber keine Kinder« hatte, hinter die Ladentheke holte, und mir, wenn ein Kunde seinen Wunsch mitteilte, zeigte, welche Schublade ihres wandfüllenden Apothekenschrankes ich aufziehen sollte? Daß mich die Opernsängerin Keumich vom ersten Stock zuschauen ließ, wie ihr Flügel gestimmt wurde, oder daß mich einmal sogar ein paar Grünpfleger auf der Ladefläche ihrer Ameise mitnahmen? Nein, das war erst später, nämlich an dem Tag, als wir umzogen – aus dem Bötzowviertel in Prenzlauer Berg direkt an den Alexanderplatz in die Rathausstraße 7, den Fernsehturm vor dem Fenster. Es war so was wie der Sechser im Lotto. Meine Eltern bekamen nach sechs Jahren Ehe, kurz vor meiner Einschulung, eine eigene Wohnung. Einen Fahrstuhl gab es und sogar einen Müllschlucker! Alles war so toll, daß ich gar nicht darum herumkam, mir vorzustellen, wie die Rathausstraße wohl entworfen wurde: Sieben Männer mit Schlips, Parteiabzeichen und Bauarbeiterhelmen sitzen an einem Tisch, eine Frau führt Protokoll. Einer sagt: »Genossen, was wissen wir über die Bedürfnisse unserer Menschen?« Ein anderer sagt: »Wir wissen alles darüber«, worauf der erste sagt: »Ich höre.« Dann sagt einer: »Unsere Werktätigen möchten zum Feierabend gesellig miteinander Bowling spielen«, worauf der erste sagt: »Dann bauen wir ihnen eine, nein, zwölf Bowlingbahnen.« Ein anderer sagt: »Unsere Menschen möchten sich auch knusprig gegrilltes Hähnchenfleisch einverleiben«, und der erste notiert sich »Broilerbar bauen«. Dann sagt auch die Protokollführerin etwas, nämlich »Daß auch unsere Frauen mal mit ihren Männern bummeln möchten«, worauf sich die Runde darauf einigt, daß so ein bummelndes Paar vor einer Schmuckvitrine ausrechnen sollte, nach wieviel Nachtschicht-Zulagen an die brilliantbesetzten Ohrstecker zu denken ist. Schließlich redet die ganze Runde durcheinander, die Protokollführerin kommt kaum noch hinterher. Nostalgische Witwen sollen im »Café Rendezvous« plauschen und in der Espressobar sollen alte Bekannte, die sich zufällig in den Passagen treffen, einen Kaffee trinken können. Und dann sind sie aufgestanden und haben die Rathausstraße gebaut, mit Mode-, Schuh- und Delikatessläden, mit einer Weinstube, einem Musikalien- und einem Sportgeschäft, mit Broilerbar, Juwelier, Kaffeehaus, Post, Arztpraxen, Bowlingbahn, Espressobar, und und und. Hier funktioniert die DDR so, wie sie mal gemeint war: Als Bedürfnis- und Beglückungsanstalt für jedermann. Ohne allgemeine Morgengymnastik, aber mit umsonst Zentralheizung. Die Megaphone, die an die Laternen geschraubt waren, quäkten nur am 1. Mai und zum Republikgeburtstag. Dazwischen schwiegen sie.

Gerade mein Vater war sehr stolz auf die Wohnung. Jeder Besucher wurde von ihm ans Fenster gebeten, um erst einmal, am besten bei einem Cognac, das Panorama zu bewundern. Was wir jeden Tag vom Fenster aus sehen konnten, wurde in den Läden als Ansichtskarten verkauft: Fernsehturm, Neptunbrunnen, Bahnhof Alexanderplatz, Weltzeituhr, Centrum Warenhaus, Hotel Stadt Berlin. Und diese Karten wurden in die ganze Welt verschickt, nach Warschau, Prag und sogar nach Moskau! Darauf Prost! (Und dann kam die Flasche wieder in den Schrank.)

Der neue Nachbar allerdings war ein verkniffener Aktentaschenträger. Anstatt »Ja« sagte er »Nu«. Andere Nachbarn gaben obskure Behörden als ihre Arbeitsstätte an, und es kam selten vor, daß ich in fremde Wohnungen gelassen wurde. Mein Vater hingegen ging in einen »Betrieb«, da gab es »Kollegen« und »Stahlträger«. Pünktlich um zehn nach halb fünf kam er nach Hause, legte sich mit dem ›Neuen Deutschland‹ aufs Sofa, und zehn Minuten später war er eingeschlafen. Mein Bruder und ich wußten nie, ob das geschah, weil die Arbeit so anstrengend oder die Zeitung so langweilig war.

Unter uns wohnte ein Sattlermeister mit seiner Frau. Obwohl in seiner Wohnung Parties stattfanden, bei der kreischende barbusige Frauen am Fenster gesichtet wurden, war er zu uns Kindern immer nur mürrisch. Als der ›Eulenspiegel‹ über einen hochnäsigen »Sattlermeister Peter P.« berichtete, waren sich meine Eltern sicher, daß damit er gemeint war. Einmal wartete ich im Erdgeschoß mit meinem

Vater auf den Fahrstuhl, gemeinsam mit einem der vielen Aktentaschenträger des Hauses. Daß ein Fahrstuhl kam, hörten wir am Gesang, der sich über den Fahrstuhlschacht näherte. Zu einer Melodie, die ich Jahre später als den Uriah-Heep-Song ›Lady in Black‹ wiedererkannte, sang jemand: »Nur fünfzehn Meter im Quadrat/Minenfeld und Stacheldraht/jetzt weißt du, wo ich wohne/ich wohne in der Zone.« Als ein unglaublich dramatisches »Ah-a-ha-a-haha-aaha – Aaaah-a-ha-aahaha« erscholl, öffnete sich die Fahrstuhltür, und heraus kam der unter uns wohnende Sattlermeister, der sofort verstummte und das Weite suchte. Im Fahrstuhl fragte der Aktentaschenträger meinen Vater: »Wissen Sie, wer das war?«, und mein Vater sagte, ohne mit der Wimper zu zucken: »Sicher nur n Besoffner, der mal wissen wollte, wies hier aussieht.«

Ich fand das nicht schlimm, daß mein Vater schwindelte, denn ich hatte schon mal eine Erwachsene aus unserem Haus beim Schwindeln erwischt, nämlich Ilka Lux. Sie war Schlagersängerin, unbeschreiblich blond und trug sogar im November Sonnenbrille. Einmal kam sie im Radio: »Reitersmann,/halt deinen Schimmel an,/du siehst es mir doch an,/daß ich nicht mehr laufen kann.« Von wegen! Wenn sie vom Fahrstuhl zu ihrer Wohnung ging, konnte ich sie den langen Gang hinuntergehen sehen, mit weißen Stilettos und Minirock. Aber zugegeben: Als ein Reitersmann würde ich meinen Schimmel für sie anhalten und ihr in den Sattel helfen.

Bald wurde ein weiterer Nachbar berühmt, Herr Hagen. Er wurde berühmt, hausberühmt, als der – geschiedene – Vater von Nina Hagen. Ein Gentleman, ruhig, freundlich, graumelierte, aber volle und auf lässig frisierte Haare. Würdige, niemals angestrengte Haltung. Immer wie aus dem Ei gepellt. Wenn sich George Clooney sein Image bei jemandem abgeguckt hat, dann bei ihm. Nina sah ich einmal in der Rathausstraße 7. Auch sie trug Sonnenbrille, aber ich erkannte sie trotzdem. Sie suchte an den Briefkästen nach dem Namen Hagen, und weil die Numerierung der 126 Wohnungen unseres Hauses gewöhnungsbedürftig war, sagte ich, daß ich sie bringe. Mir entging nicht, wie aufgeregt sie war. Sie nahm die Brille ab, setzte sie wieder auf und zupfte sich im Fahrstuhl ständig die Kleidung zurecht. Ihr Vater war allerdings nicht da, und sie fragte mich, was man hier macht, wenn jemand nicht da ist. Ich sagte, man setzt sich auf die Treppe und wartet, und weil sie unschlüssig war, setzte ich mich, um ihr vorzumachen, daß die Treppen sauber sind. Sie setzte sich neben mich, und dann erzählte sie mir alles über ihren Vater – was sie von ihrer Mutter über ihn wusste, warum ihre Eltern sich getrennt hatten, warum sie ihn so lange nicht gesehen hat und warum sie ihn jetzt aber sehen wollte. Ich wollte von ihr lieber Geschichten hören, wie es ist, wenn man berühmt ist und ins Fernsehen kommt, aber sie sagte, daß das mit ihrem Vater wichtiger ist, viel wichtiger als dieses ganze »Berühmtheitstrallala«. Ich mußte ihr allerdings versprechen, daß ich alles für mich behalte, so lange sie lebt, auch für den Fall, daß sie zwischendurch weltberühmt wird, »wat ick durchaus vorhab, meen Freundchen«. Für mich war sie schon in jenem Moment so berühmt, daß es nicht noch mehr gebraucht hätte. Gerade erst war sie mit »Du hast den Farbfilm vergessen« im ›Kessel Buntes‹ aufgetreten! Wir saßen zwei Stunden auf der Treppe, ohne daß Ninas Vater kam, und dann brachte ich Nina wieder zum Fahrstuhl. –

Natürlich habe ich mir diese Szene nur ausgedacht, aber jedesmal, wenn ich Ninas Vater sah, sprang meine Phantasie an und feilte weiter an der Szene, in der mir Nina Hagen in meinem Haus, der Rathausstraße 7, in die Arme läuft.

Bis zum Schulbeginn war die einzige stressige Forderung »Aufessen!«, aber nachdem ich eingeschult worden war, schloß ich mit einem neuen Wort ausführlich Bekanntschaft: »Orntlich«. Ich sollte orntlich sitzen, orntlich schreiben, meine Sachen orntlich halten, orntlich in der Reihe gehen und auch ein orntliches »Hoppi« haben. Altstoffsammeln ging als solches durch. Zu Beginn des Nachmittags beratschlagte ich mit meinen Freunden, ob wir die Neubauten oder aber die Altbauten jenseits des S-Bahn-Bogens abgrasen wollen. In den Neubauten war nicht nur die Zeitungsausbeute größer, weil das in den Neubauten häufig gelesene ›Neues Deutschland‹ großformatiger und demzufolge schwerer war als die in den Altbauten verbreitete »Berliner Zeitung«, es wurde unter den Aktentaschen- und Schlipsträgern der Neubauten auch heimlich gesoffen, was sich in einer höheren Ausbeute an leeren Schnaps- und Weinflaschen niederschlug. Allerdings war in den Altbauten die nächste Altstoff-Annahmestelle immer gleich um die Ecke, während die Entscheidung für die altstoffmäßig ergiebigeren Neubauten immer eine erbärmliche Schlepperei am Ende des Nachmittags bedeutete. Um meine Freunde aufzumuntern, behauptete ich, daß uns das Altstoffsammeln schneller aus dem Sozialismus in den Kommunismus bringt. »Um wie viel schneller?« lautete die logische Frage von Sandro Hüppenlenk, und ich überlegte. Ich wollte meine Autorität nicht durch eine unglaubwürdige Antwort aufs Spiel setzen, also sagte ich: »Um zehn Minuten. Für jedes Mal Altstoffe sammeln kommt der Kommunismus zehn Minuten eher.« Für Sandro Hüppenlenk lag der Fall klar: »Den ganzen Nachmittag versauen, für zehn Minuten? Das lohnt nicht.« Zumal der Sozialismus nun auch nicht so schrecklich war, daß wir ihn auf Teufel komm raus hinter uns lassen wollten. Auch die anderen, und schließlich sogar ich fanden, daß es egal ist, ob der Kommunismus zehn Minuten früher oder später kommt, da er doch, wie uns versprochen war, irgendwann sowieso kommt.

So wandten wir uns von der Altstoffsammelei ab und gaben uns einem neuen, viel aufregenderen Betätigungsfeld hin: den unterirdischen Verliesen der innerstädtischen Kirchenruinen. Wir fanden vergessene, von jungen Birken zugewachsene Eingänge und krochen mit Taschenlampen durch enge Gänge. Ich hatte nie Angst steckenzubleiben, denn ich war nach wie vor sehr dünn. In der Parochialkirche stießen wir auf unterirdische Gruften, und in den offenen Sarkophagen lagen tatsächlich – Menschenknochen. Leider jedoch nicht als astreines Skelett, sondern als Knochen-Grabbelkiste: massenweise Rippen und Wirbel, hier und da auch mal Arm- oder Beinknochen, doch nie ein richtiger Schädel. Ich nahm immer ein paar Knochen mit; man kann ja nie wissen, wofür sie mal gut sind. Als uns der Küster der Parochialkirche erwischte, mahnte er uns, daß unsere Umtriebe eine »Störung der Totenruhe« darstellten. Das verwirrte, weil wir das Totsein für etwas absolut Fühlloses hielten, bei dem natürlich eine »Störung« völlig ausgeschlossen ist; wenn ich tot wäre, würde ich mir nichts mehr wünschen, als beim Totsein gestört zu werden. Es war das erste Mal, daß ich mit religiöser Rhetorik in Berührung kam, und ich war fasziniert, wie souverän scheinbar Gegensätzliches in einen Zusammenhang gestellt wird. Zugleich war die Vorstellung, Tote in ihrer Ruhe zu stören, einigermaßen gruslig – und mein Interesse an der Unterwelt war schlagartig zu Ende.

Dafür fing ich, inspiriert durch mein Liebmütterlein, mit dem Lesen an. Sie hatte ständig ein dickes Buch in Reichweite, und diese Bücher kamen mir spanisch vor. Eigentlich unvorstellbar, daß sich über einen einzigen Menschen namens Anna Karenina so viel sagen ließ. ›Nackt unter Wölfen‹ stellte ich mir als ein Erlebnis vor, das nach wenigen Minuten beendet sein dürfte. Bücher waren ein Mysterium, wenn auch ein anregendes. Ich las alles, was mir zwischen die Finger kam: Gebundene Bücher, Paperbacks, Jahrbücher und Enzyklopädien. Ich las im Stehen, im Sitzen und im Liegen, im Bus, auf der Rolltreppe und natürlich auch mit der Taschenlampe unter der Bettdecke. Ich las heimlich im Unterricht, indem ich mein Buch mit einem Lehrbuch tarnte. Am besten war es, wenn ich krank war – dann konnte ich den ganzen Tag lesen. Mark Twains ›Tom Sawyer und Huckleberry Finn‹ las ich dreimal, wie auch Wolfgang Schreyers ›Großgarage Südwest‹ oder Erich Kästners ›Emil und die Detektive‹. Bei ›Mohr und die Raben von London‹ kam ich nur bis zur Hälfte, und von vielen Groschenheften las ich fünfmal die erste Seite, ohne darüber hinauszukommen. Jules Verne fand ich klasse, nur leider zeichnete er die Deutschen durchgehend negativ. Alexander Wolkows ›Der schlaue Urfin und seine Holzsoldaten‹ las ich an einem Tag, für Strittmatters ›Tinko‹ brauchte ich ein Vierteljahr. Ich las Gunter Prodöhls fünfbändige ›Kriminalfälle ohne Beispiel‹, Liselotte Welskoph-Heinrichs sechsbändige

›Söhne der Großen Bärin‹, Stanisław Lems ›Unbesiegbaren‹, B. Travens ›Schatz in der Sierra Madre‹, Walentin Katajews ›Es blinkt ein einsam Segel‹, Harriet Beecher Stowes ›Onkel Toms Hütte‹, Jack Londons ›Lockendes Gold‹. Ich las Fantasy und Reportagen, insbesondere über Archäologie, da ich doch selbst schon Knochenfunde vermelden konnte. Ich las Bücher über Nazijäger, Goldsucher, Präsidenten und Ballonfahrer, über Freiheitskämpfer und Bergsteiger, über Märtyrer und Erfinder, über Ausreißer und Kapitäne. Am liebsten aber las ich Bücher über Ernst Thälmann. Das Vergnügen, das vertiefende Lektüre bietet – hier war es mir erstmals vergönnt. Mit ›Teddy und seine Freunde‹ ging es los, später kamen ›Rot Front, Teddy‹ und ›Als Thälmann noch ein Junge war‹ hinzu sowie ›Buttje Pieter und sein Held‹, ›Dann werde ich ein Kranich sein‹, ›Thälmann ist niemals gefallen‹, sowie die ›Erinnerungen an meinen Vater‹ von Irma Thälmann. Aus diesen Büchern lernte ich, wie Thälmann den ärmeren Kindern seine dicke Wurststulle überließ oder ihnen Karussellfahrten spendierte. Wie fleißig er bis tief in die Nacht Bücher las und wie gern sich schmächtige Arbeiterkinder auf seinen breiten Hafenarbeiter-Schultern tragen ließen. Wie er, als ihn die Faschisten eingekerkert hatten, dem Häftling, der in der Nebenzelle schmachtete, mit Klopfzeichen Zuversicht spendete.

Irgendwann kam ich in ein Alter, in dem mich meine Eltern nicht mehr rausschickten, wenn sie aufs Westfernsehen umschalteten, und mich mitgucken ließen, zum Beispiel, wenn ›Der große Preis‹ lief. Eine unglaubliche Sendung: Drei Kandidaten traten gegeneinander an, jeder ein Experte für ein Wissensgebiet. Jemand wußte alles über die

Alpen, der nächste wußte alles über Kaiser Wilhelm oder Charlie Chaplin oder den Tower von London. Für jede richtige Antwort gab es Geld. In der ersten Runde mußten die Kandidaten ihr Spezialwissen bei einer Plauderei mit dem Moderator unter Beweis stellen, in der zweiten Runde ging es um Allgemeinbildung, aber in der dritten Runde wurde jeder Kandidat in eine Art Raumkapsel eingeschlossen, bekam Kopfhörer und mußte binnen einer Minute eine dreiteilige Frage zu seinem Spezialgebiet beantworten, wodurch er das angesammelte Geld entweder verdoppelte – oder komplett verlor. Manche Kandidaten waren nach der Sendung um zwei-, oder drei-, sogar um viertausend Westmark reicher.

Im Westfernsehen kamen natürlich auch Nachrichten, und die zeigten eines Tages das Bild von einem, der meinen Büchern entsprungen sein könnte: Gitarre, hochgekrempelte Ärmel und einen Schnauzbart, der bis zu den Kniekehlen zu gehen schien. Seine schwarzen Haare und dunklen Augen ließen ihn wie einen Husaren wirken, und sein Name war eine Versammlung so ernsthafter Begriffe wie »Wolf«, »Bier« und »Mann«. In den Nachrichten war er, weil ihn die DDR »ausgebürgert« hatte. Er hatte in der DDR gelebt, war in den Westen gefahren und durfte von dort nicht mehr zurück, weil er, wie ich von meinen Eltern erfuhr, »Sachen über die DDR gesagt hat«.

Sachen über die DDR zu sagen, das taten auch meine Eltern. Und wie oft hatten sie mir eingeschärft: Erzähl das nicht in der Schule. Was also tun, wenn auch wir eines Tages ausgebürgert werden? Wenn wir im Westen auf der Straße stehen, umgeben von Arbeitslosigkeit, Kriminalität und Drogensucht, und den Gewinn beim ›Großen Preis‹

dringend brauchen? Dies vor Augen befaßte ich mich noch intensiver mit Ernst Thälmann, dem einzigen Thema, bei dem ich mich sattelfest fühlte. Ich wußte nicht nur, wodurch Ernst Thälmann so mutig wurde. (Weil er als Kind eine vergessene Axt nachts aus dem Wald holen mußte.) Sondern auch, was mit seinem Hochzeitshemd geschah. (Er zerriß es zu Verbänden, um damit Verwundete des Hamburger Aufstands zu versorgen.) Ich kannte sogar den besten Thälmann-Witz. (»Das ist mein voller Ernst«, sagte Frau Thälmann, als es auf der Treppe polterte.) Unzählige Male stellte ich mir vor, wie sich die Raumkapsel schließt und mir über Kopfhörer die schwierigsten, entlegensten Thälmann-Fragen gestellt werden, und ich sie alle beantworte.

Natürlich ahnte ich damals schon, daß einem das Leben nie den Gefallen tut, die in der Phantasie erzeugten Szenen nachzuspielen. Das Leben schien mich, den großen Thälmannkenner, sogar verhöhnen zu wollen. Denn einmal sollte das Westfernsehen unsere Klasse beim Gang durch eine Ausstellung im gerade eröffneten Palast der Republik begleiten. Das Thema jener Ausstellung war – ich konnte mein Glück kaum fassen! – Ernst Thälmann. Der Gang durch die Ausstellung wurde selbstverständlich geprobt, in Gegenwart wichtiger Genossen. Es lief phantastisch. Ich wußte alles. Doch nach der Probe wurde mir mitgeteilt, daß ich, wenn das Westfernsehen kommt, nicht dabei sein werde. Ich war nämlich immer noch so dünn, daß die Genossen fürchteten, das Westfernsehen könnte mich als den blassen Jungen ins Bild setzen, der nur deshalb sein knochiges Ärmchen reckt, weil es dafür Bananen gibt.

In der Schule kam ich mühelos mit. Nach der Zehnten konnte ich eine Berufsausbildung mit Abitur machen. Ich entschied mich für den »Baufacharbeiter«, weil ich darin eine Chance auf die Erfahrung körperlicher Arbeit sah. Denn später wollte ich zur Kriminalpolizei.

Als zukünftiger Kriminalist allerdings sollte ich »an die Polizeiarbeit herangeführt« werden, indem ich ein »Freiwilliger Helfer der Volkspolizei« wurde, was so ziemlich das Uncoolste war, was von einem langhaarigen Jugendlichen, der ich inzwischen war, verlangt werden konnte.

Mein erster Einsatz war spätabends an einem Dienstag im April. Ich bekam im Polizeipräsidium eine rote Armbinde mit einem aufgenähten Polizeistern und eine Aufgabe: Ich sollte mit Bodo Hoppe auf Streife gehen. Bodo Hoppe war ein »erfahrener freiwilliger Helfer«; er sollte mich in das freiwillige Helfertum einweisen. Ich kannte Bodo Hoppe noch von der Schule, er war gutmütig und tapsig, und er hatte das Kunststück fertiggebracht, in zehn Schuljahren zweimal sitzenzubleiben. Er hatte ein fliehendes Kinn, und wenn er mit den Gedanken nicht bei der Sache war, stellte er die Füße nach innen. Er irritierte mit seiner Angewohnheit, die Leute beim Reden unwillkürlich anzufassen. Zudem war er unglaublich kameradschaftlich, bot immer seine Hilfe an und war regelrecht dankbar, wenn man sie annahm. Als einmal mein Fahrrad einen Platten hatte, schlug er sich den halben Nachmittag um die Ohren, um mir das passende Ventil zu besorgen. Weil sich seine Persönlichkeit auf die einfache Formel »schlichtes Gemüt, aber ein gutes Herz« bringen ließ, wurde er nie verspottet, und wenn doch, fand sich sofort jemand, der den Spötter dermaßen zusammenstauchte, daß der nie wieder Bodo Hoppe zum Ziel von Hohn und Spott machte.

Bodo Hoppe hatte, wie ich an jenem Aprilabend erlebte, die Angewohnheit, die letzten Silben eines Satzes mehr durch die Nase herauszuschniefen, als über die Lippen zu bringen. Er redete während unseres Streifenganges unaufhörlich. Er führte einen Dackel an der Leine mit sich, und ich beneidete ihn, Bodo Hoppe, für die Fähigkeit, einen Redefluß aus Belanglosigkeiten fließen zu lassen, auf daß nie eine verlegene Pause entsteht. Was für treue Tiere Hunde doch sind, daß sie rennen können bis zum Umfallen, und selbst wenn sie völlig erschöpft sind, rennen sie wieder los, wenn Herrchen es verlangt. So ging das die ganze Zeit, nur daß er trotz seines Redeflusses eine sagenhafte Aufmerksamkeit zeigte. Alle paar Schritte schlug er gegen ein Schild, das er, nachdem es prompt herunterfiel, provisorisch befestigte. Oder ihm fiel eine erloschene Laterne auf, gegen die er leicht mit seinem Schuh klopfte, worauf die tatsächlich wieder leuchtete. Oder er sagte mittendrin: »Ach, der hat sein Auto vergessen, zuzumachen«, öffnete eine Autotür und drückte den Verriegelungszapfen herunter. Er kickte ein Holzstück, aus dem ein Nagel ragte, von der Straße und lehnte ein halboffenes Fenster im Hochparterre an. Ein Portemonnaie fand er selber, das andere fand sein Dackel. Ich lief neben Bodo Hoppe her und kam mir vor, als führte er mich durch einen Parcours, der zuvor von ihm präpariert worden war, um mich zu beeindrucken. Nichts schien ihm zu entgehen. Er hatte einen genialen Blick, er war der geborene Streifenpolizist. Zwei Stunden dauerte unsere Tour. Wir gingen durch die Rosa-Luxemburg-Straße, die Rochstraße, die Spandauer Straße, die Münz-, Weinmeister- und

Rosenthaler Straße, die Pieck- und die Mollstraße, und ich hoffte, daß mich bloß keiner sieht, mit der Armbinde und mit Bodo Hoppe.

Bei meinem zweiten und letzten Einsatz war diese Hoffnung von vornherein perdu. Denn ich sollte den ABV begleiten, und der stellte sich wie auf den Präsentierteller in den Eingang der Rathausstraße 7. Es war während des Nationalen Jugendfestivals 1984. Zigtausende Jugendliche waren in Berlin. Die Rathausstraße war blau. Doch im Strom der blauen Hemden kam ein bunter Punkt langsam näher. Es war eine wallende Blondine, ungefähr so alt wie ich, mit Batikklamotten, einer bunten Flicken-Umhängetasche, Schnürsandalen, Unmengen von Ketten und Armreifen. Eine, die als »tierisch bluesmäßige Lola« bezeichnet wurde. Als sie sich uns näherte, machte der ABV einen Schritt auf sie zu und versperrte ihr den Weg. »Ausweis.« Sie hieß Carola und war aus Rostock. Den Ausweis auf unangenehm abschätzige Art durchblätternd fragte er sie, was sie denn hier wolle. Da mußte Carola laut lachen und sagte mit norddeutschem Akzent: »Na, hier ist doch Jugendfestival!« Mir war diese Szene unglaublich peinlich.

Am selben Abend ging ich auf den Alexanderplatz, wo nach dem Ende des offiziellen Programms ein paar Ausgelassene im Springbrunnen planschten. Auf den Betonrändern der Blumenrabatten saßen Gitarrenspieler, und an der Weltzeituhr blies jemand Trompetenmelodien in die laue Nacht. Ich blieb bei einer kleinen Theatertruppe stehen, die Grimms Märchen spielte. Es gab einen Erzähler, der sich zum Mitspielen Leute aus dem Publikum herauspickte. Bei ›Frau Holle‹ gab ich den Apfelbaum. Ich wollte den apfelbaumigsten Apfelbaum der Theatergeschichte geben. Immer noch dünn, wollte ich mit langen Armen und dünnen Fingern ein üppiges Ast- und Blattwerk herstellen, und auch Anspielungen auf den ›Apfeltraum‹ von Renft wollte ich bieten, indem ich eben den Apfelbaum darzustellen gedachte, unter welchem der Sänger jenes Liedes lag und schlief. Nach dem Ende der Vorführung, bevor wir uns in alle Winde zerstreuten, ging der Märchenerzähler mit einem Hut herum. Das Geld wanderte in ein Köfferchen, das der Aufkleber ›Vertrauen wagen‹ zierte – das Motto des letzten Kirchentages.

Als ich eine halbe Stunde später das Menschengewühl des Alexanderplatzes verließ, nahmen mich zwei Männer von hinten in die Zange: »Kommsemitbleimseruhigsiewerdenzugeführt.« Mein Ausweis wurde einkassiert und ich zum Innenhof des Alexanderhauses gebracht. Dort stand ein LKW – und auf der Ladefläche saß die Theatertruppe: die Gold- und die Pechmarie, der Brunnen, der Ofen, natürlich auch Frau Holle und der Erzähler. Nur der linke Torbogen fehlte. Aber den brachten sie auch noch, und damit waren wir vollzählig. Unser Delikt bestand darin, daß wir ohne Sammelgenehmigung öffentlich Geld gesammelt hatten. Der Ober-Verhafter und Ober-Ermahner sagte, er sei von der Kriminalpolizei. Wir bekamen unsere Ausweise zurück und wurden einzeln, im Abstand von zwei, drei Minuten, entlassen.

Am Dienstag darauf, bei der nächsten Sprechstunde des ABV, gab ich meine rote Armbinde mit dem Polizeistern zurück und teilte mit, daß ich nicht zur Kriminalpolizei gehen werde.

Vermutlich wäre aus mir nur die Inspirationsquelle für eine Kriminalkomödie geworden. Denn in jenen Monaten wurde mir eine Schwäche bewußt, die sich im Laufe der Jahre und Jahrzehnte verschlimmerte: Ich kann mir keine Gesichter merken. Einen Kriminalist, der sich keine Gesichter merken kann – dafür legt man doch gern sein Geld an der Kinokasse hin. Nur für mich ist es furchtbar. Ich habe schon Verwandte gesiezt. Ich habe mich umständlich Leuten vorgestellt, die drei Wochen zuvor bei mir übernachtet haben. Ich habe die Frau meines Lebens bei unserer ersten Begegnung gebeten, beim nächsten Mal dieselben Ohrringe zu tragen – um nicht etwa eine andere Frau für die zu halten, mit der ich verabredet bin.

Das erste Mal wurde mir meine Gesichtsblindheit nach einem Zoff um eine Art Visum für einen Ungarn-Urlaub bewußt. Bei Antragstellung wurde eine Frist von zwei bis drei Wochen genannt; unerklärlich lange für einen Zettel mit ein bißchen Getipptem, Stempel und Unterschrift. Bei der Sachbearbeiterin handelte es sich um die Mutter meiner Mitschülerin Ruth Schmelzer, was mir jedoch nicht bewußt war. Wenige Tage später saß ich mit Ruth und ihrer Mutter bei der Zehnte-Klasse-Abschlußfeier stundenlang an einem gemeinsamen Tisch und erzählte dabei auch von meinen beruflichen Plänen. Ich erkannte sie nicht als Meldestellen-Mitarbeiterin, und als ich das Visum nach zwei Wochen bei ihr abholen wollte, erkannte ich sie nicht als die Frau, mit der ich auf der Abschlußfeier stundenlang an einem Tisch gesessen hatte. Das Visum war noch nicht fertig, und ich veranstaltete deswegen einen Riesenzirkus, Eingabe, Chef sprechen, so was. Als ich mein Visum nach einer Stunde dann doch bekam und die Unterschrift *Schmelzer* sah, fragte ich sie, versöhnlich gestimmt, ob sie etwa mit meiner Mitschülerin Ruth verwandt sei. Worauf sie sagte: »Donnerwetter! Da kann sich die Welt auf einen großen Kriminalisten freuen.«

Wie alle meine Mitschüler sollte auch ich am 1. November den Wehrdienst beginnen. Ich war für die Bereitschaftspolizei gemustert, was mit meiner Bewerbung für die Kriminalpolizei zu tun hatte, wollte dem Wehrdienst aber erst mal entgehen. Ich fühlte mich so unfertig, in keiner Weise bereit, für anderthalb Jahre in diese rohe, grobe Männerwelt einzutreten. Ich hatte keine Freundin. Statt dessen las ich Bücher. Zu allem Überfluß war ich Abstinenzler, rauchte nicht und trank keinen Tropfen. Ich war eine einzige Angriffsfläche, und wenn ich an meine Zukunft dachte, packte mich die blanke Panik. Mir fielen all die talentierten, fröhlichen Jungs ein, Söhne von Freundinnen meines Liebmütterleins, die irgendwann vom vorgezeichneten Weg abkamen und wahlweise im Gefängnis, der Psychiatrie oder auf dem Friedhof landeten, nach einem sinnlosen Verkehrsunfall, einer sinnlosen Schlägerei, einer sinnlosen Mutprobe. Als so einen sah ich mich enden, und ich wußte mir keinen Rat.

Ich war zwölf oder dreizehn, als ich einen Film sah, in dem eine rehäugige, zarte Lehrerin ein muskelmäßig vorzüglich ausgestattetes Mannsbild, das leider immer nur Mist baute, mit bedeutungsvollem Timbre fragte: »Kannst du dein Leben gestalten?« Welch schöne Vorstellung, daß sich zwischen Wiege und Bahre etwas »gestalten« läßt! Was ich bis dahin getan hatte, war alles andere, als mein Leben zu gestalten. Mit meinen Freunden fuhr ich ins Umland von

Berlin, auf der Suche nach verfallenen Gutshäusern, die wir ausbauen und zu einem Leben in einer Kommune nutzen wollten. Oder wir fuhren sonstwohin, nur um festzustellen, daß da auch nichts ist, und gleich wieder umzukehren. Wir waren in Dessau und Anklam, in Cottbus und Halle. Wir fuhren nach Eisenhüttenstadt, um herauszufinden, ob das wirklich so war, wie es hieß, und in Eisenhüttenstadt gingen wir in ein Kino, um herauszufinden, ob auch der Film »Die blinde schwertschwingende Frau« so war, wie er hieß. Dann hörten wir, daß Jena ein heißes Pflaster ist – da wird man schon nach zehn Minuten verhaftet, wenn man zu dritt aufm Marktplatz steht. Mann, das wärs! Also auf nach Jena. Wir waren sogar zu viert, und abends um sechs stellten wir uns auf den Marktplatz. Wir hatten alle lange Haare, und wer wie ich keinen Hirschbeutel besaß, der hatte sich extra einen geliehen. Nach einer halben Stunde waren wir immer noch nicht verhaftet, aber wir froren. Also setzten wir uns in eine Gaststätte, tranken einen Tee und versuchten herauszufinden, warum wir nicht verhaftet wurden. Wir fragten die Kellnerin, ob es in Jena vielleicht noch einen Marktplatz gibt. Sie sagte nein. Ich zeigte aus dem Fenster und fragte, ob das der Marktplatz ist, auf dem man immer verhaftet wird, und die Kellnerin sagte, das mit der Verhafterei, das war vielleicht so vor fünf Jahren, wir kämen zu spät. Das Problem war uns vertraut. Dann war in Wittenberg ein Kirchentag. Wir fuhren auch dahin, um zu sehen, ob da wirklich, wie der Buschfunk meldete, ein leibhaftiger Schmied ein leibhaftiges Schwert in einen leibhaftigen Pflug umschmiedet. Die Massen strömten, als würden sich die Beatles wiedervereinigen. Sogar das Westfernsehen war da. Der Schmied trug eine riesige Lederschürze. Die Funken stoben, es machte plingplingplingpling, und wir wußten, daß, egal wie lange es noch plingplingpling macht, wir bald bei der Armee sein würden.

Nach meinem letzten Tag als Lehrling nahm ich meinen Jahresurlaub, und danach begann ich als Pförtner im Berliner Naturkundemuseum. Außerdem zog ich bei meinen Eltern aus; eine Freundin meines Liebmütterleins, die das Zusammenleben mit ihrem neuen Freund ausprobieren wollte, überließ mir bis auf Widerruf ihre Wohnung im Prenzlauer Berg. Drei Wochen vor dem 1. November meldete ich mich wieder polizeilich bei meinen Eltern in Berlin-Mitte an, um so dem Einberufungsbescheid zu entgehen. Aber da hatte ich mich verrechnet – der Einberufungsbescheid wurde mir persönlich durch den ABV in der Wohnung meiner Eltern übergeben, am 26. Oktober 1984.

Was die Armeezeit anrichtete, das sehe ich beim Vergleich der Vorher-Nachher-Bilder. Auf den Fotos vom letzten Schultag waren wir lachende, strahlende Helden. Wir hatten helle Gesichter und einen ansteckenden Optimismus. Wir sprühten vor Charme und vor Lebensfreude. Wir hatten es, das Elixier. Aber beim ersten Klassentreffen, nach der Armeezeit, da leuchtete nichts mehr. Irgend etwas war zerbrochen. Das Elixier war uns genommen. Wir saßen da, waren stumpf und gewöhnlich geworden, und verfügten nur noch über die Ausstrahlung enttäuschter Männer.

Im Ozean von Scheiße
(1. November 1984–29. April 1986)

Meine Armeezeit begann in der Fröbelstraße, auf dem Hof des Rates des Stadtbezirks Berlin-Prenzlauer Berg. Junge Männer mit Reisetaschen standen wie Teilnehmer eines Wettbewerbs um den deprimierendsten Gesichtsausdruck herum. Wer eine Freundin hatte, knutschte in einer Ecke, und »Halt die Ohren steif!« schien die gängige Abschiedsformel zu sein. Mein Vater, der mich in unserem Škoda gebracht hatte, erkühnte sich, einen der Uniformierten auf dem Hof nach meiner zukünftigen Postadresse zu fragen. »Die wernse noch früh jenuch erfahren«, war die Antwort. Mein Vater hatte eine mir unverständliche, ja verhaßte Faszination für Militärisches, aber in diesem Moment tat er mir leid wie ein Fan, der für sein Idol die Bühne erklimmt und dann nur verspottet wird. Und ich hatte ihn nun das erste Mal erlebt, den legendären »rauhen Ton«. Nur echt mit Uniform.

Namen wurden verlesen, Einberufungsbescheide und Personalausweise eingesammelt. Dann kam ein LKW, der uns zum Bahnhof bringen sollte, von wo aus es mit der Bahn weiter nach Leipzig ging. Es gab unter den Rekruten zwei Fraktionen: Die eine zeigte Lustlosigkeit, die andere

Eifer. Ich hoffte auf eine dritte Fraktion, die alles ins Lächerliche zieht, und als vor der heruntergeklappten Ladebordwand der Befehl »Aufsitzen« kam, wieherte ich gleich mal – aber als mir die Blicke der anderen Rekruten bedeuteten, daß man hier nichts komisch finden wolle, schlug ich mich der Fraktion der Lustlosen zu.

In Leipzig wurde ich mit zwei Dutzend anderen Rekruten aussortiert. Wir hätten die Ehre, unseren Wehrdienst in der Hauptstadt der Deutschen Demokratischen Republik, in Berlin, zu leisten. Dazu mußten wir abermals auf einen LKW steigen, der uns nach Basdorf in die Nähe von Berlin fuhr. Als wir dort ankamen, war es längst wieder dunkel. Unterwegs rätselten wir, wieso gerade uns diese Ehre zuteil wurde. Die wenigsten von uns waren in der Partei oder Abiturienten, Sport-Asse oder Menschen mit hervorstechenden Begabungen. Wir fanden schließlich heraus, daß wir für etwas ausgewählt wurden, was wir *nicht* hatten: keine Westverwandten, keine Vorstrafen und keine Ausreiseanträge.

Bei der Armee laufen einem die seltsamsten Typen über den Weg. Da gab es einen Zugführer, der jeden Morgen eine ganze Schüssel mit rohen Zwiebeln fraß, sich aber zugleich immer etwas neidisch und alle Offensichtlichkeit vermeidend bei den verheirateten Rekruten erkundigte, wie die es angestellt hatten, eine Frau fürs Leben kennenzulernen. Dann gab es einen Kompaniechef, der Holger Bismark hieß und ein rotlackierter Faschist war. Er wollte, daß wir, wenn wir uns melden, nicht wie in der Schule die Hand heben, er wollte den Hitlergruß sehen, allerdings mit geballter Faust. Dieser Kompaniechef hatte auch die Befugnis, Decknamen für den Funkverkehr bei Manövern zu vergeben, und er gab sich den Decknamen »Everest«, während er seine drei Zugführer nicht etwa »Nanga Parbat«, »Machu Picchu« und »Matterhorn« nannte, auch nicht »Pik Lenin«, »Pik Stalin« und »Pik Kommunismus«, sondern ihnen die kümmerlichen Decknamen »Tank Eins«, »Tank Zwo« und »Tank Drei« zuwies. Dann gab es es einen Gruppenführer, der immer, wenn er UvD war, nach dem Weckpfiff den Eingang zum Kompanieklo versperrte; aus unerfindlichen Gründen wollte er, daß die Kompanie mit voller Blase die zwanzig Minuten Frühsport verrichtet. Als ein Rekrut sich deswegen beschwerte, wies der Gruppenführer auf mich und rief: »Nehmse sich ein Beispiel an dem Genossen Brussig und wichsense nicht so viel! Dann hamse auch ne Morgenlatte, und die Blase drückt nicht so. Stimmts, Genosse Brussig?« Und ich antwortete: »Jawohl, Genosse Unteroffizier!«

Das war alles so seltsam wie ein verrückter Traum, und ich dachte, das mußt du aufschreiben, sonst glaubt das keiner, sonst glaubst du das hinterher nicht mal selbst. Und so begann ich, ein Tagebuch zu führen, was streng verboten war. Wir Rekruten wurden schon am ersten Tag über die Geheimhaltungsvorschriften belehrt, und eine der allerersten Regeln war: Kein Tagebuch.

Doch ich fing noch am gleichen Tag damit an. Ich wollte alles beschreiben, worüber ich mich wunderte. Das ging damit los, wie wir genannt wurden. Wir wurden von den Vorgesetzten nie mit unserem Vornamen genannt, der Vorname wurde durch die Bezeichnung »Genosse« ersetzt. Ich war Thomas, und dann gab es auf der Stube noch einen Michael, einen Jens, einen Robert und einen Timo, aber wir liefen alle unter »Genosse« – obwohl keiner von uns Genosse war. Die Vorgesetzten konnten unseren Vornamen auch mit unserem Dienstgrad ersetzen, aber der war auch bei allen gleich und klang erbärmlich, denn bei der Bereitschaftspolizei waren wir »Anwärter«, während die Rekruten bei der Armee immerhin »Soldaten« waren, was eine gängige Bezeichnung war. Ich hörte also entweder auf »Genosse Brussig« oder auf »Anwärter Brussig«. Nur ein Rekrut wurde von unserem faschistischen Kompaniechef niemals »Genosse« oder »Anwärter« gerufen. Dieser Rekrut hieß Heidler, und wenn der Kompaniechef seinen Namen rief, was er gern und oft und laut tat, dann ließ er es wie die Zusammenziehung von »Heil Hitler!« klingen, und auch das beschrieb ich in meinem Tagebuch. Wie auch die seltsame, »Weihnachtsfeier« genannte Zusammenkunft auf dem Kompanieflur, wo wir Heiligabend 1984 an einem langen Tisch saßen und uns der Kompaniechef, sentimental gestimmt, auf die Melodie des ›Cats‹-Hits ›Memories‹ singen ließ: »Angriff/Ist die beste Verteidjung/Wenn der Gegner uns angreift/Greifen selber wir an.«

Als mein Tagebuch schon halbvoll war, ließ uns der Kompaniechef antreten und sprach über die Zunahme von Kameradendiebstählen, ein Wort, das ich nicht kennen wollte, weil es ein Naziwort war. Ich kannte Fahrraddiebstähle, Autodiebstähle – und als der Kompaniechef abschließend fragte, ob es noch Fragen gäbe, machte ich den Hitlergruß mit Faust und fragte, welche Kameraden denn gestohlen wurden, denn mir käme die Kompanie noch vollzählig vor. Als mir am Tag darauf mein Schrankschlüssel aus der Tasche fiel und ich mich umdrehte, um ihn aufzuheben, hatte schon ein Gruppenführer auf den Schlüssel getreten – nicht der Gruppenführer, der mich ob meiner

Morgenlatte als leuchtendes Beispiel hingestellt hatte, sondern ein Gruppenführer, der deshalb in mein Tagebuch kam, weil er bei einem Einsatz auf dem Berliner Weihnachtsmarkt aus Spaß wehrlose Menschen in geschlossenen Räumen verprügelt hatte; arme Alkis, die trotz Berlinverbot nach Berlin gekommen waren. Dessen Stiefel also stand auf meinem Schlüsselbund, und er hob den Schlüssel triumphierend in die Höhe, meinte, das sei »Verleitung zum Kameradendiebstahl«, denn jetzt könne jeder ganz einfach … Und mit diesen Worten ging er in meine Stube, an meinen Schrank, der »Spind« hieß, damit die Armseligkeit dieses Möbels auch verbal unübersehbar ist, und er sagte, ich könne von Glück reden, daß er den Schlüssel gefunden habe, denn wenn ihn ein anderer gefunden hätte, dann könnte der jetzt einfach meinen Schrank öffnen und an mein persönliches Fach gehen, darin einfach herumschnüffeln. Und als ob er nicht der wäre, der den Schlüssel genommen hatte, sondern eben der andere, der ihn hätte finden können, öffnete er meinen Schrank, ging an mein persönliches Fach und schnüffelte darin herum – wobei ihm natürlich gleich das Tagebuch in die Hände fiel. Ich dachte, der wird es doch gleich wieder zurücklegen, denn was im persönlichen Fach liegt, ist tabu, ist unantastbar, aber er tastete es sehr wohl an, er schlug es auf, rief »Aha!« und nahm es mit. Na ja, dachte ich, der wird es meinem Zugführer geben, der es vernichten und mir eine Strafe wegen eines Verstoßes gegen die Geheimhaltungsverordnung geben wird – aber lesen wird es der Zugführer nicht, denn das weiß doch jeder Mensch, wie unanständig es ist, fremde Tagebücher zu lesen. Zwei Stunden später jedoch – so lange etwa, wie es gedauert haben dürfte, mein Tagebuch zu lesen – ließ der Zugführer die Kompanie antreten, in seiner Hand mein Tagebuch. Er holte mich vor die Truppe, und ich dachte, aha, er hat es also doch gelesen, aber er wird daraus doch nicht vor der ganzen Kompanie vorlesen, so was macht man einfach nicht, und das weiß auch dieser Zugführer – dann schlug er das Tagebuch auf. Der tut nur so, dachte ich, was er jetzt vorliest, das denkt der sich auf die Schnelle aus, kein Mensch bringt etwas so Ekelhaftes fertig, vor einer angetretenen Truppe aus einem Tagebuch vorzulesen. Doch was er vortrug, kam mir bekannt vor, denn ich hatte es selbst geschrieben, und so mußte ich erkennen, daß er eben all das tat, was ich ihm nicht zutrauen wollte. Und während er las, wußte ich: Jetzt bin ich wirklich in der Armee angekommen. Das ist dieser Ozean von Scheiße, den ich erwartet habe. Und in dem ich nicht untergehen darf, komme, was da wolle.

Der Zugführer ließ die Truppe wegtreten, versammelte aber seinen Zug gleich darauf in einem Schulungsraum und hielt eine scharfe Rede. Was alles nicht läuft. Wer sich alles frisch machen könne, wenn nicht. Ausgangssperre. Weitere Verschärfung von. Ab sofort. Und wenns dazu noch Fragen gäbe, dann sollten die jetzt gestellt werden. Ich machte den Hitlergruß mit Faust und fragte, ob er denn mein Tagebuch zur Gänze gelesen hätte. Er bejahte. Unsicherheit, Verwunderung lag in seiner Stimme. Ich fragte ihn, ob er sich nicht schäme. Die Unteroffiziere faßten sich an den Kopf, dem Zugführer verschlug es die Sprache, die Wachtmeister verfolgten die Szene mit atemloser Spannung. Der Zugführer sagte schließlich: »Dieses Tagebuch wird noch mancher lesen, unter anderem der Militärstaatsanwalt.«

Wenn ich mich beim Kramen in meinen Erinnerungen

dieser Tagebuch-Episode widme, dann finde ich es einigermaßen seltsam, daß ich mich damals wie berauscht fühlte. Natürlich war es furchtbar, daß die mein Tagebuch hatten. Aber ich hatte keine Angst. Ich war der Jüngere, der Unerfahrenere, der Rangniedere – na und? Denn was stand in ›Meister und Margarita‹, jenem Buch, das ich gerade ausgelesen hatte? *Alles wird gut. Darauf ruht die Welt.*

Allerdings war ich erst mal »Mode«, wie man das bei der Armee nennt. Ich erhielt den Befehl, einen eisigen Januarvormittag lang einen Hocker zu bewachen, der, nur damit ich ihn bewachen konnte, vor das Kompaniegebäude gestellt wurde. Wir hatten Impfungen bekommen, die leider sagenhaft wirksam waren; die Hoffnung, auf die Krankenstation einrücken zu können, erfüllte sich nicht. Wenigstens war das Kloputzen nicht so demütigend, wie es gedacht war. Wer daran Vergnügen findet, aus einem fremden Tagebuch vorzulesen, der hat auch Freude daran, jemanden bis zu den Ellenbogen ins Klo eintauchen zu lassen. Aber wie war das mit dem Militärstaatsanwalt gemeint? Ich war in einer Kompanie, die eine Vorzeigeeinheit war und die in der Zeitung zum »Kampf um den Bestentitel« aufrief. Den gab es aber nur, wenn keine einzige Disziplinarstrafe verhängt wurde. Komme ich vor den Militärstaatsanwalt, ist der Bestentitel futsch. Sollte meine Bestrafung dem Kompaniechef so viel wert sein? Wohl kaum. Dann aber wurde meine Versetzung in einen ausgemachten Sauhaufen angekündigt – in einem Sauhaufen könnte mich ein Militärstaatsanwalt anklagen, ohne daß ein Bestentitel dafür geopfert wird.

Woran merkt man, daß man älter wird? Zwei Jahre zuvor war ich extra nach Jena gefahren, um das Abenteuer einer

Verhaftung zu erleben – aber jetzt wollte ich um keinen Preis hinter Gitter. Am Montagabend erfuhr ich, daß ich am Freitagmorgen nach Leipzig versetzt werde. Meine Ausrüstung mit Ausnahme der Waffe würde ich in eine Armeeplane wickeln, um das Ganze dann wie einen Sack wegzuschleppen.

Nun gab es aber ein großes Röhrenradio auf unserer Stube. Es gehörte meinem Liebmütterlein, und da sie es von ihrem ersten Lohn gekauft hatte, hatte dieses Radio einen nostalgischen Wert. Es hatte eine Tastatur für die unterschiedlichen Wellenbereiche und es hatte – oh, Kommode der Erinnerungen! – ein magisches Auge. Aber es war zu groß und zu schwer, um es noch zusätzlich zur gesamten Ausrüstung mitzunehmen. Deshalb erhielt ich den Befehl, meine Eltern anzurufen, um »die Verbringung des Radioapparates in die elterliche Wohnung in die Wege zu leiten«. Das Telefon in der Schreibstube durfte ich zur Ausführung des Befehls nicht benutzen, also nahm ich die einzige Telefonzelle der Kaserne; nach dem Abendessen bildete sich dort immer eine kleine Schlange. Und da ich seit dem Auffinden des Tagebuches keine einzige freie Minute gehabt hatte, wußten meine Eltern nichts von meinen Schwierigkeiten – und ich erzählte ihnen am Telefon alles, auch davon, daß ein Militärstaatsanwalt eingeschaltet war. Nun stand aber in der Warteschlange jemand hinter mir, der die ganze Geschichte hörte, und als ich die Telefonzelle verließ, sagte derjenige, ich solle auf ihn warten. – Nach seinem Telefonat wanderte er mit mir außer Hörweite und gab mir den Rat, in das Haus 13, erste Tür links zu gehen und mit dem Herrn dort zu besprechen, wie ich meine »Scharte wieder auswetzen« könne.

Der Herr im Haus 13, erste Tür links, hatte mich vor Wochen schon einmal zu sich rufen lassen, mir einen Platz in einem Sessel angeboten, mir seinen Dienstausweis gezeigt und mich darüber informiert, daß die Staatssicherheit in allen Kasernen Mitarbeiter hätte, die, um nicht so aufzufallen, die ortsübliche Uniform tragen. Er und seine Genossen seien in den Kasernen, um Militärputsche zu verhindern. Oder die Moral und Kampfkraft aus nächster Nähe zu beobachten. Er goß mir auch Tee ein, Pickwick Orange, aus dem Delikat. Ich sagte ihm, daß ich zwar einen Faschisten als Kompaniechef, aber keine Putschvorbereitungen mitbekommen hätte, aber daß er doch mal die Ordonnanzen im Offizierscasino befragen solle; Staatsstreiche würden doch immer bei einer guten Zigarre, einem Cognac und nach zweiundzwanzig Uhr besprochen. Meine Hinweise fand er nicht interessant genug, um mich wiedersehen zu wollen, aber nun riet mir meine Telefonzellen-Zufallsbekanntschaft, daß ich den Kontakt suche. Was es bedeutet, einen Stasi-Offizier zu fragen, wie ich meine Scharte wieder auswetzen könne, wußte ich, und ich hatte nur eine einzige Nacht zum Nachdenken Zeit, eine Nacht, in der man mich, wie schon in den Nächten zuvor, kaum schlafen ließ, denn ich war ja Mode.

Wenn ich vor einen Militärstaatsanwalt komme, »wird es teuer«, wie hartgesottene Knastologen sagen, das war mir klar, denn auch in dem Sauhaufen könnten mich Kompaniechef oder Kommandeur für zwei oder drei Monate in den Armeeknast schicken, doch wenn sich der Militärstaatsanwalt mit mir befassen solle, dann nur, weil es mehr als drei Monate werden sollen. Ein Stasi-Zuträger wollte ich jedoch auch nicht werden. Zumindest kein richtiger.

Die Wahl zwischen echtem und nicht so echtem Zuträger schien ich zu haben, während die Wahl zwischen echtem und nicht so echtem Knast nicht bestand. Also entschied ich mich, ins Haus 13, erste Tür links zu gehen und zu fragen, wie ich meine Scharte wieder auswetzen könnte. Feststand, wenn ich dazu verpflichtet werde, alles zu erzählen, was ich so sehe oder höre, dann werde ich eben dafür sorgen, daß ich nichts sehe oder höre, notfalls dadurch, indem ich meine Freizeit in Häkelkursen verbringe. Und weil auch mir das Wort »Verjährung« nicht ganz unbekannt war, wußte ich, daß ich meine Scharte nicht auf ewig auszuwetzen hätte.

Das Gespräch im Haus 13 war kurz. Der Stasi-Mann in der Polizeiuniform sagte, er kenne den Fall wie auch das Tagebuch. Aber ihn interessiere die Geschichte nicht weiter – auch nicht den Militärstaatsanwalt.

Ja, kann man so viel Glück haben, dachte ich, als ich das Haus 13 verließ. Warum? Ich weiß es nicht. Bulgakow kannte sich aus.

Ansonsten nahm ich mir selbst den lächerlichen Schwur ab, nie, niemals wieder in so eine Lage zu geraten. Nie wieder will ich mich aus Angst einem Stasi-Offizier anbieten müssen.

Der Rest des Wehrdienstes ist schnell erzählt: Ich kam zurück in die Leipziger Kaserne, von wo aus ich an meinem ersten Tag nach Basdorf geschickt worden war. Auf dem Flur, in den Zimmern: gähnende Leere. Nur ein Häuflein Innendienst-Kranker verlor sich in den Räumen. Man spielte Skat und Klammern. Die Kompanie war zu einem vierteljährlichen Arbeitseinsatz in die Rüstungsindustrie abkommandiert, ins Sprengstoffwerk Schönebeck. Ich setzte mich zu den Innendienstkranken und machte den Kiebitz. Als ein Offizier den Raum betrat, gab es kein zackiges »Achtung!«; der Geber blickte nur mal kurz hoch. Der Offizier war mein neuer Zugführer. Er holte mich zu sich, um mir nach dem Prinzip erstens, zweitens, drittens die einfachen Spielregeln in seinem Zug zu erläutern. Drei Wochen später kam die Kompanie aus dem Sprengstoffwerk zurück. Ich machte keine Probleme mehr.

Die Langeweile trieb viele dazu, auf Briefwechsel-Annoncen zu antworten. Nachmittagelang saßen sie über Briefen, beratschlagten sich, tüftelten an Formulierungen, dank denen sie als humorvoll, kinderlieb, romantisch, großzügig, treu, verständnisvoll und als regelmäßige Nutzer von Seife und Zahnbürste rüberkamen. Sie erhielten nie eine Antwort, obwohl sie ein Briefmarkenheftchen nach dem anderen verbrauchten. Einmal entwarf ich eine dreiseitige Parodie auf so einen Annoncenbrief, mit Sätzen wie »Meine Gesichtspickel unterscheiden sich von den Pickeln, mit denen ich sonst übersät bin, was Dir aber nicht auffallen wird, denn ob meines Mundgeruchs (finde selbst heraus, ob faulig oder stechend) wirst Du das nicht so leicht untersuchen können«. Als ich den Brief vorlas, wälzte sich mein Stubenältester ungelogen vor Lachen auf dem Boden. Dann antwortete auch ich einmal auf eine Briefwechsel-Annonce, wobei mir die Profis gleich sagten, daß es aussichtslos wäre, denn die Betreffende habe sich als »gutaussehend« beschrieben, was maximalen Ansturm und geringste Gewinnchancen bedeutete. Ich bekam aber doch eine Antwort; die Gutaussehende schrieb mir, daß ihr von den 345 Zuschriften meine am besten gefallen habe. Auf der Stube wurde ich angestarrt wie ein Außerirdischer. Die Sache sprach sich herum. Bald darauf mußte ich die Briefe der höheren Diensthalbjahre schreiben. Ich wurde der Pablo Neruda der 3. Kompanie, der Cyrano de Bergerac der Bereitschaftspolizei. Ich mußte nur etwas Selbstironie aufbringen, die Armee-Misere augenzwinkernd oder souverän-spöttisch wie nebenbei abhandeln und mich in der Hauptsache den Angelegenheiten der Briefpartnerin widmen, wodurch ich mit meiner Aufmerksamkeit punkten konnte, wenn ich die Andeutungen in ihren Briefen zu enträtseln oder zumindest zu entdecken verstand. Und ich kam auch nicht umhin, mich – zumindest für die Minuten, in denen ich den Brief schrieb – in die Frau, der ich schrieb, zu verlieben. Du bleibst beim Schreiben nicht unbeteiligt, wenn das, was du schreibst, nicht kaltlassen soll, lernte ich. Der Zustand, in dem ich lebte, ließe sich als »platonische Polygamie« bezeichnen.

Ich war der mit den Büchern, und dank der Protektion, unter der ich dank meiner Briefe stand, konnte ich es mir erlauben, auch dicke Bücher zu lesen. Unter anderem den ›Zauberberg‹, worin ich auf eine interessante Aussage über die Zeit stieß. Ereignisreiche Phasen werden als kurz empfunden, wenn man sie erlebt, aber als lang, wenn man sich ihrer erinnert, während ereignisarme Phasen lang sind, während man sie erlebt, aber kurz, wenn man sich an sie erinnert. Da wußte ich, wie ich den Wehrdienst in Erinnerung behalten werde: Die nicht mal drei Monate in Basdorf werden mir irgendwann länger vorkommen als die langweilige, nicht enden wollende Zeit in Leipzig.

Die dann aber auch endete, und der Tag, an dem ich aus der Armee entlassen wurde, war der schönste in meinem Leben. Wenn ich in meinen Erinnerungen krame, kann ich nicht widerstehen, jene Minuten in die Hand zu nehmen, in denen ich mit meinen Zivilklamotten – natürlich Jeans – auf dem Kompanieflur herumlief und es auskostete, mich in meinen eigenen Schuhen, der eigenen Hose, dem eigenen T-Shirt zu bewegen. Mir war nach hüpfen, tanzen, juchzen und Armeschlenkern zumute. Auch an den Moment, als ich die Kaserne verließ, erinnere ich mich gut: Ich bekam als letztes meinen Personalausweis zurück und ging dann aus einer Art Kellerwohnung eine Treppe hinauf ins Freie. Weil mich die Sonne blendete, wandte ich, oben angekommen, den Blick zurück zum Fuß der Treppe, wo sich zwei Offiziere zofften – und da mußte ich lachen, ohne daß ich es wollte. Ich schüttete mich aus vor Lachen, ich kam mir selbst vor wie ein Irrer und hätte dem Gelächter, das mich übermannte, gern ein Ende gesetzt. Aber mein Zwerchfell machte, was es wollte. In der Essener Straße in Leipzig stand ein junger Mann mit Jeans, Turnschuhen und kurzen Haaren, und lachte. Das war am Vormittag des 29. April 1986.

Wie ich Schriftsteller wurde (I)
(1983–1988)

Wer sucht, wer Fragen an die Welt hat, wer seine eigenen unsicheren Gefühle erklärt oder bestätigt haben will, der wird in Büchern immer etwas finden. Das war meine Überzeugung. Allerdings fand ich in der DDR-Literatur nichts, was mir weiterhalf. Die Schriftsteller, von denen ich vor ein paar Jahren noch so viel hielt – jetzt enttäuschten sie mich. Deren Probleme waren nicht meine Probleme. Deren Sprache war nicht meine Sprache. Daß kein einziger etwas schrieb, das mir half, an dem ich mich festhalten konnte, das mir Mut und Durchblick gab, das entfremdete mich von ihnen. Zugleich aber sagte ich mir: Wenn die nicht die Bücher schreiben, die ich brauche, dann muß ich sie eben selbst schreiben. So wurde ich Schriftsteller. Mehr war da eigentlich nicht.

Das Schreiben gehörte seit Ende 1983 zu meinem Tagesablauf, genauer: zu meinen Nächten. Manchmal, tief in der Nacht, kam mein Vater aus dem Schlafzimmer, wenn er im Wohnzimmer noch Licht sah, und wollte mich ins Bett schicken. Weil die Nacht angeblich zum Schlafen da ist.

Daß ich auch nach der Armeezeit regelmäßig schrieb, vertraute ich nur meinem Bruder Stefan an. Man macht immer eine unglückliche Figur, wenn man über ein unfertiges Werk spricht. Als Autor ohne Veröffentlichung sowieso. Ich schrieb nun aber etwas, das ich für einen Roman hielt, das später aber durch manchen Literaturwissenschaftler als Erzählung klassifiziert wurde, was ich prima fand, denn ich liebe Sachverhalte, von denen es heißt *Die Wissenschaftler streiten sich noch, ob …* Inspiriert war ich durch Salingers Roman ›Der Fänger im Roggen‹, einem Buch, das in dem Alter wohl jeder gelesen hatte und gut fand. Ich war von dem trotzigen Ton so angetan, daß ich mir gar nicht vorstellen konnte, es anders zu machen. Wozu mich in irgendeine gekünstelte Sprache hineinwinden? Die Unsicherheit im Leben mit einer unsicheren Sprache illustrieren, na klar.

Mein Buch handelte vom letzten Schuljahr eines Abiturienten, der meine Orientierungslosigkeit durchlebte, allerdings auf der Schule meines Bruders Stefan. Seine Stories waren ungemein griffig, manche konnte ich fast eins zu eins übernehmen – ich mußte mir für sie nur noch jene Details ausdenken, die eine Szene plastisch und glaubwürdig machen. Ein Taschentuch, das vergessen halb aus einer Hosentasche hängt, der Wind, der Stahlseile an Fahnenmasten klirren läßt, eine Freßorgie, bei der Frikassee das Kinn herunterläuft. Auch gelegentliche Verallgemeinerungen stießen bei Stefan auf nicht weniger als euphorische Zustimmung. Als ich vor wenigen Jahren aus purer Geldgier mal an einer westdeutschen Uni kreatives Schreiben unterrichtete, habe ich den Satz »Das Detail gibt einer Szene Authentizität und Würze, die Verallgemeinerung verleiht ihr Relevanz« an die Wand projiziert und den Studierenden aufgetragen, ihre Texte gemäß diesem Prinzip zu durchkämmen. Leider tat ich das schon in der ersten Stunde, worauf ich den Spitz- und Schmähnamen »Relevanzler« erhielt.

Nach meiner Entlassung aus der Bereitschaftspolizei wohnte ich zunächst wieder bei meinen Eltern, gemeinsam mit meinem Bruder in einem Zimmer. Während der vergangenen achtzehn Monate hatte er ausgiebig Luftgitarre gespielt. Er konnte das stundenlang, während mir sein Tun, für das ich allein aus Spießerverdachtsvermeidungsgründen das Wort »Rumgehampel« nie benutzte, schon nach fünf Minuten auf den Keks ging. Mein Wohnungsantrag lief seit lächerlichen drei Jahren, aber da gerade ein Parteitag, eine »Wahl« oder ähnliches auf der Agenda stand, irgendein Ereignis, bei dem, so gut es geht, Telefone, Wohnungen, Autos, Studienplätze oder Ausreisen unters Volk gebracht werden, fand mein Liebmütterlein, könne man ja mal eine Eingabe schreiben. Zwei volljährige Männer in einem Zimmer, also bitte.

Und tatsächlich: Kein Vierteljahr später hatte ich eine Wohnungszuweisung für eine Einzimmerwohnung im Hinterhaus in der Griebenowstraße, nahe der Zionskirche. Das Viertel hatte ich immer dem Prenzlauer Berg zugerechnet; erst durch die Zuweisung erfuhr ich, daß es zum Stadtbezirk Mitte gehörte. Allerdings bekam ich keinen Wohnungsschlüssel; auch die Wohnungsverwaltung hatte keinen. Die Vormieterin habe »unsere Republik Richtung Westen verlassen«, und »solche Leute machen noch im Abgang Probleme, wo sie nur können«, sagte der Genosse vom Rat des Stadtbezirks, der die Eingabe bearbeitete. Also ließ ich die Wohnung durch einen Schlosser öffnen – und stand in einem Zimmer, in dessen Mitte sich große Pappkartons und Kisten türmten, über die eine Decke geworfen war. Zweifellos der Besitz der ehemaligen Bewohnerin. Vom Türschild wußte ich ihren Namen: Grit Nowak. Kurz darauf kam die Nachbarin nach Hause, die informierte einen Freund von Grit Nowak, der mit der Erledigung der hiesigen Angelegenheiten betraut war, und der mich erst beschimpfte, dann aber einen Räumungstermin nannte; das Zeug sollte in zwei Wochen mit einer Spedition in den Westen gehen. Daß ich in der Zwischenzeit schon die Wände malern wollte, interessierte ihn nicht; schließlich sei die Miete bis zum Monatsende bezahlt. Ich hielt ihm meine gültige Zuweisung unter die Nase. Mit einem »Ach leckt mich doch alle!« verließ er die Wohnung.

Also begann ich, meine Wände zu streichen. Den Turm in der Zimmermitte rührte ich nicht an. Ein wackliges Regal war das einzige Möbelstück, das nicht mitgehen sollte. In diesem Regal lag in einem Schuhkarton einiger Plunder, unter anderem ein Heftchen aus A5-Seiten, »Für Grit von Andi«. Andi hatte unter dem Titel ›Die Schärfsten‹ eine Art Porno-Krimi-Comic verfaßt, verwendete Tusche und Kreide, für die Sprechblasen einen kräftigen Bleistift. Allein in der Sicherheit, mit der die Materialien verwendet wurden, war der Profi zu erkennen. In eine Zeichnung, die allerdings nicht Andis Handschrift trug, war ein Foto von Grit Nowak hineingearbeitet worden. Als ich es genauer betrachtete, wurde mir klar, daß ich sie kannte, wenn auch nur flüchtig.

Als ich ein neunjähriges Ferienlagerkind war, wurde eines Tages Grit Nowak beim Appell nach vorn gerufen. Grit Nowak, die bei den Dreizehnjährigen war, hatte mit sechzehnjährigen Jungs aus dem nahen Dorf Tiefenbach rumgehangen und Zigaretten geraucht. Davon sprach ein strenger Lagerleiter, unter häufiger Verwendung ihres Namens. Grit Nowak hörte sich die Rede, die nicht an sie, sondern an alle gerichtet war, zwar still, aber nicht mit niedergeschlagenen Augen an. Sie hatte blaue Augen, braunes, kraus-lockiges Haar, das ihr auf die Schultern fiel und, nur ganz leicht, aber unübersehbar, den Ansatz einer Brust. Ich verliebte mich augenblicklich in Grit Nowak, die von dem Lagerleiter bloßgestellt wurde und dabei so ruhig und so schön blieb. In den folgenden Tagen wurde Grit von allen gemieden. Auf der Heimfahrt im Zug setzte sie sich zu mir und meinem Freund Ralf: Wir spielten Mau-Mau. Sie lächelte mich an, in einer Art, daß mir buchstäblich die Karten aus der Hand fielen. Nach zwei Runden bot sie an, uns einen Kartentrick zu zeigen. Sie ließ mich eine Karte ziehen, die nur ich sehen konnte, mischte sie unter und deckte sie zu meiner Verblüffung auf. Das zeigte sie drei-, viermal, dann ließen wir sie mitspielen. Ich wollte ihr um jeden Preis das Verlieren ersparen und machte Fehler, die so offensichtlich waren, daß sie mich lächelnd korrigierte: »Nein, wenn ich mir Herz wünsche und nur noch eine Karte habe, dann mußt du mit deinem Buben drübergehen und dir Kreuz wünschen.« – Sie war die erste einer langen, langen Reihe von Mädchen, in die ich mich unglücklich verliebte; unglücklich verliebt zu sein war bei mir Dauerzustand.

Mit dieser Art Wiederbegegnung hatte ich allerdings nicht gerechnet: In ihrer Wohnung zu stehen, während sie im Westen auf ihre Sachen wartet. Es machte mich zum ersten Mal traurig, wirklich traurig, daß so viele in den Westen gehen. Grit Nowak war ein wunderbares Mädchen, und aus ihr war, das war auf dem Foto zu sehen, auch eine wunderbare Frau geworden: Sie lag mit dem Rücken im Gras und wurde von jemandem fotografiert, der über ihr gestanden haben muß, und obwohl sie in einer schutzlosen, ausgelieferten Position dalag, schaute sie kess und lachend in die Kamera, als wollte sie sagen »Und, wat is nun?«. Auch die Hinweise auf das Graphiker-Umfeld (war sie vielleicht selbst Malerin oder Graphikerin?) machten mich traurig, weil oft die mit Talent, Fähigkeiten und Phantasie gingen. Und uns mit den Lagerleitern und Kompaniechefs zurückließen.

Warum blieb ich als Museumspförtnerlein in diesem Land hocken, in dem ich mich nicht wohl fühlte und in dem ich keine verlockende Zukunft sah? Warum ging ich nicht dahin, wohin viele wie Grit Nowak gingen?

Um ehrlich zu sein – die Frage stellte ich mir nicht. So wenig, wie ich mir die Frage stellte, ob ich, da ich doch dauernd unglücklich verliebt war, es nicht mal mit Männern versuchen sollte.

Ich nahm die alten Gewohnheiten wieder auf, zum Beispiel, mit Freunden an Orte zu fahren, von denen wir uns von vornherein wenig versprachen. An einem Wochenende fuhren wir an die Ostsee. Da ich ziemlich klamm war, fuhr ich schwarz, doch ich wurde von der Schaffnerin erwischt. Dieses Erlebnis war ein Einschnitt. Ich sagte mir, wenn ich schon auf ein erfüllendes Berufsleben, auf Wissen und Bestätigung verzichte, indem ich nicht studiere, dann will ich wenigstens keine chronische Ebbe im Portemonnaie haben.

Und so bewarb ich mich im Palasthotel. Ich hatte während des Wehrdienstes den Barkeeper vom Merkur kennengelernt. Als ich ihn fragte, was er verdiene, gab er eine beeindruckende Antwort: »Weiß ich nicht.« Das Merkur war wie das Palasthotel ein Valutahotel, dessen Gäste fast ausschließlich mit D-Mark und Dollar zahlten. Als neben dem Personaleingang auf einer Tafel mit Steckbuchstaben unter den Worten »Wir stellen ein« auch das Wort »Portier« stand, schnitt ich die langen Haare ab und bewarb mich. Sieben Wochen später hatte ich meinen ersten Arbeitstag, stand mit einer schwarzen Hose, einem braunen, gebügelten Hemd, brauner Weste, schwarzer Fliege und schwarzen Schuhen in der Hotelhalle, und wer mich ein Jahr später gefragt hätte, wieviel ich verdiene, dem hätte ich sagen müssen, daß ich es nicht weiß. Die Trinkgelder schwankten so stark, daß eine klare Antwort unmöglich war.

Die Arbeit machte Spaß. Man muß es schon selbst erlebt haben, um es nicht zu begreifen. Nie wußte ich, was der Tag bringt. Das Beste waren die Gäste; je exaltierter, desto besser. Viele fühlten sich als Abenteuertouristen im realsozialistischen Erlebnispark und testeten das Personal. Waren wir die 220 DM Übernachtungskosten wert – oder hatten wir eine eher sowjetische Dienstleistungsmentalität? Ich liebte die Nachtschichten, wenn sich, manchmal noch durch den Alkohol verstärkt, Eifersuchts- und Trennungsdramen abspielten. Langweilig war es nie.

Der Hoteljob bot außerdem den Vorteil, daß ich mit dem Schreiben weitermachen konnte. An allen Tagen, auf die ein freier Tag, eine Spätschicht oder die erste Nachtschicht folgte, konnte ich schreiben. Ich schrieb nur nachts. Wurde der neue Dienstplan ausgehängt, zählte ich die Tage des nächsten Monats, an denen ich schreiben konnte. Ich liebte das Gefühl, daß der Tag gelaufen war, und alles, was jetzt noch geschehen würde, auf dem Papier geschieht. Alle

Lichter im Hinterhof sind gelöscht, nur ich schreibe. Niemand treibt mich, niemand beachtet mich. Es waren luftige Phantasiegespinste, die unter maximaler Zwanglosigkeit entstanden. Die Müdigkeit setzte die strenge Tagesrationalität außer Kraft. Manchmal hörte ich das Maunken einer Katze, was gespenstisch war, da es kaum von Babygeschrei zu unterscheiden war. Oder, wenn ich lange saß, hörte ich die ersten Straßenbahnen auf der Kastanienallee oder erlebte den Tagesanbruch inklusive Vogelgezwitscher. Aber was ich schrieb, nahm ich ernst. Daß man ein Talent für eine Sache hat, merkt man daran, daß sie einem leichtfällt, heißt es, und dieser Satz bewahrheitete sich bei mir.

Um lange wach bleiben zu können, trank ich viel Tee. War die Kanne leer, machte ich mir die nächste. Mein tägliches – genauer: nächtliches Pensum – bemaß ich in Teekannen. Eine Kanne war normal, zwei Kannen war gut, drei Kannen war so was wie ein Schaffensrausch.

Eines Nachts, als ich die zweite Kanne Tee zubereitete und in der Küche wartete, daß das Wasser im Pfeifkessel zu kochen anfing, wurde mir bewußt, daß ich mir nicht mehr länger vormachen könne, nicht zu wissen, was ich werden wollte. Schließlich schrieb ich jede Nacht. Ich sollte den Dingen ins Auge sehen: Ich wollte wohl Schriftsteller werden. Und da ich als solcher nicht umhinkäme, den Weltverbesserer zu geben, wollte ich mich sogleich auf die Suche nach den Typen begeben, die das Feuer und das Herz hatten, um diesem Laden den fälligen Tritt zu versetzen. Nur so kann ich mir heute, in meinen Erinnerungen kramend, die Gleichzeitigkeit meines Entschlusses, Schriftsteller zu werden und meine Kontaktsuche zu politisch interessierten, dissidentischen Kreisen erklären.

Wie ich zunächst kein Dissident wurde,

obwohl ich es eigentlich wollte, dafür aber trotzdem mit interessanten Leuten in Kontakt kam, und das immerhin als pickliger junger Mann, der unter den Achseln schwitzte, für einen Stasi-Spitzel gehalten wurde und obendrein weder Bier- noch Wein-, sondern Teetrinker war (1987–1989)

In meinem Nebenhaus war die »Umweltbibliothek«, die ein Hort radikalsten Dissidententums war, wenn man die Qualität ihrer Druckerzeugnisse zum Maßstab nimmt. Was die in Umlauf brachten, sah, wenn überhaupt, wie Kartoffeldruck aus. Ich ging allerdings nur einmal hin. Es drehte sich um Wehrpflicht und Zivilersatzdienst. Ein dünner bärtiger Wortführer formulierte in nasalem Tonfall Maximalforderungen, wobei er die jeweils letzte Silbe jedes Hauptsatzes schier endlos dehnte und synchron dazu mit dem Daumen seinen Bart vom Kinn bis zur Bartspitze kämmte. Ich wurde, weil ich neu war, aus meiner Beschäftigung im Palasthotel keinen Hehl machte und frisurtechnisch ausscherte, als Stasi-Angehöriger schubladisiert. Das sagte mir zwar keiner, aber die Blicke wußte ich schon zu deuten. Ähnlich erging es mir, als ich eine »Friedensinitiative« besuchte; Oppositionsgruppen gaben sich harmlos klingende Namen – mit dem Ergebnis, daß irgendwann selbst das

Wort »Frieden« nicht mehr harmlos klang. Auch in dieser Friedensinitiative wurde ich gleich als Stasi-Angehöriger ausgemacht. Ein – selbstverständlich vollbärtiger – Drei-Zentner-Mann in Holzfällerhemd und Latzhose sagte mir, er sei von der Stasi enttäuscht, wenn die so leicht identifizierbare Spitzel schicke. Die eigentliche Versammlung war total langweilig; es ging um Menschenrechtsprobleme in Irland, Burma und Peru – aber nicht um das, was sich vor der Haustür abspielte. Und dann gab es noch meinen Freund Matthias, der erst in einer Keller-, später in einer Hinterhauswohnung lebte. Bei ihm war ein ständiges Kommen und Gehen; irgendwann ersetzte er den Türknauf seiner Wohnungstür durch eine Klinke. Matthias arbeitete beim Bund der Evangelischen Kirchen Deutschlands; sein Chef war der Konsistorialpräsident, und dadurch verfügte Matthias über Informationen, die weder in der Zeitung standen noch übers Westfernsehen kamen. Exklusiv war auch der Denkstil. Sollte das Thema »Zivildienst als Alternative zum Wehrdienst« aufs Tapet kommen, dann war das Allerallerschlimmste eine Demonstration vollbärtiger und jesusbelatschter Zivildienst-Befürworter, über die zu allem Überfluß noch das Westfernsehen berichtet. Durch so etwas würde sich der Staat nur herausgefordert fühlen, und das Thema Zivildienst wäre kein Sachthema mehr, sondern eine Kraftprobe. Der Zivildienst, logisch, läßt sich nur erreichen, indem er nie thematisiert wird. »Geduld« war eines der meistverwendeten Worte (neben »anmahnen« und »vermitteln«).

Aber ich war nicht geduldig. Ich war ungeduldig. Deshalb interessierte mich sehr, was in der Musik passierte. Da gab es Bands, die machten Lärm, schrien ihre Wut raus, riskierten was. Das gefiel mir. Wer laut und leidenschaftlich war, der fiel schon mal auf. Kein Stil dominierte. Alles war möglich. Die Musikszene glich einer großen Spielwiese von Stilen und Sounds. Die Bands schleppten alle möglichen Instrumente auf die Bühne, nicht nur zwei Gitarren, Bass, Schlagzeug und Keyboard, sondern auch Akkordeon, Trompete, Posaune, Violine, Mandoline oder irgendwelche Dachbodenfunde. Mit dem üblichen Strophe/Refrain-Schema wagte sich auch keiner auf die Bühne. Es gab Songs, die minimal begannen und Takt für Takt mächtiger wurden. Oder die zu ihrem Ausgangspunkt zurückkehrten. Oder die eigentlich aus drei Liedern zusammengesetzt waren. Die meisten Bands spielten eigene Songs, mit deutschen Texten; mit deutschen Texten kam man nicht um eine Aussage herum.

Kerschowski sah ich das erste Mal beim Kirchentag. Sechs Leute, die wie eine Gang wirkten, nicht wie eine Band. Sänger Lutz Kerschowski, der wie Udo Lindenberg klang und wie Herman van Veen aussah, hatte einen Song über Schule im Programm, mit der Ansage »Zehn Jahre gehste zur Schule, zehn Jahre brauchst du, um das zu vergessen, und dann siehste vielleicht klare Bilder«. Mann, dachte ich, der ist ja schlauer als dein Buch. Einen anderen Titel sagte er an mit »Wir leben in den gemäßigten Breiten und warten auf bessere Zeiten«. Nach dem Konzert schlich ich zum Mischpult und brachte seine Managerin dazu, seine Adresse rauszurücken. Ich tat so, als hätte ich ein paar Texte in der Tasche – obwohl ich nie einen anständigen Songtext zustande gebracht habe. Dabei dachte ich viel darüber nach, was einen guten Songtext ausmacht. Ein schlechter Sänger kann natürlich jeden noch so guten Songtext zugrunde richten, so wie ein mordsmäßiger Sänger aus einem mittelmäßigen Text ein Riesending machen kann. Aber es gibt Songs, die wegen des Textes einen Eindruck hinterlassen, und hinter deren Geheimnis wäre ich gern gekommen. Rocktexte haben oft etwas Parolenhaftes, behaupten etwas, bei dem man lieber nicht so genau hinschauen möchte. Sie sind auch, was für einen angehenden Romanautor nur schwer hinzunehmen ist, löchrig und lückenhaft. Das Streichholz wird immer nur angerissen; um es niederzubrennen, ist keine Zeit.

Als ich ein paar Wochen später auf dem Weg zu Kerschowski war, begegnete er mir zufällig, als ich die Treppen am S-Bahnhof Pankow runter- und er sie raufkam. Ich quatschte ihn an, und es wurde dann ein längeres Gespräch, denn anstatt seiner Bahn kam eine Durchsage, der Zugverkehr werde auf unbestimmte Zeit eingestellt; jemand hatte sich bei Heinersdorf vor den Zug geworfen. (Wir bestätigten einander noch Jahre später, daß wir uns an dem Tag kennengelernt hätten, als sich in Heinersdorf jemand vor die S-Bahn geworfen hatte.) Er zeigte irgendwann auf meine Tasche und fragte mich, ob ich derjenige sei, der Texte für ihn habe, und als ich verneinte, holte er einen aus seiner Tasche. »Is nur ne Übersetzung«, sagte er.

I can't get no satisfaction
I can't get no satisfaction
Und ich weiß und ich weiß
Und ich weiß, das geht nie vorbei
I can't get no, I can't get no

Wenn ich fahre in meiner Karre
und der Kerl in diesem Radio
haut mir wieder die Taschen voll
mit ausgewählten Informationen
und der Wetterbericht ist auch gelogen
I can't get no, oh no no
Hey hey hey, frag mal wies geht

I can't get no satisfaction
I can't get no satisfaction
Und ich weiß und ich weiß
Und ich weiß, das geht nie vorbei
I can't get no, I can't get no

Wenn ich höre in meiner Röhre
Da sagt der gleiche Typ wie immer
»…s wird immer besser und drüben wirds schlimmer«
Doch der ist einfach mal kein Typ für mich
Denn er fährt nicht in derselben Bahn wie ich
I can't get no, oh no no
Hey hey hey, frag mal wies geht

I can't get no satisfaction
I can't get no satisfaction
Und ich weiß und ich weiß
Und ich weiß, das geht nie vorbei
I can't get no, I can't get no

Wenn ich stehe in Schönefeld
mit meinem Ausweis und zähl mein Geld
und seh die Leute in alle Welt
nach Rom, Paris und London starten
Nach Casablanca und ich soll warten
I can't get no, oh no no

Bei seinen Aufritten hielt Kerschowski nach den Worten »… und der Wetterbericht« das Mikro in Richtung Publikum, das »ist auch gelogen« antwortete. In mein Hirn allerdings ätzten sich die Zeilen »Und ich weiß und ich weiß und ich weiß, das geht nie vorbei« ein.

Von da an saß ich bei Lutz des öfteren in seiner Küche, auf einem gepolsterten Sofa, das vermutlich älter war als das Haus, in dem er wohnte, und trank Tee. Er zeigte mir seine neuesten Texte, und seine Frau Tina, die wie eine Indianerin aussah, guckte mich immer sehr durchdringend an, als wolle sie mir zu verstehen geben, daß ihr vollkommen klar sei, daß ich bei der Stasi bin. Irgendwann erzählte ich Lutz, daß ich an einem Buch schreibe. Er schlug auf den Tisch und rief: »Tina, was hab ich heut früh über Thomas gesagt: Entweder verbirgt er uns, daß er schwul ist, oder daß er bei der Stasi ist, oder daß er ein Buch schreibt!« Worauf Tina trocken sagte: »Wieso *oder*?«

Bei Lutz wars die Küche, bei Matthias das Wohnzimmer. Er war nie allein. Oft waren auch Leute aus dem Westen bei ihm zu Gast; Matthias hatte die Gabe, Menschen neugierig auf sich zu machen, so daß er immer wieder Leute, die beim Bund der Evangelischen Kirchen zu tun hatten, in seine Wohnung lotsen konnte. Einmal war Bernd Senf zu Gast, ein Westberliner Wirtschaftsprofessor, der insofern ein Unikum war, da er körpertherapeutische Arbeit nach Wilhelm Reich propagierte. Bernd Senf bewegte sich mit aufreizender Geschmeidigkeit, als lebendes Demonstrationsobjekt eines blockadefreien Körpers. Ein andermal kam ein Anthroposoph aus der Schweiz, der, ohne es zu merken, jeden anbrüllte, der eine skeptische Frage stellte. Aber einmal saß der leibhaftige Volker Braun bei Matthias; auf die Einladung per Brief hatte Braun mit einer Postkarte geantwortet, darauf eine anti-militaristische Karikatur. Die Postüberwachung stempelte die Karte und teilte dem Empfänger – also Matthias – mit, daß die Post gelesen wurde. Von alldem wußte ich nichts; ich geriet nur zufällig in den Abend mit Volker Braun. Ich kam verspätet, das Wohnzimmer war voll wie ein Rettungsboot, alle lauschten. Volker Braun las nicht, er redete eigentlich auch nicht – er schien laut zu denken. Er tastete nach Worten und gab einem Gedankenfluß freien Lauf, der große Begriffe als Treibgut mit sich führte. Zukunft. Welt. Alternativen. Gerechtigkeit. Untergang. Geschichte. Vorläufig. Um nicht durch Flüstern zu stören, mußte ich mir selbst zusammenreimen, worüber er sprach. Aber eigentlich war es egal. Mann, das war Volker Braun! Der Brechtversteher, der Dialektiker der Fünften Dimension! »Fortschrittlich ist, was ein Fortschreiten ermöglicht, heißt es bei Brecht«, war der erste Satz, den ich aufschnappte. »Es ist aber auffällig, daß es praktisch unmöglich ist, sein ganzes Leben über links, fortschrittlich zu sein. Büchner starb mit dreiundzwanzig, Rimbaud war nur ein paar Jahre Rebell, Lenin wurde Apparatschik und Stalin Massenmörder. Es erregt Mißtrauen, daß es keine fünfzig-, sechzig-, achtzigjährigen Revolutionäre gibt.« Ich erlebte einen echten Schriftsteller und wünschte mir, bald ein Kollege von ihm zu sein. Das Wissen der Menschheit wie ein Skatblatt in die Hand zu nehmen und dann, Karte für Karte, auszuspielen – das wars.

Mein Buch war inzwischen so weit, daß ich es für fertig hielt. Die vielen handschriftlichen Seiten verwandelte ich in ein getipptes Manuskript und verteilte drei Durchschläge (der dritte Durchschlag war eine echte Zumutung) an Freunde. Konnte das, was ich geschrieben hatte, überhaupt andere interessieren? War es zu banal, zu allgemein – oder zu speziell, zu eitel und nabelbeschaulich? War es überhaupt ein Buch, das ein Leben entfaltet – oder war es nur eine billige Imitation von Literatur? War ich ein »literarischer Mensch«, einer, der Zugang hat zu all den Geheimnissen der literarischen Hexenkunst, der die Puzzlesteine des Lebens in einem Buch neu zusammensetzt, auf daß sich ein schärferes, tauglicheres Bild ergibt?

Die Anfänge sind oft am interessantesten. Im Erstling steckt das Eigene, Echte. Spätere Werke sind rundgelutscht durch Reflexion. Nicht nur in der Literatur. Wann hatte ich das Gefühl, meinen Anfang als Schriftsteller zu erleben? So richtig startschußmäßig? Es war ein Tag im Mai 89, als ein Freund bei mir zu Hause saß, der einen der drei Durchschläge gelesen hatte. Er nuckelte an seinem Bier, sagte etwas über mein Buch, sprach dann auch über andere Bücher, dann wieder über meins. Und er sprach über mein Buch nicht wie über einen Patienten – und in diesem Moment fühlte ich mich das erste Mal als ein richtiger Schriftsteller, der ein richtiges Buch geschrieben hatte. Wenn die Literatur ein Ozean ist, dann werde ich fortan nicht nur vor ihm stehen und die Wellen rauschen hören, nein, ich werde ihm auch einen Tropfen hinzugeben können.

Allerdings wollte ich nicht einen, sondern gleich drei Tropfen hinzugeben. Ich wollte erst ein zweites und drittes Buch schreiben, ehe ich versuchte, das erste zu veröffentlichen. Für die Verlagsgespräche brauchte ich Selbstbewußtsein. Wenn ich zu hören bekomme »Junger Mann, das ist der größte Stuß, mit dem wir uns je befassen mußten«, kann mich nur der Gedanke retten ›Leck mich, bei mir liegen noch zwei in der Schublade‹.

Ich schrieb an zwei Büchern gleichzeitig: Während ich schon mitten im zweiten Buch steckte, arbeitete ich noch die Hinweise ein, die zu meinem Erstling kamen. Die drei Durchschläge kursierten langsamer als erhofft, denn das Exemplar von Matthias erhielt ich nicht zurück, wodurch nur noch zwei Manuskripte in der Umlaufbahn waren. Matthias hatte das Manuskript zwar als »ganz, ganz hervorragend« gelobt – dann aber verlegt. Sagte er.

In Wahrheit hatte er es einem Peter gegeben, der Kontakte zum Aufbau-Verlag hatte. So n die-Freundin-seiner-Cousine-Ding. Vielleicht auch der Bruder der Nachbarin. Oder der Onkel, der zugleich der Fahrlehrer einer Lektorin war. Eines Tages sagte mir Matthias, daß mein Manuskript nicht verlorengegangen, sondern im Aufbau-Verlag gelandet sei – und strahlte mich an, als habe er mir das größte Geschenk beschert. Ich war allerdings gar nicht froh, denn ich hatte ja andere Pläne. Also rief ich im Aufbau-Verlag an, um einen Termin zu vereinbaren, an dem ich mein Manuskript zurückholen wollte. Ich wurde zu der Lektorin Lore Reimann durchgestellt. Sie wußte sofort, wer ich bin, als hätte Peter sie vorgewarnt.

Wenige Tage später war ich im Aufbau-Verlag, und wenn ich vor der Kommode mit meinen Erinnerungen sitze, dann fällt mir ein Detail in die Hände: Die eichene Eingangstür war schwer zu öffnen. Schon damals dachte ich: Welch bestechende Metaphorik! Hier also lebten Büchermenschen. Das Treppenhaus, die Flure und die Büros erschienen mir eng und zugestellt. So, so, in dieser Enge sollen Bücher entstehen, die von einem freien, weiten, unabhängigen Denken künden. Wenn das man gutgeht.

Das Gespräch mit der Lektorin Lore Reimann war eines der ulkigsten, die ich je geführt habe. Wir redeten vierzig Minuten lang komplett aneinander vorbei. Ich kam wie der Hirte, der ein verirrtes Schäflein abholen und zu seiner Herde zurückbringen will. All ihren Überschwang, ihre wortgetreuen Zitate aus dem Gedächtnis, ihr Lob und ihre Zustimmung hielt ich nur für Spielarten von höflicher Ermutigung für den Jungschriftsteller, der bekanntlich ein scheues, gefährdetes, zart beseeltes Wesen ist. Lore Reimann war vor Jahren selbst auf einer EOS gewesen, und sie war verblüfft, wie viel sie wiedererkannte und wie wenig sich über die Zeit verändert hätte. »So einen wie den Martin« – sie sagte Matien – »hatten wir auch. Und genau so läuft es!« Die Stelle, wo sich der Ich-Erzähler den Eltern seiner Freundin vorstellt, fand sie so komisch, daß sie sofort zwei Kolleginnen geholt habe, um ihnen die Seiten vorzulesen. Und das mit dem Rauswurf – in dieser atmosphärischen Dichte könne man sich Derartiges doch gar nicht ausdenken, das muß ich doch erlebt haben! – Wie gesagt, vierzig Minuten lang hörte ich nur Gutes über mein Manuskript, lediglich mit dem Titel ›Ein Lied im Regen‹ hatte sie Probleme.

Als ich mein Manuskript schließlich einstecken wollte, schaute sie mich entgeistert an. »Wir wollen ihr Buch *ma-*

chen!« sagte sie, entsetzt über so viel Begriffsstutzigkeit. Nun war ich sprachlos. Um dann zu fragen: »Und die Zensur?«

Jeder meiner Erstleser fragte mich, wie ich mir denn das mit der Zensur vorstellte. Jeder wußte, daß es eine Zensur gab, nur wußte keiner, wo die Trennlinie zwischen dem Erlaubten und Verbotenen verlief. Vermutlich nicht mal die Zensoren selber. Sicherlich spielte eine große Rolle, *wer* etwas Heikles sagte. Und in welchem Kontext. Und was der Zensor gestern im Westfernsehen gesehen und was er heute gefrühstückt hatte. Kurzum: Es war völlig rätselhaft und undurchsichtig. Allerdings litten die Autoren sehr unter der Zensur, denn sie hatte die Eigenschaft, als Druckverbot zu existieren, doch als Denkverbot zu wirken.

Mich hatte die Zensur nie interessiert. Das klingt großmäulig, war aber wirklich so. »Mir geht es darum, ein Thema zwischen zwei Buchdeckel zu bekommen. Das ist schwierig genug. Um die Zensur kümmern wir uns später.« So hatte ich meinen Erstlesern geantwortet, wenn sie von der Zensur anfingen. Um so überraschter war ich, als ich nun selbst die Zensur ins Spiel brachte. »Das wird natürlich schwer«, sagte Frau Reimann. »Aber wir werden alles versuchen.«

Klar. Ich wollte weder wissen, was genau es bedeutet, daß es »schwer« wird, noch wollte ich wissen, was denn der Verlag »versuchen« wird, wenn er »alles« versucht. Nur ein Problem interessierte mich. Was zensurtechnisch heikel war, hieß umgangssprachlich »Stellen«. Es waren nämlich immer »Stellen«, die den gemeinen Leser interessierten und die man sich gegenseitig vorlas, sich darüber wundernd, wie solche »Stellen« durch die Zensur schlüpfen konnten. Und so fragte ich Frau Reimann nach meinen »Stellen«.

»Wenn das so einfach wäre«, sagte sie. »Das ganze Buch ist eine einzige Stelle.«

Ich war mir bewußt, einen besonderen, wichtigen Tag zu erleben. Mein Leben würde nun eine andere Richtung nehmen, und zwar eine, die ich mir sehr wünschte. Um den Tag zu adeln, der in einer grauen Masse von Tagen sonst untergegangen wäre, beschriftete ich die Schublade der Kommode meiner Erinnerungen, die diesen Tag aufbewahrt, mit seinem Datum, dem 9. November 1989.

Ob ich nun bald (was heißt schon bald), irgendwann später oder nie veröffentlichen würde, das wußte ich nicht. Ich arbeitete inzwischen an meinem nächsten Buch, und das erforderte meine ganze Konzentration.

Daß Matthias mein Manuskript einfach weitergegeben hatte, wenn auch an den Richtigen, brachte mich ins Grübeln. Es gab ja noch jenen Vorsatz aus meiner Wehrdienstzeit, als ich, Haus 13 verlassend über den Hof der Kaserne ging und mir schwor, daß ich mich nie, nie, niemals mehr in eine Lage bringen werde, in der ich erpreßbar bin. Ein unfertiges Manuskript in der eigenen Wohnung ist so unvorsichtig wie ein Tagebuch im Spind einer Kaserne. Der Verlust des Manuskripts – ein Alptraum.

So deponierte ich mein zweites Manuskript in einem Briefkasten. Nicht in meinem eigenen. Ich brachte im Parterre des Nebenhauses einen zusätzlichen Briefkasten an, der stabiler war als die übrigen acht Blechkästen, die zerbeult waren und von denen der Lack abblätterte. Der neue Briefkasten bekam die von Walter Ulbricht inspirierte Beschriftung »U. Walter«. Was ich nachts geschrieben hatte, steckte ich am nächsten Tag in einen Umschlag, den ich so in die Tür des Briefkastens klemmte, daß er sich nicht herausfingern ließ; er war nicht mal zu sehen. Sollte die Stasi doch kommen. Sie würde, wenn sie wie üblich im Morgengrauen vor der Tür steht, nur die Arbeit der letzten Nacht in die Finger bekommen.

Da mußt du durch
(August 1986/Januar 1990)

In Prenzlauer Berg gab es eine sagenumwobene Literatenszene. Mit Lesungen in Wohnungen ging es los, aber das war auf Dauer nicht radikal genug. Lesungen in »besetzten Wohnungen«, »Hinterhauswohnungen« oder »Kellerwohnungen« waren besser. »Samisdat-Drucke« und »hektographierte« Blätter gingen »von Hand zu Hand«. Dann wurden Bünde mit Malern geschmiedet, die wiederum kannten Graphiker, und die wußten, wies geht – und plötzlich zirkulierten Prachtausgaben. Rotwein spielte auch eine Rolle. Abgefahrene Philosophien, bei denen Franzosen die Hosen anhatten, wurden debattiert. Einer hieß wie meine Lieblingshosen, Levi-Strauss. Die erste Chance, in die Szene zu kommen, hatte ich 1986 verstreichen lassen, als für die 750-Jahr-Feier Berlins vom Underground ein Almanach unter dem Titel »Die andere Seite Berlins« vorbereitet wurde. Das klang total subversiv. Da wollte ich mitmachen. Auf einer Lesung bekam ich von einem Underground-Poeten eine Telefonnummer von jemandem, der als eine Art Herausgeber tätig war. Weil ich mich unter Zeitdruck glaubte, rief ich an, obwohl ich total heiser war. Zu meinem Entsetzen hörte ich am anderen Ende eine ebenfalls heisere

Stimme. Wenn ich jetzt etwas sage, überlegte ich schnell, denkt der, ich will ihn verscheißern – und dann bin ich unten durch. Also legte ich schnell wieder auf. Als ich nach Abklingen meiner (und seiner) Heiserkeit anrief, zeigte er sich aufgeschlossen – die Entscheidung über Aufnahme in den Almanach sollte allerdings demokratisch erfolgen, durch alle Beteiligten. Darauf verzichtete ich, denn so wenig ich mir zutraute, die Qualität eines anderen Textes sicher beurteilen zu können, wollte ich meine Texte einem Rudel mir unbekannter Autoren überlassen. Wozu gibt es schließlich Herausgeber, dachte ich.

Dreieinhalb Jahre später unternahm ich meinen zweiten Kontaktversuch mit der Szene, bei einer Lesung. Die sollte in einer Wohnung in der Stargarder sein. Die Stargarder war ja die Prenzlauer-Berg-Straße schlechthin. Die Kollwitz, die Duncker, die Ryke und die Greifenhagener waren auch nicht ohne, aber die Stargarder setzte allem die Krone auf. Es war nach fünfzehn Uhr praktisch unmöglich, jemandem auf offener Straße zu begegnen, der kein Reclambüchlein mit sich führte. Oder noch härtere Sachen, Suhrkamp, Wagenbach, so Zeug eben. Soviel nur zur Stargarder. Die Lesung sollte »so ab acht vielleicht« sein; um mich nicht lächerlich zu machen, kam ich dreiviertel neun. Die Wohnung war schon voll, der Zigarettenqualm drang bis ins Treppenhaus – aber ich war immer noch zu früh. Ich ging durch ein Gedränge von Menschen und stand plötzlich an der strategisch wichtigen Position zwischen Küche und Wohnzimmer. Bei den Bierkästen stand ein unglaublich dünner Dichter. Seine Kennung war, daß er das »ß« wörtlich nahm, er schrieb immer »sz«. Außerdem ersetzte er das Wort »und« durch »&«. Ein Gedicht mit dem Titel ›Grosze

Straszen in Groszbritannien & Ruszland‹ konnte nur von ihm sein. »Wer bistn du?« rief mir der dünne Dichter zu. »Thomas«, sagte ich. Er schaute mich mißbilligend an, vermutlich hätte ich mich um eine originellere Antwort bemühen müssen. »Dann gib mal das Bier weiter, Thomas«, sagte er und reichte mir drei und noch mal drei Bierflaschen, deren Hälse er zwischen seine Finger geklemmt hatte. Da ich, allen Baustellen-Klischees zum Hohn, im Umgang mit Bierflaschen nicht geübt war, wurde der Dünne ungeduldig, und ich sammelte weitere Minuspunkte. »Das lernt unser Thomas noch«, sagte er, nachdem er von den Flaschen erlöst war.

Ich war nicht nur der Neue, ich war auch der Jüngste. Zwei Drittel waren Männer, alle bestimmt zehn Jahre älter. Sie rauchten, was das Zeug hielt, manche liefen mit Turkmenenkäppis oder herrlich ausgeblichenen Hemden herum, bei denen die verdeckte Knopfleiste in der Magengegend endete. Niemand schien sich öfter als einmal pro Woche zu rasieren. Und sie waren – so ließ es ein Blick in die Ecke der Küche vermuten, wo eine Batterie leerer Weinflaschen stand – überdies auch trinkfest, soffen unglaubliche Mengen Alkohol. So eine Küche zu meinen Zeiten als Altstoffsammler, das wärs gewesen.

Die Frauen waren jünger und auch hübsch – allerdings nicht so hübsch, wie ich es mir erhofft hatte. Sie hatten alle lange glatte Haare und trugen entweder weite Baumwollkleider oder enge Jeans. Die wenigsten waren Dichterinnen; mir schien es, daß sie Veranstaltungen wie diese bevölkerten, um dem Underground ein Flair von Boheme und Paris 1930 zu geben. Es hatte auch keinen Sinn, herauszufinden, wer zu wem gehörte – jede fiel jedem um den Hals oder ließ sich von jedem den Arm um die Hüfte legen. Nur mir fiel keine um den Hals, und keine stellte sich so neben mich, als erwarte sie, daß ich meinen Arm um sie lege. Das einzige, was mir zu meinem Glück noch fehlte, war, daß ich wieder als Stasi-Spitzel beargwöhnt werde. Tatsächlich sprach mich eine mit penetrant lauter Stimme an: »Wer bistn du?« Dabei musterte sie mich von oben bis unten, und ehe ich antworten konnte, sagte sie: »Na, egal. Wir sind sowieso schon total unterwandert.« Dazu lachte sie, als hätte sie den Witz des Jahres gehört.

Das große Wohnzimmer war so verqualmt, daß ich kaum bis zur gegenüberliegenden Wand sehen konnte. Auf einem abgewetzten Sofa saß ein Dichter, der einen etwa gullideckelschweren Prachtband liebevoll durchblätterte. Neben ihm und auf der Sofalehne saßen zwei Frauen, die bewundernd seinen Erläuterungen folgten. Ich schlug mich zu ihm durch und schaute ihm über die Schulter. Er zeigte auf Graphiken von Tieren – einem Igel, einer Gans, einem Tukan – und streichelte ein kryptisches Gedicht. Jedes Wort berührte er, als wäre es in Blindenschrift geschrieben. Bald wurde ich von einem Dichter weggeschoben, der sich auch für den Gullideckel interessierte und der im Loben besser war als ich – was nicht schwierig war. Seine Kennung war, daß er Umlaute vermied, als leide er an einer Umlaut-Phobie. Bloede Muecke, was quaelst du mich!

Ich kannte niemanden und machte mir Gedanken über meine Kennung. Vielleicht e-i immer durch a-y ersetzen? Ich schrieb »Schayße« auf ein Stück Papier, um zu prüfen, wie es wirkt, fühlte mich aber zu wankelmütig für eine Entscheidung. Ich schaute mich um. Alle quatschten miteinander, ständig zog jemand einen Text aus der Tasche und überreichte ihn jemand anderem, und aus Gesprächsfetzen bekam ich mit, wer bei wem in welchem Westverlag was eingefädelt hatte. Die Namen von Suhrkamp-Lektoren schwirrten umher, und schließlich wurde mit großem Hallo eine echte West-Lektorin begrüßt, Gabriele vom Westberliner Rotbuch-Verlag. Alle herzten, küßten und umarmten sie, schnell hatte sie ein Glas Wein in der Hand, und ein Sessel wurde für sie freigeräumt. Als sie lachend mit der Hand gegen den Qualm anwedelte, riefen sofort drei, vier Männer, daß man mal lüften könne, wobei sie sich in der Benutzung von Zitaten überboten. »Luft, Luft, Clavigo!« rief der eine, »Mehr Luft!« der nächste und »Die Luft ist voll von deinem Duft, o süßer Leib du von Jasmin!« ein dritter. Fenster und Wohnungstür wurden aufgerissen, die kalte Januarluft strömte ins Zimmer, so daß meine Brille beschlug. Auch Gabrieles Brille beschlug, doch einer der Dichter reichte Gabriele sogleich ein Staubtuch, das am Plattenspieler lag – und in diesem Moment hatte ich das erste Mal Respekt vor den Manieren der Prenzlauer-Berg-Dichter. Sie taten nämlich nur rücksichtslos. In Wahrheit waren sie so aufmerksam wie feinfühlig. Sie verletzten einander permanent, aber nie aus Versehen. Die Entschuldigungsfloskel »Es war nicht so gemeint!« hat nirgends weniger gestimmt als in dieser Szene.

Nachdem Gabriele nun da war, konnte die Lesung beginnen – wobei Gabriele allerdings vorgespielt wurde, sie sei einfach nur eine von vielen Zuhörerinnen. In Wahrheit ging es nur um sie. Sie sollte, wenn sie die Dichter nicht im Rotbuch-Verlag herausbringt, sie wenigstens in anderen Westverlagen empfehlen.

Die Dichter lasen abwechselnd Gedichte. An Stellen, die

sich mir nicht erschlossen, gab es Gelächter – oder Beifall, der allerdings immer etwas zaghaft klang, da man auch in der Szene noch nicht so richtig den Dreh raushatte, mit Weinglas oder Bierflasche in der Hand zu applaudieren. Nach dem Vortrag flogen immer ein paar aufmunternde Bemerkungen durch den Raum, »Anspielung verstanden, hahaha!« und so. Ich habe sie nie verstanden. Überhaupt war bei jedem Zwischenruf zu spüren, daß es dem Zwischenrufer nur darum ging, mit Kennertum zu glänzen. Vor Gabriele. Oder den ein, zwei anderen Westlern, ehemaligen Szenemitgliedern, die jetzt besuchsweise da waren und auch Verlagskontakte hatten, wenn auch nicht so heiße wie Gabriele. Ich fand es überhaupt nicht subversiv, was ich zu hören bekam. Das meiste war mir schlicht unverständlich. Später am Abend erklärte mir dann einer der Dichter die politische Haltung der Szene. »Dieser Staat ist für uns ein Witz. Anspruch und Wirklichkeit klaffen so weit auseinander, daß sich jede Auseinandersetzung erübrigt. Dieser Staat ist es nicht wert, daß wir Geist und Sprache an ihn verschwenden. Wir lassen ihn einfach hinter uns.«

Als Gabriele gegangen war, schien es, als hätte jemand die Luft aus dem Ballon gelassen. Es dauerte ein paar Minuten bis die Dichter wieder wußten, wozu sie hier waren. »Thomas«, rief schließlich der Dünne, dem ich meinen Namen gesagt hatte. »Was schreibstn so?« – »Prosa«, antwortete ich, und der Dichter sagte: »Haste was dabei?« Ich nickte. »Willste sitzen oder stehen?« fragte der Dichter noch, und als ich »Sitzen« sagte (die meisten Lyriker hatten ihre Gedichte im Sitzen vorgetragen), brach eine etwa zehnminütige Diskussion los, was von Prosa zu halten sei, die im Sitzen vorgetragen werde. Indem sich die Parteien ins Wort fielen, wurde eine Poetik der »Sitzprosa« und eine der »Stehprosa« entwickelt, und als dann noch der Schöpfungsaspekt hinzutrat, nämlich, ob ich sie im Sitzen oder im Stehen geschrieben hätte, war bald von »Sitz-Sitz«-, »Sitz-Steh«-, »Steh-Sitz«- und »Steh-Steh-Prosa« die Rede, wobei die »Sitz-Sitz-Prosa«, also jene Prosa, die wie meine sitzend verfertigt und sitzend vorgetragen wird, den niedrigsten Rang hat und eigentlich überflüssig ist.

Dennoch durfte ich meinen Vortrag beginnen. Das letzte Wort, das ich noch halblaut vernahm, bevor sich die Stille senkte, war »Stasi«. Na wenn schon.

Ich wollte das Anfangskapitel meines zweiten Romans lesen. Der erste Satz lautete: »Meinen ersten verweichlichten Roman schrieb ich mit achtzehn.« Weiter kam ich nicht, denn einer der Dichter unterbrach mich. Das sei doch kein erster Satz, das ist ein Nicht-Satz, ein Un-Satz. Hätte ich nicht ›Der Mann ohne Eigenschaften‹ oder ›Auf der Suche nach der verlorenen Zeit‹ gelesen? Dann wüßte ich, wie in Prosa erste Sätze auszusehen hätten. Ein erster Satz müsse sich der Welt hin öffnen und nicht selbstreflexiv auf ein eigenes literarisches Werk blicken. Und dieses Reizwort, »verweichlicht«, das sei ein so starkes Wort, daß damit der Leser nicht mehr seiner Urteilsfähigkeit überlassen bleibt, sondern daß ihm in geradezu erdrückender Art und Weise ein Urteil aufgezwungen werde. Dieser Text will gar nicht atmen, will nicht auslegbar sein, sondern operiert vom ersten Satz an in ideologischen Mustern. Und wenn es in diesem Text um Freiheit geht, wie ich eingangs gesagt hatte, dann finde er schon jetzt die Unfreiheit, die von diesem Text ausgeht, so unerträglich, daß er kaum noch atmen kann, wenn er nur daran denkt. Dies zu untermalen, erlitt der Dichter einen kombinierten Asthma- und Hustenanfall, der sich erst, nachdem das Fenster erneut aufgerissen worden war, wieder legte. Richtige Erwiderungen oder Entgegnungen gab es keine, und auch das schüchterne, von weiblicher Stimme gesprochene »Wollen wir ihn nicht erst mal weiter lesen lassen« fand keinen Widerhall. Nein, was der kritische Dichter sagte, wurde in der folgenden Diskussion nur noch verletzender bestätigt. Wenn sich da einer hinstellt und nicht nur darauf hinweist, daß er mit achtzehn bereits einen Roman geschrieben habe, sondern zudem diesen Roman auch noch als »verweichlicht« abtut, dann ist das an Aufgeblasenheit nicht zu überbieten, denn diese Aufgeblasenheit kommt als Koketterie daher und ist deshalb einfach nur widerlich. Ein Roman ist schließlich die Königsdisziplin; keiner hier im Raum habe es gewagt, an einen Roman auch nur zu denken, geschweige denn, einen zu beginnen – aber wenn ein Roman damit beginnt, daß der Ich-Erzähler mit einem Roman kokettiert, den er mit achtzehn geschrieben hat, dann ist dies eine unerträgliche Schnöselei. Hingegen würde ein erster Satz wie »Meine erste mißratene Atombombe baute ich mit sieben« interessant sein, weil die offensichtlich unwahre Behauptung einen Impuls ins Rätselhafte, Entspinnbare beinhalte. Von einem solchen Satz könne man sich noch entführen lassen, nicht aber von meinem verlogen-kraftmeiernden, aufgeblasenen und obendrein erschreckend traditionslosen Beginn.

Niemals wieder wurde ich so abgemeiert wie in jener Nacht.

Meine Lesung konnte ich nicht fortsetzen, dafür verwikkelten mich zwei Dichterfreunde in ein Gespräch, wobei die Kennung des einen war, unter gar keinen Umständen Großbuchstaben zu benutzen. Sein Freund machte da allerdings nicht mit. Der beschäftigte sich momentan mit Astrologie und referierte über Sternzeichen und Charakter. Der Steinbock schnitt, so mein Eindruck, am schlechtesten ab; er war geizig, streng, freudlos. Der Schütze hingegen mit seiner Kunstsinnigkeit, seiner Verwegenheit und einem Realismus, der mit Phantasie gepaart war (»Den Kopf in den Wolken, aber die Füße auf der Erde«), war in seiner Schilderung das günstigste, begehrenswerteste Sternzeichen. Etwa zehn Minuten lang entblätterte er sein Wissen über den Tierkreis, bis er sich anbot, mein Sternzeichen aus der kurzen Zeit, in der wir uns kennen, zu erraten. Ich willigte ein. »Steinbock«, begann er. Ich verneinte, dachte aber ›Aha, da sortiert er mich ein‹. Dann versuchte er es mit Waage, Widder und Krebs, die ebenfalls nicht zutrafen. »Aber du merkst mein System?« vergewisserte er sich bei seinem Freund, was der eifrig bestätigte. Auch der nächste Versuch, Jungfrau, ging ins Leere. »Na gut«, sagte der Astrologe, »dann werde ich eben bestimmte Sternbilder ausschließen. Mal sehen, was übrig bleibt. – Also auf keinen Fall bist du … Schütze.« Nun war ich aber Schütze, und nicht nur das: Das günstigste Sternzeichen hielt er bei mir für das unwahrscheinlichste. Er beleidigte mich, ohne unter die Gürtellinie zu gehen. Als ich ihm sagte, daß ich nun aber doch Schütze sei, gab er sich nicht etwa blamiert, nein, er wechselte mit seinem Kleinbuchstaben-Freund einen triumphierenden Blick, und der sagte: »Nicht schlecht! Immerhin im sechsten Versuch!«

Am nächsten Tag ging ich in die Staatsbibliothek und schaute nach, welches der erste Satz der ›Verlorenen Zeit‹

war. »Lange Zeit bin ich früh schlafen gegangen.« Der Satz erinnerte mich an den Film ›Es war einmal in Amerika‹, als Noodles auf die Frage seines alten Freundes Moe: »Was hast du gemacht in all den Jahren?« nur sagte: »Ich bin früh schlafen gegangen.« Sieh an, Hollywood bedient sich bei Proust, wenn es um coole Repliken geht. Allerdings konnte ich bei diesem Satz nicht die »Öffnung zur Welt« entdekken, im Gegenteil. Lange Zeit bin ich früh schlafen gegangen wendet sich der Welt nicht zu, sondern von ihr ab. Ja, hieße der erste Satz »Lange Zeit bin ich früh aufgestanden«, hätte ich meinen Kritiker verstanden.

Der erste Satz vom ›Mann ohne Eigenschaften‹ war deutlich länger, aber ich verspürte keine Lust, an ihm herumzudoktern. »Über dem Atlantik befand sich ein barometrisches Minimum; es wanderte ostwärts, einem über Rußland lagernden Maximum zu, und verriet noch nicht die Neigung, diesem nördlich auszuweichen.« Nun, dieser Satz verriet noch nicht die Neigung, einem durchschnittlichen Roman auszuweichen.

Und so zweifelte ich schließlich, ob die Prenzlauer-Berg-Dichter wirklich diese ersten Sätze kannten. Oder waren alles Wissen und Halbwissen nur taktische Werkzeuge? Vielleicht wußte der Astrologe kaum etwas von Astrologie – und er wollte mir, indem er mich für einen problematischen Steinbock hält und nicht für einen strahlenden Schützen, eigentlich nur sagen, daß ich hier nicht wohlgelitten bin und mal besser verduften soll. Vielleicht hat jener Dichter, der mich nicht über den ersten Satz hinaus vorlesen ließ, in Wahrheit verhindern wollen, daß ich mich in diesem Kreise, der sowieso »unterwandert« ist, angreifbar mache, während die vermeintlich unterstützende Wollnwir-ihn-nicht-erst-mal-weiter-lesen-lassen-Zwischenrufe-rin nur deshalb mehr hören wollte, um darüber Bericht zu erstatten?

Je mehr ich über diese Szene nachdachte, desto größer wurde meine Ungewißheit über das, was ich dort »eigentlich« erlebt hatte.

Lange dahinschleppende Erfolglosigkeit verwandelt jeden Menschen in eine Karikatur. Die Prenzlauer-Berg-Dichter waren alle älter als ich – was nur bedeutete, daß sie schon viel länger als ich versuchten, etwas zu veröffentlichen. Irgendwann haben sie diese Versuche aufgegeben und sich in ihre Szene zurückgezogen. Die Hoffnung, die ich jetzt hatte, hatten sie auch mal. Da wo ich jetzt bin, waren die längst. Und wenn ich Pech habe, bin ich irgendwann wie die und gehöre dazu. Allein deswegen wünschte ich mir, daß mein erster Roman veröffentlicht wird.

Wie ich Schriftsteller wurde (II)
(1990–1991)

Als ich im Hotel eine Woche Spätschicht hatte, konnte ich vormittags im Aufbau-Verlag mein Manuskript lektorieren. Ich war geschockt, als ich sah, wie viele Striche mein Manuskript verunzierten. Ich witterte Kastration. Zum Glück konnte ich über die Gültigkeit der Striche entscheiden; es handelte sich nur um »Vorschläge«. In zähen Diskussionen gelang es mir, am ersten Tag den Text vor den meisten Strichen zu schützen. Als Frau Reimann ziemlich zu Beginn des zweiten Vormittags eine Seite umblätterte und das neue Blatt wieder von Strichen übersät war, mußte ich prinzipiell werden: Mit großer Sturheit und Grundsätzlichkeit verteidigte ich »jedes Wort, jede Silbe«; was auf dem Papier stehe, sei »heilig und unantastbar«. Frau Reimann saß stumm neben mir und schriffelte mit Bleistift ein vergessenes Komma nach. Ich redete und redete – plötzlich sah ich die Situation von außen. Ich spielte mich auf wie ein dissidentischer Lyriker der Sowjetunion, war aber zu blöd, ein Komma richtig zu setzen. Und weil ich schon mal dabei war, mit mir selbst abzurechnen: Die Striche, die Frau Reimann machte, befreiten den Text von seinem Gestrüpp. Sie waren nicht »Kastration«, sondern machten ihn besser. Das zu behaupten, war sie viel zu bescheiden. Ich brach meine Tirade mitten im Satz ab und änderte meine Meinung um hundertachtzig Grad, und am Freitag hatten wir ein Manuskript, das wir für eine runde Sache hielten. Frau Reimann hatte mich sogar dazu gebracht, Hand an den Titel zu legen, der jetzt – weniger absichtsvoll – ›Wasserfarben‹ lautete. Nun war der Zensor am Zug.

An einem Sonntagnachmittag stand ich bei Matthias vor verschlossener Tür, was ungewöhnlich war, denn gerade an den Sonntagnachmittagen war gewöhnlich Hochbetrieb. Bald darauf erfuhr ich, daß Matthias »zusammengeklappt« sei. Sein Zusammenbruch hatte sich langsam angekündigt. Er hatte wenig und schließlich gar nicht mehr geschlafen, hatte weder gegessen noch Körperpflege betrieben – aber ständig Gäste gehabt, rund um die Uhr, sieben Tage die Woche. Als er anfing, Mobiliar aus dem Fenster zu schmeißen, wurde er eingeliefert.

Etwa ein halbes Jahr später erfuhr ich, Matthias sei »wieder zurück, aber nicht mehr der Alte«. Der fröhliche, quecksilbrige, begeisterungsfähige Charmeur, der heller leuchtete als alle um ihn herum, hatte sich angeblich in einen einsilbigen Strickjacken-und-Pantoffeln-Hausmann verwandelt, stumpf wie ein Novembertag. Seine Tür, die mal weit offen stand, öffne er jetzt nur einen Spalt, und auch nur, um jeden wegzuschicken. »Geh nicht hin, tu dir das nicht an.« Das alte Leben des unermüdlichen Zeit- und Pointenverschwenders war passé. Das war schade, denn mit demselben Strahlen, mit dem er mir erzählt hatte, daß er mein Manuskript dem Aufbau-Verlag zuspielen ließ, wollte ich ihm erzählen, daß das Druckgenehmigungsverfahren »durch«

war, und ›Wasserfarben‹ im November erscheinen werde. (Es wurde allerdings Januar.) Auf meine Frage, warum es denn jetzt so schnell gehe, hatte Frau Reimann etwas verlegen gesagt: »Das ist manchmal so. Da wird ein Papierkontingent frei, und wenn es dann einen Titel mit ner Druckgenehmigung gibt, rutscht der eben rein.«

Ich war also reingerutscht. Das Wort war mir vertraut, und ich begnügte mich mit der Antwort.

Gegenüber dem Palasthotel in der Spandauer Straße war die Buchhandlung »Das internationale Buch«, die über zwei Etagen ging. Mit dem Jahresbeginn 1991 schaute ich nach der Frühschicht oder vor der Spätschicht, ob ›Wasserfarben‹ schon auf einem Büchertisch liegt. Oder ich erkundigte mich – und erhielt die Antwort »Kommt noch«.

Als ich eines Morgens zum Schichtbeginn kurz vor halb sieben in die Hotelhalle kam, war die ganze Nachtschicht und die halbe Frühschicht um den Rezeptionstresen versammelt, und alle Blicke waren auf mich gerichtet. Manche strahlten mich regelrecht an, andere guckten freudig und stolz, andere verächtlich, angewidert oder mißgünstig. Als ich wissen wollte, was denn los sei, begann der Abteilungsleiter ohne weitere Erklärung aus dem ›Neuen Deutschland‹ vorzulesen, das vor ihm lag: »Ein mühsam-bemühtes Debüt. Von Anneliese Löffler.« Es war die Überschrift der Rezension meines Romans, und was folgte, war ein Verriß. Er war gewiß in meiner Abwesenheit schon laut gelesen worden, und nun wurde das Ganze wiederholt. Mit Sätzen wie diesen: »Fraglich ist, ob eine Literatursprache, die sich gar nicht mehr über die Niederungen von Alltags- und Jugendsprache erheben will, geeignet ist, sich den großen Fragen unseres Daseins zu stellen. Der junge Autor führt zwar Vokabeln wie »Glück« und »Wahrhaftigkeit« im Munde, aber sein Schreibfluß ist gekünstelt, gestelzt. Die »Lebensechtheit«, an der ihm offensichtlich so viel zu liegen scheint, entgleitet ihm in den beiden Schlußkapiteln vollends. Sein Buch vermag von der ersten Seite an nicht zu begeistern, und als der obendrein matte Konflikt endlich exponiert ist, begegnen einem nur noch unglaubwürdige Figuren, die als Karikaturen einer ›Eulenspiegel‹-Kurzgeschichte noch ihre Berechtigung, aber in einem Roman nichts verloren haben.« Was sollte ich tun? Jetzt stand in der Zeitung, was mein Buch wert war, nämlich nichts. Ich konnte es gar nicht erwarten, mit Frau Reimann zu telefonieren, doch die war nicht vor neun im Verlag. Zweieinhalb Stunden schlich ich herum wie Falschgeld, ein Versager, geschmäht von der wichtigsten Zeitung. Das hatte ich davon, daß ich mir einbildete, schreiben zu können, etwas mitzuteilen zu haben. Welche Anmaßung! Jetzt wurde ich postwendend auf das rechte Maß zurückgestutzt. Endlich, um zehn nach neun erreichte ich Frau Reimann, doch die war vor Freude völlig aus dem Häuschen. Daß es ein Verriß sei, habe nichts zu bedeuten, sagte sie, wobei sie im Überschwang Reden und Atmen nur ungenügend koordinierte und deshalb ständig nach Luft schnappte. Wichtig sei allein, daß der Artikel drei Spalten lang sei. Es gebe Ein-Spalten-Autoren, Zwei-Spalten-Autoren und Drei-Spalten-Autoren. Ich wäre eigentlich ein Ein-Spalten-Autor, die kühnsten Hoffnungen im Aufbau-Verlag liefen auf einen zwei-Spalten-Artikel hin. Aber dieser Artikel katapultiere mich in die Liga der drei-Spalten-Autoren, zu der Erwin Strittmatter, Stephan Hermlin, Christa Wolf, Hermann Kant und Volker

Braun gehörten. Ein dreispaltiger Verriß, erklärte sie, sei unendlich kostbarer als eine einspaltige Hymne. Ob denn die Verlagswelt ein Irrenhaus sei, fragte ich zurück. »Na, wenn Sie das immer noch nicht begriffen habe, muß ich an Ihnen zweifeln«, sagte sie lachend. Als ich fragte, ob ›Wasserfarben‹ jetzt vielleicht eingestampft werde, brach das Lachen ab. »Dazu fehlen in dem ›ND‹-Text ein paar Vokabeln« sagte sie schließlich. Wie immer stellte ich keine weiteren Fragen, und nachdem ich aufgelegt hatte, schwebte ich mit einem seligen Lächeln durch die Hotelhalle, und meine Kollegen, die mich eben noch geknickt umherschleichen sahen, konnten sich meine Verwandlung nicht erklären.

Ich telefonierte auch in den nächsten Tagen mit Frau Reimann, und immer prasselten die Erfolgsmeldungen: Das Jugendmagazin ›neues leben‹ will einen Auszug drucken, der Rundfunk will die ersten zwölf Seiten durch einen Schauspieler, man denke an Jörg Gudzuhn, einlesen lassen, und das Literaturmagazin ›Temperamente‹ wünscht sich eigens eine Erzählung für das Sonderheft anläßlich des zehnten Todestages von Anna Seghers. »Unser Buch wird die Runde machen. Sie sollten ne Kiste davon abzweigen, da haben sie immer was, um Handwerker zu bestechen.«

Als ich die abholte, gab mir Frau Reimann eine Liste von zehn Kulturhäusern, die schon wegen einer Lesung angefragt hatten. »Wollen Sie überhaupt Lesungen machen?« fragte sie.

»Erst mal können vor lauter Lachen«, sagte ich. »Ich hab n Job!«

»Darüber wollte ich auch mit Ihnen reden«, sagte sie und legte mir ein Formular hin. »Sie können jetzt die Mitgliedschaft im Schriftstellerverband beantragen und Ihren Hoteljob aufgeben.«

Ich wollte nicht Mitglied im Schriftstellerverband werden. Der ganze Schreibkram, Petitionen, das wichtigtuerische Schriftstellergerede.

»Kann ich verstehen«, sagte Frau Reimann. »Aber man kann auch Mitglied sein und sich aus allem raushalten. Viele machen das so. Und es gibt ne Menge Vorteile.«

Welche?

»Zum Beispiel verleiht der Verband jetzt Computer mit Textprozessoren.«

Textprozessoren? Nie davon gehört. Da ich Computer immer für das gleiche hielt wie Roboter, nämlich für was total Utopisches, fragte ich: »Und der arbeitet dann für mich?«

»Damit kann man Texte schreiben wie mit einer Schreibmaschine, aber immer wieder ändern, umschreiben, Varianten probieren. Das ist ganz neu. Im Westen gibts so was auch erst seit vier, fünf Jahren. Wenn man so etwas kaufen wollte, würde es ein Heidengeld kosten, aber über den Verband kann man sich das leihen, für acht Mark im Monat.«

Das Formular rührte ich noch immer nicht an.

»Der Berufsausweis schützt sie. Ohne Berufsausweis könnte man Ihnen wegen ›asozialer Lebensweise‹ Probleme machen.« Sie senkte die Stimme. »Stellen Sie sich mal vor, Sie schreiben etwas, was nicht erscheinen kann, dann kann es passieren, daß Sie unter dem Vorwand ›asozial‹ vor Gericht kommen. Mit dem Berufsausweis ist das aber nicht möglich.«

»Weil Schriftstellersein sozusagen die behördlich genehmigte Asozialität ist«, sagte ich, ein Witzchen riskierend.

»Das ist nicht komisch«, sagte sie, betrübt darüber, daß ich mich nicht überzeugen ließ.

Am nächsten Tag hing das »Wasserfarben noch nicht eingetroffen«-Pappschild nicht mehr an der Glastür des »Internationalen Buches«. Als ich nach meinem Buch suchte, sprach mich die Verkäuferin an. »Sie sind mir ein Früchtchen«, sagte sie mit schelmischem Lächeln. »Da wollte ich doch für den am hartnäckigsten nachfragenden Kunden ein Buch zurücklegen ...« Sie bückte sich und holte hinter dem Ladentisch ein letztes Exemplar hervor und schlug es von hinten auf, »... und dann sehe ich hier, um wen es sich da in Wirklichkeit handelt.« Sie hielt mir das Autorenfoto vor die Nase und lachte.

Wir wurden unterbrochen, weil eine atemlose Kundin eine Frage hatte, die nur aus einem Wort bestand:

»›Wasserfarben‹?«

»Sind leider aus«, sagte die Buchhändlerin.

»Mist!« sagte die Kundin. Sie war etwa so alt wie ich. Blonde Haare wallten unter ihrer wollenen Schlumpfmütze hervor. Was ich nicht mal zu träumen wagte, wurde nun wahr: Hübsche Studentinnen hasten aus ihren Vorlesungen, weil der Buschfunk meldet, es gäbe mein Buch.

»Weißt du, ich geb dir meins«, sagte ich.

»Echt?« Sie freute sich sehr. Aber als ihr Blick das immer noch sichtbare Autorenfoto erhaschte, war sie verwirrt. Und lachte noch mal.

»Das ist jetzt ...« sagte sie, und wußte nicht weiter.

»Na, nun müssen Sie auch signieren«, sagte die Verkäuferin und legte mir einen Kuli hin.

»Für ...?« fragte ich, und sah meine erste Leserin an, doch meine Frage machte sie extrem verlegen. Sie wurde knallrot und hob das Buch vor den Mund. »Pamela«, sagte sie schließlich. Dieser Name war tatsächlich eine Bürde; seit ›Dallas‹ wurde Pamela zuverlässig zu »Pemmela« oder »Pämm« verhunzt.

Mit einem Hochgefühl verließ ich den Laden. Nicht mal drei Jahre war es her, daß ich mir erklärte, Schriftsteller werden zu wollen – und jetzt war ich es.

Am Hotel hingegen – überall Mißtrauen. Einer meiner Chefs sagte neuerdings ständig, daß »unsere Gäste Diskretion erwarten dürfen«, ein anderer, daß »sich der Individualismus eines Künstlers nicht mit der Mentalität des Dienens verträgt«. Keine zwei Wochen nach dem Erscheinen meines Buches wurde ich zum Garderobendienst in das Kongress-Zentrum des Palasthotels abgeschoben; mein Arbeitsvertrag ließ diese Versetzung leider zu. Als mir ein Kellner erzählte, ein befreundeter Kollege sei vor einem Jahr wegen eines Ausreiseantrags auch an die Garderobe abgeschoben worden, nur um ihm dann, nachdem ihm Diebstahl unterstellt wurde (er sollte sich an einem Portemonnaie, das in einer Mantelinnentasche steckte, bedient haben), zu kündigen, entschied ich, es nicht so weit kommen zu lassen – und bat um einen Aufhebungsvertrag. Mein zweites Buch war so gut wie fertig. Und das paßte überhaupt nicht zu der schwarzen Fliege.

›Steil und geil‹ war von einem Fehlfarben-Song inspiriert, von dem ich aber lange annahm, es sei ein Freygang-Song (weil ich ihn in einem Freygang-Konzert erstmals hörte). – Es ging um einen neunzehnjährigen Ich-Erzähler, der von der Armee kommt (d. h., er wurde mit achtzehn gezogen). Er ist Musiker in der Berliner Underground-Szene, aber die Band wurde zerschlagen, und er bekommt die Einberufung. Nach seiner Rückkehr Ende April 1989 versucht er irgendwie Fuß zu fassen, probiert sich in Jobs, knüpft neue Kontakte, ist viel unterwegs als Einzelgänger, hat die eine oder andere Affäre. Er beschließt mit drei Freunden, die er von früher kennt, ohne je eng mit ihnen gewesen zu sein, in Osteuropa einen »Sommer der Freiheit« zu erleben. Sie springen auf langsam fahrende Züge auf, lassen sich auf einem Floß Flüsse hinuntertreiben oder setzen sich für einen türkischen Fernfahrer, der neununddreißig Fieber hat, auch mal ans Steuer. Es sind Tage und Nächte, die wie ein Rausch sind, ein Rausch des Lebens. Liebe, Arbeit, Sex, Musik, Freundschaft, Natur. Und immer Unruhe, immer das Gefühl, nur zwanzig Prozent anwenden zu dürfen, von dem, was man kann. In dem rauschhaften Unterwegssein, in dem Landkarten und Reisepläne keine Rolle spielen (weil sie immer nur dahin gehen »wo die Welt am schönsten ist«), bemerken sie nicht, daß sie der tschechisch-westdeutschen Grenze zu nah gekommen sind.

Auf der letzten Seite jedoch veranstaltete ich etwas, von dem ich später erfuhr, daß es »Herausgeberfiktion« heißt. Aus der ergibt sich, daß ein tschechischer Bauer Grenzsoldaten informierte, welche sich im Morgengrauen dem Heuschober nähern, um die vier Freunde festzunehmen. Der Ich-Erzähler, der gar nicht in den Westen, sich aber auch nicht verhaften lassen will, wird dabei erschossen. Sein Reisetagebuch landet bei der Stasi und beeindruckt einen Stasi-Offizier so stark, daß er aus seinem Leben ausbricht und mit dem Manuskript in den Westen flieht, wo das alles dann erscheint.

Wenn Frau Reimann über die vergleichsweise harmlosen (»verweichlichten«) ›Wasserfarben‹ sagte, dieses Buch sei »eine einzige Stelle«, dann fragte ich mich, was sie wohl zu meinem neuen Buch sagen wird. In ihrem Büro erzählte ich ihr von meinem zweiten Roman. Ihre Lippen wurden ganz schmal dabei.

»Ich habe mir so was schon gedacht«, sagte sie. »Jetzt müssen wir Dämme bauen.«

Sie holte aus ihrem Schreibtisch erneut das Antragsformular des Schriftstellerverbandes, und ohne weitere Fragen begann ich, es auszufüllen.

Nur sechs Wochen später war ich Mitglied des Schriftstellerverbandes und konnte mir den Computer mit dem Textprozessor ausleihen. Das Programm hieß »Schreibfix«. Damit ließen sich eigene Texte unendlich oft umschreiben und ausbessern. Es war toll. Dir gefällt das Wort nicht? Probier ein neues! Ich konnte Wörter, Sätze, meinetwegen sogar das ganze Buch unterstreichen, mit nur einem Tastendruck. Mann, dachte ich, das Ding treibt dich noch dazu, ein Buch zu schreiben, das du für so wichtig hältst, daß du jedes Wort darin unterstreichst. Auch eine Rechtschreibkorrekturfunktion hatte der Schreibfix, was zur Folge hatte, daß in der DDR-Literatur die »Geldbörse« ausstarb, dafür aber die Verwendung des Wortes »Portemonnaie« sprunghaft anstieg; die Schriftsteller der Notabitur-Generation mußten nicht mehr fürchten, sich beim Lektor zu blamieren. Die wichtigste Funktion des Schreibfix aber war, daß sich Texte vervielfältigen ließen. Ich mußte den Text nur auf einer Datasette abspeichern, einer ganz normalen Tonbandkassette. Rein ins Laufwerk und nach sage und schreibe nur zwanzig Minuten war ein ganzes Buch abgespeichert. Mit vier Datasetten, die ich an vier unterschiedlichen Orten versteckte, fühlte ich mich endlich sicher.

Wie ich eigentlich aus Versehen Dissident wurde
(1991)

An jedem 1. Mai signierten auf dem Alexanderplatz die DDR-Schriftsteller ihre Bücher, und ich war ja nun einer von ihnen. Die Leser strömten zahlreich, denn manches Buch, das im Buchhandel vergriffen war – auf dem Alex war es zu haben. Und tatsächlich: Kurz vor vierzehn Uhr fuhr ein Barkas vor, öffnete sich – und ich sah Bücherkisten mit 150 ›Wasserfarben‹ (lt. Lieferschein). »Das sollte für zwei Stunden reichen«, sagte Frau Reimann, die mir sekundierte.

Wir Schriftsteller saßen an zeltartigen Ständen, in einem weiten Bogen, und mir gings gut – bis eine Lehrerin kam, die Stunk machte. Das Bild von Schule, das ich zeichne, hätte so gar nichts mit der Wirklichkeit zu tun. »Ich weiß ganz sicher, daß meine Schüler gerne zur Schule gehen. Daß sie keine Angst vor der Zukunft haben. Und daß ihnen die Schule dabei hilft, ihren Platz im Leben zu finden.« Mein Buch habe sie über die Maßen geärgert; sie verstehe den ganzen Rummel um dieses Buch nicht und wolle es mir zurückgeben. »Das können Sie behalten!« Sie hatte diese typische Lehrerinnenstimme, die es ihr erlaubte, mühelos laut zu sein. Alle in meiner Schlange konnten hören, wie die Lehrerin dann etwas sagte, das mich schachmatt setzte. »Jeder glaubt, auf der EOS sei es so, wie Sie es beschreiben. Dabei waren Sie gar nicht auf einer EOS, wie ich herausgefunden habe. Stimmts?«

Ich nickte.

»Ihre Glaubwürdigkeit verdanken Sie Ihrem Stil, Ihrer Wortwahl«, fuhr sie fort. »Aber in Wirklichkeit mißbrauchen Sie einen Stil, um damit etwas als wahrheitsgemäß hinzustellen, wovon Sie letztlich keine Ahnung haben. *Entweder* schreiben Sie in Ihrem authentischen Stil etwas, das Sie wirklich erlebt haben, *oder* Sie müssen sich eines erkennbar künstlichen Stils bedienen, wenn Sie über etwas schreiben, das Ihrer Phantasie entspringt. Aber durch Verwendung eines authentischen Stils etwas Erfundenes in etwas Erlebtes umzumünzen – das nenne ich Betrug.«

»Ich nenne es Kunst«, sagte Frau Reimann, die meine Sprachlosigkeit bemerkte und mir beisprang. Tatsächlich fiel mir keine Erwiderung ein – es war ein intelligenter, logischer, ungemein bodenständiger und zugleich völlig unerwarteter Angriff. Ich signierte weiter, aber mein Mut war gesunken. ›Umzumünzen‹, dachte ich. Die Kraft von Verben wird immer unterschätzt; die Suche nach dem Verb ist allemal lohnender als die Suche nach dem Adjektiv. Und Adjektive sind sowieso nur was für Feiglinge, die nicht ihren Substantiven vertrauen.

Daß auch der Prenzlauer-Berg-Dichter in der Schlange stand, der mich vor gut einem Jahr wegen meiner Ungeschicklichkeit bei der Bierflaschen-Weitergabe mit »Das lernt unser Thomas noch« rügte, war mir nicht aufgefallen – ich bemerkte ihn erst, als er vor mir stand. Mir brach der Schweiß aus, denn mir schwante, daß mir nach der Lehrerin nun die nächste Szene bevorstand. Doch ihm war eher nach Feiern, weil es »einer von uns mal wieder geschafft hat«. Außerdem wollte er mir die Buchbasar-Spielregeln erklären.

Auf dem Alexanderplatz komme es darauf an, »als erster ausverkauft zu sein«. Stefan Heym protze gern damit. Wer als erster ausverkauft ist, kann die Arme hinterm Nacken verschränken, das Kreuz durchdrücken und triumphierende Blicke zu den Kollegen werfen. Aber diese Chance hätte ich wegen meiner Unerfahrenheit leider vertan; ich hatte beim Signieren zu sehr getrödelt. Er machte mich auf Hermann Kant aufmerksam. An seinem Stand gab es eine lange, lange Schlange. Weil Kant genau weiß, daß er nicht als erstes ausverkauft sein wird, will er zumindest die längste Schlange haben, erklärte mir der Dichter. Deshalb läßt er sich unendlich Zeit beim Signieren. »Von dem gibts die Unterschrift erst, wenn du ihm deine ganze Lebensgeschichte, inklusive der deiner Vorfahren, erzählt hast«, sagte der Dichter. »Guck mal, dieses geheuchelte Interesse, dieses Hermann-Kantsche Nicken. Und gleichzeitig dieser umherschweifende Blick, ob wirklich alle sehen, wie lang seine Schlange ist.«

Die Szene, in der ich zum Dissidenten wurde, ereignete sich auch an jenem Nachmittag, und wenn ich vor der Kommode mit meinen Erinnerungen sitze, dann merke ich, daß ich diese Szene schon so oft in meinen Händen gewendet habe, daß ich kaum noch weiß, was wirklich in jenen Minuten geschah. Ich war so sehr ins Signieren vertieft, daß ich die Spannung, die plötzlich entstand, kaum wahrnahm. Was das für eine Spannung war? Die Leute, die in meiner Schlange standen, schauten nicht zu mir, sondern woanders hin – was mich aber nicht interessierte, denn ich signierte ja. Dann standen ein paar Männer mit Anzügen und Parteiabzeichen an meinem Stand, und einer von ihnen hielt mein Buch in der Hand. Er hatte sich nicht angestellt, also wies ich auf die Schlange und sagte, daß die auch alle eins wollen – und signierte das nächste Buch eines Schlangestehers. Der Anzugträger lächelte verlegen und schlug dann einen Tonfall an, der von sich selbst nicht so recht wußte, ob er denn jovial oder ruppig sein wollte. »So viel Zeit hab ich nicht«, um versöhnlich nachzulegen: »Aber Ihr Buch soll ja oha sein.« Ich hatte mir an jenem Nachmittag einiges anhören müssen, »oha« war ein weiterer Tupfer auf der Meinungspalette. Der nächste in der Signierschlange ließ dem Anzugträger den Vortritt, der legte mir sein Buch hin, und ich schaute ihn an, auf daß er mir, wie üblich, diktiert, was in seinem Buch stehen solle. »Schreiben Sie, was Ihnen einfällt!« sagte er, und ich erwiderte: »Schreibe ich jetzt für Achim, oder für Emil?« Das Lächeln des Anzugträgers gefror, er nahm das Buch wieder weg, sagte, daß er so einen Affenzirkus nicht nötig habe, und ging. Ich fragte die Buchhändlerin, die die Kassette verwaltete: »Hat er das Buch eigentlich bezahlt?« Die Buchhändlerin war bleich. Sie sagte fast lautlos: »Das war Günter Schabowski.«

Du liebe Güte! Natürlich war er es, jetzt, wo sie es sagte. Aber auch die Leute in meiner Schlange, die Buchhändlerin, Lore Reimann und einige der anderen Schriftsteller hatten es gesehen: Mitten auf dem Alex, am 1. Mai, läßt Thomas Brussig völlig humorlos den Berliner Parteichef, Politbüromitglied Günter Schabowski abblitzen. Tut so, als kennt er ihn nicht. Auch der Prenzlauer-Berg-Dichter hatte es gesehen. Der Ruhm der Szene ist mir sicher. Leider hatten es auch Schabowskis Leute gesehen, und die werden mich fortan entsprechend einzutüten wissen.

Nach dieser Veranstaltung erzählte ich Frau Reimann von meiner Gesichtsblindheit, und wir konnten darüber lachen. Aber ich kam nicht umhin einzusehen, daß ich jetzt das war, was ich nie werden wollte, nämlich ein DDR-Schriftsteller. Mit Mitgliedschaft im Schriftstellerverband, einem Signiertisch am 1. Mai auf dem Alexanderplatz und dem Privileg eines Schreibcomputers. Ich habe doch angefangen mit dem Schreiben, weil die DDR-Literatur nichts für mich hergab, weil ich mit meinen Problemen und meinen Fragen an die Welt keine Antwort fand. Und nach wenigen Jahren war ich so wie die? Da stimmte doch etwas nicht.

Also brachte ich den Schreibfix-Computer, der mich in einen Privilegierten verwandelt hatte, zurück. Und wollte Lesungen machen. Aber nicht aus ›Wasserfarben‹, sondern aus ›Steil und geil‹. Ein Happening sollten diese Lesungen werden, eine Art Wanderzirkus, wo ich mich Lesung für Lesung durch das Buch durcharbeite. So etwas spricht sich herum. Ein Schriftsteller, der Schabowski die kalte Schulter zeigte, liest stückweise aus seinem verbotenen Manuskript – da gibt es einen harten Kern, der überall hin mitkommt. Berlin, Greiz, Neuruppin – egal. Ein klappriger Barkas mußte her, hippiemäßig besprüht. Unterwegs sein, Unruhe einschleppen wie eine Seuche und gleichzeitig Teil einer Gruppe zu sein, das war etwas, was ich mir immer gewünscht hatte. Ich wollte immer Scheiben einschmeißen. Nun hatte ich das erste Mal einen Stein in der Hand.

Meine erste Lesung sollte im Kino Babylon sein. Zufällig fiel sie auf den Tag nach dem Wodka-Putsch. Eine allgemeine Erregung lag in der Luft. Alle fühlten, daß etwas geschehen war, was nicht alle Tage passiert. Meine Lesung war seit Wochen ausverkauft, aber als Reaktion auf die neuerliche Aufgewühltheit und den Andrang, der daraus resultierte, wurde kurzerhand der Rang des Babylon geöffnet.

Das Westfernsehen wollte mich etwa eineinhalb Stunden vor Beginn im Foyer treffen, wobei diese Verabredung nichts mit den Moskauer Ereignissen zu tun hatte. Ich konnte den Journalisten auf Anhieb nicht leiden. Er gab mir seine Visitenkarte, sagte »Ich stelle mir das so vor«, und ging voran in den leeren, schwach beleuchteten Kinosaal. »Wenn der Moderator Ihren Namen sagt, gehen Sie die Treppe hoch und wenden sich oben aber gleich dem Publikum zu, und gehen dann – Applaus, Applaus, Applaus – rückwärts-seitwärts zu Ihrem Platz. Bevor Sie sich setzen, winken Sie dem Publikum zu. Und immer lächeln. Daß Lächeln kein verbotener Gesichtsausdruck ist, scheinen die meisten Ostblock-Schriftsteller nicht zu wissen. – Interview jetzt oder nachher?«

Eine Maxime meines Liebmütterleins lautet: »Besser gleich, dann hast dus hinter dir.« Der Journalist stellte mich an die Wand, vor das Filmplakat von ›Flüstern und Schreien‹, wobei er mich so an die Wand stellte, daß nur das Wort »Schrei« im Bildausschnitt zu sehen war, was er für eine geniale Bildkomposition hielt; von jedem im Team erwartete er, geplättet zu sein. Dann wurde die Kamera aufgebaut, und grelles Licht strahlte mich an. Ein Mikrophon wurde mir an einem Stab vors Gesicht gehalten, und da auch eine unverrückbare Topfpflanze in der Nähe war, die nicht ins Bild sollte, mußte der Journalist des Blickkontaktes zuliebe auf eine Blechkiste steigen. Als er die erklommen hatte, schaute er mich aus großer Höhe an und fragte »Können wir?«, und als ich nickte, stellte er seine erste Frage: »Herr Brussig, beschreiben Sie doch mal Ihr Verhältnis zur DDR!« Alles, was mir dazu einfiel, war *Wenn ich solche Fragen beantworten könnte, wozu dann noch Romane schreiben?*, doch was ich sagte, war »Ich gebe grundsätzlich keine Interviews«. In Wahrheit hatte mich noch nie jemand um ein Interview gebeten, und ich war auch nicht scharf darauf, welche zu geben. War nicht scharf darauf, mich an die Wand stellen, von einer Kamera aufspießen, vom Licht blenden zu lassen, und auch das Mikrophon wirkte auf mich, als sollte es mir in den Schlund gestopft werden, wenn ich widerborstig werde.

Der Journalist kletterte von seiner Blechkiste runter. Klar, ein Interview mit einem schweigenden Interviewpartner ist ein Problem. Er bot mir eine Zigarette an und brachte dann seine Interviewerfahrungen mit Stefan Heym und Christa Wolf ins Spiel – was ich mit »Die habens auch nötig« kommentierte. Anfangs fand ich *ihn* arrogant, aber nach unserem kurzen Gespräch fand ich *mich* arrogant, arrogant hoch drei.

Zum Glück gings dann auch bald los. Der Saal: Brechend voll. Die Leute: Aufgekratzt. Ich: Völlig unerfahren in Sachen wie diesen. Ich sagte, nachdem ich weder lächelnd noch winkend noch mit dem Gesicht zum Publikum meinen Platz angesteuert hatte: »Heut ist ein denkwürdiger Tag.« Hier wurde ich das erste Mal von Applaus unterbrochen, was ich seltsam fand, denn mir kam dieser Satz, kaum daß ich ihn ausgesprochen hatte, ziemlich schwachsinnig vor. Aber das Mikrophon, in das er gesprochen wurde, schien ihm so was wie Würde zu geben; vielleicht müssen Sätze, die über Mikrophon kommen, schon sehr schwachsinnig sein, um als solche aufzufallen.

Auch im Folgenden konnte ich kaum zwei Sätze reden, ohne daß geklatscht wurde. »Es sind unvorhergesehene Ereignisse eingetreten, und deshalb weiche auch ich von meinem Plan ab.« Wieder Applaus. »Ich werde nicht aus ›Wasserfarben‹ lesen, sondern aus einem Buch, das keine Chance auf Veröffentlichung hat.« Noch mehr Applaus. »Es heißt ›Steil und geil‹.« Applaus. »Heute mache ich den Anfang, und auf den folgenden Lesungen werde ich immer ein Stück weiter lesen, durch das ganze Buch! Und wenn wir alle etwas tun, was wir noch nie gemacht haben, dann bleibt nichts mehr beim Alten!« Die letzten Worte mußte ich rufen, um mich gegen den schon wieder einsetzenden Applaus durchsetzen zu können. Als der verebbt war, begann ich zu lesen.

»Meinen ersten verweichlichten Roman schrieb ich mit achtzehn. Dann kam ich zur Armee, nach Neuseddin, einem vermickerten Nest, in dem nur Batzen und Buffis wohnten, die allesamt perverse Hobbies wie Modelleisenbahn hatten. Ich war jeden Ausgang besoffen, bis ich auf den Dreh kam, auf die Konzerte in der Gegend zu gehen. Alles Bands, von denen es keine verlogenen Poster gab. Ich machte Fotos und legte die Bilder in meinen Schrank.

August 88 war ich in Ketzin, wo ich das erste Mal Lutz Kerschowski sah. Er stand hinter der Bühne und unterhielt sich mit seinem Gitarristen, einem scheißhübschen Kerl, dem die Lippen wie Suppengrün aus dem Gesicht hingen. Suppengrün erklärte irgendwas und schleuderte dabei seine Arme hin und her. Kerschowski grinste und stand daneben. Er grinste unentwegt, und wenn er etwas aus seinem Pappbecher soff, dann sah es so aus, als ob er den Rand abknabbert. Es spielte gerade eine fade Band mit Ansagen von der Größenordnung, daß mehr Baß auf den Monitor muß. Die Kids lümmelten auf der Wiese, langweilten sich und wurden von oben angemotzt. Ich starrte Kerschowski an und wußte: Der Typ wirds dir besorgen.

Als seine Band kam, spielte der Gitarrist eine egale Melodie und Kerschowski hielt eine Rede an sein Volk. »Ein langweiliges Land mit langweiligen Straßen, langweiligen Fernsehprogrammen, langweiligen Rockkonzerten. Sogar der Himmel ist langweilig. Wird Zeit, daß wir für Bewegung sorgen. Wird Zeit, daß endlich was passiert.« Dann stieg die Band ein.

Die Wiese stand auf. Es war Faszination, einfach nur dreckige Faszination. Alles strömte nach vorn, mit derselben Zwangsläufigkeit, mit der Wasser in den Ausguß fließt. Ich kriegte den Sucher nicht mehr aus dem Gesicht, und nach dem Konzert quatschte mich Kerschowski an, ob ich ihm die Fotos schicken kann. Ich sagte ihm, er soll sich gefälligst um seinen Kram kümmern und weiterhin Interviews fürs ›nl‹ geben, und er verpißte sich. Er hatte schon eine Platte gemacht, und ich wußte, daß man sich anpassen anpassen anpassen muß, ehe sie einen Platten machen lassen. Sie schreiben dir alles vor, bis du von selbst machst, was sie wollen. Wie überall in diesem kranken Leben.«

Und so weiter.

Manchmal erspürt man die Qualität oder die Fragwürdigkeit eines Textes erst beim lauten Lesen. Das wußte ich damals noch nicht; es war ja meine erste öffentliche Lesung. Aber ich merkte, daß ich mich auf den Text verlassen kann. Die Wörter saßen. Es fühlte sich gut an, sie durch ein Mikrophon zu sprechen. Und man hörte mir zu, fünfundsiebzig Minuten lang.

Dann wollten die Zuhörer Fragen stellen. Nach weiteren Lesungsterminen. Nach der Zensur. Oder ob die Schriftsteller tatsächlich einen Computer mit einem eigens entwikkelten Programm benutzen. »Ja«, sagte ich, »aber ich habe meinen Schreibfix schon vor einigen Wochen zurückgegeben.« An einem solchen Tag als »Privilegierter« dazustehen, das wollte ich ums Verrecken nicht, und weil mir meine Antwort so matt vorkam, ließ ich mich zu jenem legendären Versprechen hinreißen, nämlich, erstens, so lange nicht in den Westen zu reisen, zweitens, so lange kein Telefon zu haben und, drittens, so lange nicht ›Die unerträgliche Leichtigkeit des Seins‹ zu lesen, solange all diese Dinge Privilegien sind. Vielleicht war es das Mikrophon, vielleicht war es die allgemeine Aufgekratztheit dieses Tages – aber dieses dreifache Versprechen ging in Jubel unter. Mann, dachte ich, das ist toll, da macht einer in Moskau einen Putsch, in Berlin wird dir ein Mikrophon in die Hand gedrückt, und dann kannst du sagen, was du willst – die Leute jubeln, johlen und feiern dich. Die nächste Frage war eigentlich schon keine Frage mehr, es gab weitere Zwischenrufe, und so wurde alles in einer großen Unruhe ertränkt, in einer Art Tumult. Die Lesung ging in etwas anderes über, von dem ich hoffte, es sei so was wie eine Revolution, aber da war ich zu optimistisch. Die Leute diskutierten miteinander, es bildeten sich Grüppchen und Menschentrauben. Ich blieb an meinem Tisch auf der Bühne sitzen. Ein paar Leute kamen zu mir und sagten Dinge wie »wurde aber auch Zeit, daß das mal einer sagt«, und dergleichen mehr. Auch ein freundlicher Mann stand da an meinem Tisch. Er hätte, vom Alter her, mein Vater sein können. Er hatte ein Clownsgesicht und warme, kluge Augen. Er legte mir seine Visitenkarte hin und sagte: »Ich verfolge das mit Ihnen seit einiger Zeit. Jemand wie Sie würde gut zu unserer Schule passen.«

Auf der Visitenkarte stand Lothar Bisky und Dinge wie Direktor, Hochschule für Film und Fernsehen Konrad Wolf, Potsdam-Babelsberg. Mir schoß durch den Kopf, was ich über den Mann wußte: Daß er für eine große, intergalaktische Karriere vorgesehen war, dann aber doch nur auf eine erdnahe Umlaufbahn, also an die Filmhochschule, gebracht wurde.

Er sagte Dinge wie gutes Umfeld, Kontakte knüpfen und daß viele Studenten ähnliche Fragen hätten wie ich. Und daß er garantiert, daß ich an dieser Schule auch die Freiheit hätte, die ein Künstler braucht. Man fliegt nicht gleich beim dritten Mal zu spät kommen und könne auch mal zwei Wochen ganz wegbleiben. Dann sagte er noch was: »Egal was Sie tun – ich werde meine Hand über Sie halten. Ist zwar nur ein Händchen, aber besser als gar nichts.« Er blickte sich um und sagte leise: »Ich mach mir n bißchen Sorgen um Sie.«

Das Studium beginnt mit einem sechswöchigen Wehrlager und der Ausbildung zum Reserveoffizier, aber ihm ist schon klar, daß das nichts für mich ist. Ob ich denn einen Arzt habe, für ein Attest. Weil ich den Kopf schüttelte, sagte er »dann nenne ich Ihnen einen«. Und auf dem Heimweg dachte ich über sein Angebot nach. Nachdem ich im Palasthotel aufgehört hatte, war etwas Wichtiges weggebrochen.

Ich sehnte mich nach dem Karussell der Gesichter, dem Geschnatter der Kolleginnen. Das Schreiben war eine Art Ausgleich, und wenn ich – Wege und Pausen eingerechnet – zehn Stunden täglich mit der Arbeit zubrachte, dann durfte ich beim Schreiben keine Zeit verplempern. Jetzt hatte ich unendlich viel Zeit. Das Schriftstellerdasein war tatsächlich die behördlich genehmigte Asozialität.

Auch die Idee mit dem ›Steil und geil‹-Wanderzirkus führte ins Nichts, denn wenige Tage nach der Lesung im Babylon teilte mir Frau Reimann mit, daß sämtliche Kulturhäuser meine Lesungen abgesagt hatten. Man wünsche keine Veranstaltung mit einem unveröffentlichten Manuskript. Dabei war der Anfang, also die Seiten, die ich im Babylon gelesen hatte, gar nicht so brisant, sondern erst das Ende, die Herausgeberfiktion. Weil sich mit dem Schreibfix so schön herumspielen ließ, hatte ich sie kursiv gesetzt.

»Hier enden die Aufzeichnungen Ts, die dem Verfasser dieser Zeilen übergeben wurden, um eine abschließende Bewertung des Vorgangs vorzunehmen.

Laut Information der zuständigen tschechoslowakischen Organe informierte der Traktorist Pavel L. am Morgen des 26. August die tschechoslowakischen Grenztruppen, daß in Grenzsicherungszone 2 eine Gruppe Ortsfremder in einem Heuschober nächtigt. Bei Annäherung des Zugriffskommandos erwachte die Gruppe. Während sich drei Gruppenmitglieder widerstandslos festnehmen ließen, entzog sich T. der Festnahme, indem er in Richtung Staatsgrenze flüchtete, woran er mit gezielten Schüssen gehindert wurde. Er erlag noch am Tatort den Verletzungen.

Die Aufzeichnungen Ts ergaben keinen Widerspruch zu den übereinstimmenden Behauptungen der übrigen Personen, wonach das Eindringen in die Grenzsicherungszone versehentlich geschah. Ein gemeinschaftlicher Grenzdurchbruch war nicht geplant.

Der Verfasser dieser Zeilen hat nach dem Lesen der Aufzeichnungen des T. jedoch beschlossen, diese geeigneten Händen für eine Veröffentlichung zu überlassen, da das per Lesen zugänglich gemachte Nacherleben eines freien Menschseins möglicherweise auch andere Menschen ermutigt, aufgezwungene Verpflichtungen abzustreifen und ein freies Leben zu suchen.

Der Verfasser dieser Zeilen kann für seine Person bestätigen, daß er diesbezüglich einen Anfang gemacht hat.

Frankfurt a.M., im Oktober 1990«

Wenn alle Kulturhäuser gleichzeitig meine Lesungen mit derselben Begründung absagten, steckte die Stasi dahinter. Sie wußte mal wieder mehr, als sie wissen sollte. Aber woher? Selbst Lore Reimann, die einzige Eingeweihte, kannte nicht das Buch, sondern nur den groben Inhalt.

»Haben Sie irgend jemandem etwas erzählt?« fragte ich sie, doch sie sagte Dinge wie Ach I wo, wo denken Sie hin. Aber sie war nun mal die einzige Eingeweihte. Sollte sie etwa …?

Hier kommt des Rätsels Lösung: Als ich mich mit meinem Bruder, der inzwischen Informatik studierte, über den Schreibfix unterhielt, stellte er Fragen nach »Betriebsprogramm« (was ich für das Programm auf einem Betriebsausflug hielt), »Programmiersprache« (deutsch, was denn sonst) und »Prozessor« (als ich »Textprozessor« antwortete, winkte er nur ab). Ich fand den Schreibfix ja gut: Man schaltete ihn ein und sah sofort den Text, und zwar die Stelle, an der man letztens aufgehört hatte. Mein Bruder erklärte mir, daß jeder – und zwar wirklich jeder – Computer wie eine Bühne funktioniert: Es gibt das sichtbare Bühnenbild, dahinter aber Schnüre, Kulissen, Seiten- und Hinterbühnen, die das, was man sieht, erst ermöglichen. Ich bekam eine böse Ahnung. »Wenn ich einen Text lösche, ist der dann weg?« fragte ich.

»Wenn du einen Stuhl von der Bühne schiebst, ist der weg? Oder nur woanders, wo du ihn nicht sehen kannst?« fragte er zurück.

Das wars. Ich hatte geglaubt, ich hätte alles gelöscht, aber wer es verstand, den Schreibfix auszulesen, kam mühelos an alles, was ich je auf ihm geschrieben hatte. Für jemanden, der seine vier Datasetten an geheimen Orten deponiert, der in Nebenhäusern mit »U. Walter« beschriftete Briefkästen anbringt und sich unbeliebt macht, weil er nichts von seinem Buch erzählt, stellte ich mich ziemlich ungeschickt an. Ich war mehr Kind der DDR, als mir lieb war: Auch mein Land vollbrachte stetig große Bemühungen von großer Vergeblichkeit.

Das Kamerateam im Babylon war von ›Kennzeichen D‹, also merkte ich mir die nächste Sendung vor. Man ist ja nicht alle Tage im Westfernsehen. Ich wollte nicht so blöd sein, aus meiner Prominenz keinen Nutzen zu ziehen, und sah die Sendung in einer besetzten Wohnung, mit einer schwarzhaarigen Architekturstudentin, die den Ruf hatte, wild zu sein. Nach dem Beitrag würde etwas sagenhaft Sexuelles stattfinden, worauf ich mich seit Tagen freute. Doch erst mal drehte sich alles um den Wodka-Putsch und die Folgen. Die Sendung begann mit einem Beitrag, wonach Honecker mit der neuen Moskauer Führung nicht wirklich warm wird, weil ihn die Erfahrung, daß der große Bruder vom Glauben abfallen kann, davor bewahrt, mit den

Neuen da weiterzumachen, wo er etwa 1987 mit Gorbatschow aufgehört hatte. Ich knöpfte der wilden Architekturstudentin schon mal die hintere Knopfleiste auf, um auch was zu haben, wo ich weitermachen konnte, wenn der Beitrag über mich zu Ende ist. Doch er kam nicht. Denn der nächste Beitrag brachte ein Interview mit Erhard Eppler, in dem der sagte, daß vor Gorbatschow der Kreml ein sowjetisch dominiertes Osteuropa wollte, nach Gorbatschow lediglich eine russisch dominierte Sowjetunion. Das ging dann gleich in den nächsten Beitrag über, der sich natürlich wieder nicht mir widmete, sondern der Frage, wie der Kanzler zur deutschen Frage steht, wenn der Kreml kein sowjetisch dominiertes Osteuropa mehr wolle. Lafontaine hatte, wie der Fernsehzuschauer sodann erfuhr, kein Interesse an der deutschen Frage; Leipzig und Dresden waren für ihn westsibirische Dörfer. Als nur noch zwölf Minuten bis zum Schluß der Sendung blieben, kam wieder nicht der Beitrag mit mir, sondern Umfragewerte zur deutschen Frage. Eine große Mehrheit fand, es könne nur um »menschliche Erleichterungen« gehen; die deutsche Einheit sei 78 % der Bundesbürger egal. Nur 11 % glaubten an die deutsche Einheit, an UFOs immerhin 19 %.

Da hielt ich es nicht mehr aus. Was interessieren mich UFO-und-deutsche-Einheit-Umfragen, ich wollte die wilde Architekturstudentin, hatte die ganze Zeit ihre weichen, freien Schultern gesehen und mir gewünscht, der Beitrag käme endlich und sei dann schnell vorbei. Als ich sie aufs Sofa drückte, griff sie nach der Fernbedienung und hinderte mich daran, den Fernseher auszuschalten. Und dann lief endlich der Beitrag. Ich wurde darin zum »literarischen Rock-Star«, der »seiner Generation eine Stimme verleiht«.

Auch mein Dreifachversprechen ging über den Sender; die Mischung aus Erregung und Pathos hatte etwas Echtes. Etwas, was man im Fernsehen nicht so oft sieht. So behielten mich viele in Erinnerung, die sonst nie Notiz von mir genommen hätten. Und das waren mehr, als ich dachte; der Journalist schrieb mir, daß die Sendung wegen des großen Interesses für die Wodka-Putsch-Nachlese im Westen auf fast vier Millionen Zuschauer kam, während im Osten etwa zweieinhalb Millionen Menschen zugeschaut haben dürften.

Ich war auf einen unfreundlichen Beitrag gefaßt, weil ich mich störrisch gegeben hatte und arrogant war. Doch das erwähnte der Beitrag mit keiner Silbe. Das machte mich mißtrauisch: Wenn die Westreporter auch nur Vorgefaßtes bebildern und betexten – wie zuverlässig sind die dann? Was Karl-Eduard von Schnitzler in fünfzehn Jahren Gift und Galle spucken nicht geschafft hatte, nämlich mein Vertrauen ins Westfernsehen zu erschüttern, das gelang ›Kennzeichen D‹ in einer sechsminütigen Eloge über mich.

Die Architekturstudentin sagte zwar »Sex mit einem, der gerade im Westfernsehen kam, als literarischer Rock-Star seiner Generation – das schreib ich mir in den Kalender«, aber zugleich führte meine Prominenz dazu, daß mein halber Bekanntenkreis das Weite suchte. Die einen forschten an mir herum, wie ich mich verändert hätte, und sie begannen ihre Beobachtungen immer mit dem Halbsatz »Aber früher hast du« oder »Früher hast du aber nicht«. Früher hast du dich aber für Sport interessiert/Romy Schneider gut gefunden/den Apfel nur abgerieben und nicht abgewaschen/nicht so lange geschlafen. Die anderen beendeten jede gemeinsame Episode mit der Floskel »Nicht, daß du darüber schreibst!« Zwei Spielarten des Mißtrauens, und beide nervten. »Früher warst du mit allen gleich, und jetzt bist du es nicht mehr«, sagte mein Liebmütterlein. Es klang grausam, aber sie hatte natürlich recht.

Ein Jahr wie gemalt
(1991–1992)

Der vom Rektor der Filmhochschule empfohlene Dr. Könich war klein, dick und glatzköpfig. Er sah aus wie ein Komiker. Und er klang auch wie einer.

»Ich weeß Bescheed«, sagte er, als ich anfing, in seiner Praxis mit den Wörtern »Attest« und »Wehrlager« zu hantieren. »Was gloobn Se denn, off wiefieln Fissn Sie zu mir gegomm sin?«

»Zwei?« sagte ich, den Sinn der Frage nicht erratend.

»Fiere sin bessor«, sagte er. »Ich schreib Ihn jädze ä Addesd iebor ä Spreiz-, Sänk, Gnigg- und Bladdfuss. Und noch ä was: Sie sin Ebilebdigor. Mir machn jädze ä EEG un da had dä Schwesdor ausforsehn dä Rolle midm Padiendn nach Ihn fordäuschd. Un weil ja nuh wärlich nischd schiefgehn darf, da schreibsch Ihn noch ä halbes Dudznd Allergien off, die fier dä Feldgüche ä unlösbares Broblem darschdelln: Änne Mehlallergie, nä Milchallergie, änne Speiseölallergie, nu worr.«

»Das sind erst drei«, sagte ich vorsichtig.

»Sie sin mir aber ä ganz Ängsdlichor!« sagte er, hatte dann aber gleich noch eine Idee, die er einem genialen Einfall gleich, sofort niederkritzelte. »Unbeherrschbare Angsaddaggn! Mid so was kann geene Armee dorr Weld een wolln.«

So kam ich als echter Neuling an die Filmhochschule, während sich in Wehr- und Erntelager schon Bünde und Freundschaften gebildet hatten. Mir fiel erst allmählich auf, welch merkwürdiger Zoo diese Filmhochschule war. Ein Hendrik erwähnte, daß Volker Schlöndorff im elterlichen Pool gebadet habe. Ein Hannes war als Filmkind über den Berlinale-Teppich des Zoo-Palastes einhergeschritten. Eigentlich jeder war das Kind von Eltern, die etwas waren: Theater- oder Filmregisseure, bekannte Schauspieler, Fernsehdirektoren, hohe Tiere in den Medien oder Ministerien. Es schien, als sei von Geburt an ausgemacht gewesen, daß sie dereinst auf die Filmhochschule gehen. Keine Propagandanachwuchsfilmer, sondern durchweg Fellinis und Tarkowskis.

Sehr bald merkte ich, daß das mit mir und der Filmhochschule eigentlich ein Mißverständnis war. Es ging mir schon gegen den Strich, daß über Drehbücher diskutiert wird. Ich schreibe doch nicht, um es zur Disposition zu stellen. Außerdem sind Filme doch eigentlich lächerlich. Immer spielt Musik im Hintergrund, wenn ein bedeutsamer Moment geschieht. Außerdem tun Filme so, als würden wir ständig etwas »tun«. Wie viel Zeit unseres Lebens wir rumsitzen, trödeln, uns ablenken, tagträumen – dafür ist in den wenigsten Filmen Platz. Wenn wir so wären, wie uns Filme zeigen, würden wir uns mindestens einmal in der Woche Knarren an die Schläfen halten und uns dreimal täglich prügeln. Jedes zweite Gespräch würde in gegenseitiges Anschreien münden, und wir würden beim Rausgehen grundsätzlich die Tür schmeißen. Wenn im Film ein Hungriger zu essen kriegt, stopft der sich den Mund voll und kaut, als würde er sich den Kiefer ausrenken. Wenn aber im Leben jemand Hunger hat – der kaut nicht Ewigkeiten, sondern schluckt sofort alles runter, um gleich noch mal abzubeißen. Wenn ich verstehen will, wie Leben geht, hilft Film nicht weiter. Weder Filmegucken noch Filmemachen.

Egal, ich fuhr trotzdem hin. Mit dem Motorrad dauerte die Fahrt zur Filmhochschule eineinhalb Stunden. Mit S-Bahn, Eisenbahn und Bus sogar noch eine Stunde länger. Weil ich auf die Frage »Und, wie gehts?« allen Leuten was von dem langen Weg vorjammerte, sprach sich herum: Literarischer Rock-Star sucht Bleibe in Babelsberg. Als ich, in eine Naturalbornkillersdiskussion vertieft, die Filmhochschule verlassen wollte, sprach mich eine zierliche Frau an, die vom Alter her mein Liebmütterlein hätte sein können. Sie stellte sich als Frau Lappich vor und bot ihren Babelsberger Bungalow an. Das Grundstück werde eigentlich nie genutzt, sie habe es nur aus Statusgründen, wobei ich mir nicht zu viel von dem Begriff »Status« versprechen solle. Wenn es mir paßt, könne ich mir den Bungalow sofort anschauen, und so sah ich eine typische DDR-Datsche, eng wie ein Bauwagen und durchweg mit Gegenständen und Möbeln bestückt, welche mit dem Satz »Ach, das ist doch was fürs Grundstück« vor dem Wurf auf den Müll begnadigt wurden. Kurzum: Es war perfekt.

Der wichtigste Einrichtungsgegenstand war ein Bahnheizkörper, der im Winter mit Ausnahme einer halben Stunde, in welcher ein 30-Liter-Boiler das Duschwasser wärmte, nonstop heizte; eine gleichzeitige Inbetriebnahme von Boiler und Bahnheizkörper war das K. o. für die Sicherung. Ein durchgewetztes Klappsofa war Sitzgelegenheit und Schlafstätte, ein fleckiger furnierter Tisch mit geschwungenen Beinen diente als Schreib- und Eßtisch. Es gab kein »Prinzip, das das Material strukturiert« (eine Lieblingsfloskel des Professors für Filmästhetik). Die Geschirr- und Bestecksammlung mutete an, als hätte ich bei Kleptomanen Unterschlupf gefunden, die aus jedem Hotel was mitgehen ließen.

Ein Raffke war Frau Lappich jedoch nicht, im Gegenteil: Sie verzichtete auf eine Miete und kam sogar für meine Stromrechnung auf, denn sie sah mich als eine Art Bewacher. Bei den Nachbarn hatte sich nämlich vor einigen Jahren ein gesuchter Mörder tagelang in der Laube versteckt, ehe er bei einem Fluchtversuch über den nahen Griebnitzsee gefaßt wurde. Überhaupt seien Einbrüche von Jugendlichen oder Säufern auf der Suche nach Alkohol ein Problem. Ein Freund mit einer elektrobastlerischen Ader hatte ihr zwar einen Bewegungsmelder installiert, der Hundegebell auslöst, doch einmal leierte das Tonband, das durch eine harmlose Spaziergängerin ausgelöst wurde, und die wiederum rief in Sorge um den vermeintlich siechen Hund einen Tierarzt herbei, und so gelangte das Grundstück zu lokalem Ruhm. Was es um so verlockender für Diebe machte; eine so aufwendig geschützte Laube wird doch was zu bieten haben. Doch da ich kein Mensch bin, der sich allein oder im Dunklen fürchtet, zog ich in den Bungalow ein und wohnte dort in den Nächten auf Dienstag, Mittwoch, Donnerstag und Freitag. Zur Filmhochschule brauchte ich zwei Minuten.

Als ich noch kein Schriftsteller war, glaubte ich, daß einem Schriftsteller das Schreiben schwerfalle. Der Mythos »von der Mühsal des Schreibens« wird ja sorgfältig gepflegt, davon, wie einen »das weiße Papier anglotzt«, von »quälenden Prozessen« ist die Rede, vom Schreibtisch, der zum »Foltertisch« wird. Meine Erfahrung war, daß das Schreiben eigentlich sogar leicht ist. Als ich meinen ersten Roman schrieb, ›Wasserfarben‹, war ich ganz verblüfft, als es plötzlich wie von allein ging. Ich dachte, ich hätte etwas falsch gemacht, weil mir doch immer erzählt wurde, es müßte quälend sein. Bei meinem zweiten Roman, ›Steil und geil‹, schrieb ich an manchen Tagen zehn Seiten. Während ich mich im Schaffensrausch befand (den gibts wirklich), dachte ich betrübt, daß ich all die Seiten hinterher wieder wegschmeißen muß, weil etwas, das sich so leicht schreibt, einfach nicht gut sein kann – aber ich war nur schlecht informiert. Es stimmt nicht, daß Schriftsteller das Schreiben hassen. Sie lieben das Schreiben. Sie hassen es, wenn sie *nicht* schreiben. Wenn ihnen nichts einfällt, wenn sich der Ausdruck entzieht, wenn sich der Text nicht fügt. Aber sie lieben es, wenn sich ihr Text wie von allein schreibt.

Nach meinem zweiten Buch wußte ich, daß das Schreiben die Suche nach dem Punkt ist, bei dem es wie von allein geht. Bei Ferry kam ich sehr schnell an diesen Punkt, so schnell wie niemals zuvor oder danach. Er saß bei einer Filmhochschulfete allein mit einem Wodka-Cola auf der Treppe, während aus dem Nebensaal R. E. M. mit ›Losing My Religion‹ klang. Er prostete mir zu und rief »Frage die Dinge, sie werden dir antworten«, was ich als Gesprächsangebot deutete, denn es war ein Zitat aus ›Wasserfarben‹. Er wollte sich als Kenner outen, ich setzte mich zu ihm. »Ferry«, sagte er. Ich wußte vom Hörensagen, daß es bei den Schauspielstudenten einen Adligen gab, der sich Ferry

Düren nannte, in Wirklichkeit aber Ferdinand von Düren hieß, und ich fragte ihn, ob er das sei. »Ferdinand von Düren? Eigentlich Ferdinand von Düren-Düren. Oder eigentlich« – und jetzt stand er auf, nahm Haltung an, indem er die Hand auf die Brust legte – »Ferdinand Walter Friedrich Clemens Johannes von Düren-Düren.«

Er hatte, auch wenn er so traurig auf der Treppe saß, ein komisches Talent. Der Vorname Ferdinand war ein Ding der Unmöglichkeit, denn er war durch Clown Ferdinand besetzt. Ein Ferdinand in einer Schauspielklasse, das war wie ein Amadeus in einer Musikschule oder ein Diego im Fußballverein. Doch er sollte kein Komiker werden, denn er war »fest auf die Karriere als Zonen-Banderas gebucht«. Er sah unverschämt gut aus: kurze schwarze Haare, ein bronzener Teint, kantiges Kinn, schmale Hüften, breite Schultern. Jemand, dem ich nie meine Freundin vorstellen würde.

Während er mir halb betrunken von seiner Familie und ihren Widerständen gegen sein Studium an »dieser Gauklerschule« erzählte, bekam ich Lust, ihm ein Soloprogramm zu schreiben, und zwar in dem Moment, als er ausrief: »Und dann sollte ich immer diese Christa Wolf lesen!« Ich wußte, es wird wie von allein gehen.

Als ich ihm am Montag zeigte, was ich übers Wochenende entworfen hatte, trug er es vor. »Mein Vater: Seit fünfhundert Jahren hocken wir auf diesem Stein. – Wenn Sie adlig sind und auf nem Berg wohnen, dann hocken Sie auf einem Stein. Seit fünfhundert Jahren.« Er lachte und übersprang ein paar Zeilen. »Gestatten: Ferdinand Walter Friedrich Clemens Johannes von Düren-Düren. Ich hab zwei Brüder. Robert Georg Franz Adolar Phillipp von Düren-Düren und Theodor Jacob Wilhelm Ludwig Heinrich von Düren-Düren. Wenn ich ihn ärgern will, nenne ich ihn Buchstabieralphabet.« Er brach in schallendes Gelächter aus. »Auf die Idee bin ich ja noch gar nicht gekommen!« Dann las er weiter: »Meinen vollen Namen habe ich das erste Mal gehört, als ich sieben war. Sie müssen sich den Schock vorstellen! Was wie ein Kindergeburtstag klingt, war ein einziger Mensch, nämlich ich! Andere Kinder haben nachmittags Russischvokabeln gebimst. Ich mußte die Namen meiner Geschwister auswendig lernen. – Eh, ich will mehr davon!« Er rupfte mir die nächste Seite aus der Hand. »Ich hab auch nie sagen sollen: Mama, ich geh zum Training! Oder: Traktor Frohe Erde macht keine Reitstunden mehr. Fechtunterricht hieß das, und Reitunterricht!«

Er trug diese paar Sätze mit einer Wonne und Farbigkeit vor, daß ich ihm noch mehr schreiben wollte, und jedesmal, wenn ich ihm ein paar Seiten gab, las er sie laut und verwandelte sie in einen Vortrag, von dem wir uns vorstellten, ihn auf einer Bühne zu sehen. Während normale Leser glauben, daß der, den sie gerade lesen, ihre Gedanken, Gefühle, Ängste und Hoffnungen benennen kann, hatten Ferry und ich diese Momente oft Auge in Auge. Als er den Satz »Ich wurde auf eine Zukunft vorbereitet, die nie kommen würde« las, ließ er das Blatt sinken und stammelte: »Du verstehst mich, nein, eigentlich, ich versteh mich … endlich!«

Viele Schauspieler bereiten mir im direkten Kontakt ein unwohles Gefühl, denn sie machen alles zu ihrer Bühne und jeden zu ihrem Publikum. Ihr Körper ist ein Werkzeug, mit dem sie Eindruck herstellen. Blicke und Sprache, Gestik und Mimik – alles ist auf Wirkung getrimmt. Sie sind Profis im Umgang mit ihrem Körper, ich bin Amateur. Mit diesem Gefälle kann ich noch leben. Auch damit, daß jemand nach zwanzig Bühnenjahren aus dem Effeff SchillerGoetheLessingShakespeareTschechowBrecht zitiert und den wandelnden Kulturgutbewahrer gibt. Aber wenn sie damit etwas bei mir erreichen wollen, mir ihren Willen aufzwingen wollen, dann fühle ich mich unwohl, wie gegenüber einem Professor, der immer seine Fremdwörter von der Kette läßt.

Zu Ferry fand ich auch deshalb schnell einen Draht, weil der eben nicht dieses schauspielerische Gehabe an den Tag legte. Auf der Bühne war er der Ferry mit großer Geste, der ein Massenpublikum an den Haken holte, und schon in der Garderobe war er so ruhig, als wäre er mit dir allein auf der Welt.

Ich schrieb ihm das Programm innerhalb von drei Wochen, weitere sechs Wochen brauchte er, um es einzuüben – und dann spielte er es erstmals zu den Studententagen. Weil ein komplettes Abendprogramm von einem Studienanfänger eine glatte Anmaßung darstellte, wurde Ferrys Auftritt in einen kleineren Saal verlegt, während auf der Hauptbühne das übliche Hauptprogramm stattfand – wechselnde Nummern mit Schauspielstudenten aller Studienjahre. Der kleine Saal war aber voll, das anhaltende Gelächter lockte weitere Leute, die dann um so lauter lachten, so daß sich schließlich eine dicke Menschentraube vor der Tür bildete. Ferry war ein Komiker – aber nicht nur. Wenn er mit meinen Worten erzählte, wie er sich bei seiner Familie den Platz an der Filmhochschule ertrotzte, indem er kompromißhalber nur mit Goethe, Kleist und Shakespeare zum Vorsprechen anreiste, dann wurde allen klar, wie kostbar uns die Anwesenheit an dieser Schule ist, und welches

Glück es darstellt, an ihr zu studieren. Rektor Bisky saß übrigens von Anbeginn im kleinen Saal und schwänzte das Hauptprogramm, um herauszufinden, ob demnächst sein schutzspendendes Händchen vonnöten sein würde.

Jeder Autor, der für die Bühne oder den Film schreibt, hat erlebt, welche Verwandlung das Geschriebene durchmacht, wenn es gesprochen und mit Ausdruck versehen wird, und er weiß auch, daß die geschriebenen Worte dem Schauspieler vollkommen ausgeliefert sind. Eine wenig intelligente Betonung, eine falsche Pause, ein Mißklang, ein eitler Effekt kann alles zunichte machen. Aber auch das Gegenteil ist möglich: Ein Schauspieler kann Farben entdecken, von denen der Autor nichts ahnt. So ging es mir mit Ferry. Die Überraschung war die Komik. Ich wußte, daß *er* ein komisches Talent hatte – aber ich wußte es nicht von *mir*. Ferry zeigte mir, daß auch ich ein Komiker war. Und während ich ihm zuhörte und mich vor Lachen bog, ohne das Gefühl zu haben, über die eigenen Witze zu lachen, schloß ich meinen Pakt mit der Komik. Ich wollte nichts anderes mehr machen als für diese Art von Lachen zu sorgen. Denn was Ferry da erzählte, war nicht lustig. Es war traurig. Es war so traurig, daß einem gar nichts anderes übrig blieb, als darüber zu lachen. Ein Adliger in der DDR – was für ein Witz. Den man in tausend Pointen erzählen kann.

Beim Schlußapplaus winkte mich Ferry auf die Bühne, und ich sprang zu ihm hoch, auf dieses kleine Podest, auf dem er fünfundsiebzig Minuten gestanden und mir gezeigt hatte, wo Gott wohnt. Uns fiel nicht mehr ein, als uns gegenseitig in den Schwitzkasten zu nehmen wie zwei jubelnde Fußballer. Ich hatte ihm mehr gegeben, als ich ahnte – und er mir auch. Da wußte ich: Meine Religion ist das Lachen.

Ferry war dann auch nicht zu halten. Ferry sah blendend aus, und dank seiner Reit- und Fechtkenntnisse blühte ihm ein gleichsam unausweichliches Schicksal als Held in Mantel-Degen-Filmen. All diese Pläne zerschellten an Ferrys Entschluß, auf die »fest gebuchte Karriere als Zonen-Banderas« zu verzichten. Weil man in den DEFA-Chefetagen glaubte, Ferry wolle nur mit mir arbeiten, wurde ich mal zu einem Treffen mit einem Dr. Wiefland einbestellt. Ohne zu wissen, was mich erwartet, verstand ich nach einigen Minuten, daß Dr. Wiefland ein sächsischer Regionalhistoriker war, der mir etwas über sächsische Robin Hoods erzählte, damit ich daraus eine Kinofigur mache, die auf Ferry zugeschnitten ist. In Gegenwart von drei DEFA-Bossen blätterte er in Mappen und schlug Bilder auf, die Männer in Strumpfhosen und mit Pfauenfederhüten zeigten, und diese Männer hatten Ähnlichkeit mit Ferry. Aber der wollte nicht, sondern brach sein Studium ab, spielte sein Programm »Darf ich auch mal was sagen« Hunderte Male landauf, landab, und kassierte sämtliche Kabarett-, Nachwuchs- und Kleinkunstpreise. Daß er die Sackgasse des Adels mit der Sackgasse des Kommunismus gleichsetzte, brachte ihm nirgends Schwierigkeiten ein. Nicht mal bei einem Auftritt an der FDJ-Kaderschmiede am Bogensee, wo er die Nachwuchsfunktionäre als »die, die ihr mich doch am besten versteht« ansprach. Er hatte die sprichwörtliche Narrenfreiheit. Aha, dachte ich, du kannst alles sagen, wenn am Ende nur gelacht wird. Ein Witz ist für Zensor und Stasi das, was nicht so gemeint ist.

Ferry brachte alle drei, vier Jahre ein neues Programm auf die Bühne, und er gestaltete sein Leben fortan so, daß immer ein Bühnenprogramm dabei rumkam. Er heiratete, um über Frauen, Liebe und Ehe zu sprechen. Er wurde Vater, um ein Programm übers Vatersein zu machen. Er trat sogar in eine Blockpartei ein, um ein politisches Programm zu machen. Er wurde Alkoholiker, um ein Programm über den Suff zu machen. Und so weiter. Er manövrierte sein Leben von einem Debakel ins nächste, um daraus Bühnenprogramme zu machen. Obwohl er mit guten Autoren arbeitete, erreichte kein Programm das Funkeln von ›Darf ich auch mal was sagen‹. Den Schmerz beim Herauswachsen aus deinem Korsett hast du nur einmal. Ob und welche Frau du heiratest, ob und in welche Partei du eintrittst, ob und wie du Vater bist, ob und wieviel du säufst – alles deine Entscheidung. Aber über deine Herkunft entscheidest du nicht, du bist gezwungen, mit ihr umzugehen. Darüber sprach ich gelegentlich mit Peter Dehler, der auch ein, zwei Programme für Ferry geschrieben hatte. Ich sagte ihm ganz offen, daß mir Ferrys Programme allesamt zu aggressiv waren. Wütende Rundumschläge, ohne Eleganz, und als Dehler sagte, er habe nur Ferrys Forderung nach »Destruktion« entsprochen, wurde ich bleich. Denn ich begriff, daß ich Ferrys Karriere auf dem Gewissen hatte, weil ich ihn gleichsam mit der falschen Parole in den Wald schickte. Das Wort, das ich bei den Prenzlauer-Berg-Poeten aufgeschnappt hatte, lautete »Dekonstruktion« – nur leider hatte ich das mit »Destruktion« verwechselt, und Ferry hatte sich das falsche Wort gemerkt.

Zugegeben, über den Adel, also eine historisch untergegangene und eigentlich nicht mehr vorfindbare Klasse zu spötteln, war nicht gerade subversiv. Auch nicht, daß ich Ferry einige Witze auf Kosten von Christa Wolf reißen ließ. Als ich ins literarische Leben eintrat, ging mir nicht nur das zerbrechliche Timbre ihrer »Stimme« auf den Keks, sondern auch, daß literarische Meisterschaft allein danach bemessen wurde, wie nahe ein Autor dem Stil von Christa Wolf kommt. Doch bekanntlich gibt es keine bessere Zielscheibe als die Sockelgestalt. Du mußt gar nicht zielen, aber du triffst immer. Jedesmal freute ich mich auf die Stelle, in der Ferry »Kassandra!« ausrief, als sei er in einem Horrorfilm – obwohl es doch nur darum ging, an ein von den Eltern erzwungenes Lektüreerlebnis zu erinnern. Um dann zu erzählen, welch ausgefeilte Strategie die Familie bei der Beschaffung des ›Störfall‹ entwickelte.

Meine Freude erlitt einen Dämpfer, als mir Frau Reimann anvertraute, wie es zu der raschen Veröffentlichung von ›Wasserfarben‹ gekommen war. Bislang wußte ich nur, daß ich »reingerutscht« war, nachdem ein druckfertiges Manuskript am Zensor hängenblieb. ›Wasserfarben‹ war unter normalen Umständen heikel, es war »eine einzige Stelle«, aber nachdem der Zensor ein Buch verboten hatte, würde ihm der Mumm fehlen, gleich darauf ein zweites zu verbieten. ›Wasserfarben‹ wurde nur veröffentlicht, weil es für ein gerade verbotenes Manuskript nachgeschoben wurde.

Und dieses verbotene Manuskript stammte von Christa Wolf.

Ausgerechnet die Autorin zu veräppeln, der ich, wenn auch durch eine Verkettung von Umständen, meine Präsenz als Schriftsteller zu verdanken hatte, machte mich nicht unbedingt glücklich. Aber ich konnte Ferry auch nicht bitten, auf die betreffenden Passagen zu verzichten. Sie wurden ja nicht falsch, weil Christa Wolf ein verbotenes Buch geschrieben hatte. Ich war einigermaßen aufgewühlt. Als ich erfuhr, daß sich das verbotene Buch von Christa Wolf um die Schilderung ihrer Stasi-Observation drehte, hatte ich sofort die Idee für meinen nächsten Roman. Nämlich in der Ich-Form die Lebensgeschichte jenes Stasi-Mannes zu schreiben, der Christa Wolf observiert hatte.

Zu den ungelösten Rätseln meines Schreibens gehört die Frage nach dem Impuls für ein Buch. Ich bin nur wenige Tage im Monat kreativ, kann diese kreativen Tage aber nicht herbeischaffen. Ihr Auftreten ist ein Fall für die Astrologie. Alles, was ich tun kann, ist, mich in ständiger Bereitschaft zu halten. Weiterhin weiß ich, daß ich nie Probleme habe, »Ideen« zu finden; die typische Schülerfrage »Woher kriegen Sie Ihre Ideen?« ist mir unverständlich. Wenn ich einen Stoff nur schwer genug im Kopf herumtrage, dann wachsen mir von überallher die Ideen zu; ich lebe sozusagen in einer Welt, die von dem Stoff getönt wird, an dem ich arbeite. Es ist wie verliebt sein, wo das Denken ja auch immer nur eine Richtung hat. Aber wenn mich jemand fragt, wie die Entscheidung für ein bestimmtes Buch zustande kommt, muß ich passen. Es gibt Themen, die gehen mir jahrelang im Kopf umher, ohne daß sich eine zündende Idee für ein Buch findet. Es gibt Themen, die interessant sind und über die ich kundig schreiben könnte – aber ich verspüre nicht die geringste Lust, es zu tun; also lasse ich es. Es gibt Menschen, die reden über ein Thema, packen meinen Arm und sagen: »Darüber mußt du schreiben!« – und bei mir regt sich nichts. Aber dann rede ich mit einem Fremden wie Ferry eine halbe Stunde und schreibe ihm sofort ein komplettes Bühnenprogramm auf den Leib (und danach nie wieder). Was ist da los? Warum macht es hier klick und da nicht?

Und woher weiß ich, daß mir ein launischer Einfall genug Schwung verleiht? Die Entscheidung für ein Buch bedeutet eine jahrelange, einsame Beschäftigung. Woher weiß ich, daß eine Idee kein Strohfeuer ist, das nach zwei, drei Monaten verbrannt ist? Ich weiß nicht, woher ich es weiß, ich weiß nur, *daß* ich es weiß. Und wenn ich mich irre, ist das auch nicht so schlimm. Unvollendete Manuskripte gehören zum Schaffen eines Schriftstellers.

Nun also wollte ich über die Stasi schreiben. Und weil mir Ferry gezeigt hatte, daß ich Komiker war, wollte ich es komisch machen.

Wegen des Studiums konnte ich immer nur einige Stunden am Schreibtisch verbringen. Ich war weit entfernt von dem Punkt, wo sich der Roman von ganz allein schrieb.

Gelegentlich begleitete ich Ferry zu seinen Auftritten, zum Beispiel nach Rathenow, das nur eine gute Stunde von Babelsberg entfernt liegt. Die dortige Kulturhausleiterin begrüßte uns mit den Worten »Ich heiße Ninette, bin aber trotzdem immer nett«. Sie trug Jeans und eine schwarze, fast knielange Strickjacke, in deren Taschen sie lässig ihre Hände steckte. Ihre gewellten blonden Haare fielen wie schwerelos auf die Schultern, sie hatte selbstredend blaue, na gut, blau-grüne Augen, aber das unumstrittene Prunkstück waren ihre Nastassja-Kinski-Lippen. Ich verliebte mich augenblicklich in Ninette. Doch sie hatte den Abend zu schmeißen und stand total unter Strom. Es war zu laut und zu lebhaft, um es knistern zu lassen.

Der Kultursaal mit seinen 600 Plätzen war restlos ausverkauft, was sie als Veranstalterin stolz machte. Nach Ferrys Auftritt saß Ninette auf einem Rohrstuhl neben dem Eingang, die Kasse auf dem Schoß, und sagte, als das von ihr organisierte Taxi vorfuhr, mit unendlicher Erleichterung: »Ich bin so froh, daß alles gutgegangen ist. – Nun aber schnell zum Bahnhof, der Zug um 22:15 Uhr ist der letzte.« Ich fragte sie, ob wir sie ein Stück mitnehmen könnten, aber sie zeigte auf ein Haus auf der andern Straßenseite und sagte, danke, sie wohne gleich da.

Für ein paar vielversprechende Blicke und Bemerkungen hatte es in dem Trubel aber doch gereicht, und die Umarmung zum Abschied war einvernehmlich innig. Im Babelsberger Bungalow konnte ich stundenlang nicht einschlafen, also setzte ich mich auf mein Motorrad, fuhr wieder nach Rathenow, suchte ihren Namen auf dem Klingelbrett des Hauses, auf das sie gezeigt hatte – und klingelte. Es war halb drei in der Nacht. Schneller als erwartet hörte ich ein »Ja?«, es klang nicht verschlafen, und es war vor allem ihre Stimme und nicht etwa eine Männerstimme. »Hier ist Thomas«, sagte ich. »Ich kann nicht schlafen.« – »Ich auch nicht«, sagte sie und drückte auf den Türsummer.

Sie trug einen Frottee-Schlafanzug. Auf dem Wohnzimmertisch lag ›Wasserfarben‹; sie hatte darin geblättert, »weil ich deine Stimme hören wollte«. Ninette sah, wie durchgefroren ich war, und machte mir einen Tee, den sie mit den Worten »Da haben sich wohl zwei gefunden« hinstellte. Sie war vier Jahre älter und konnte mir mit einer Sachlichkeit und Kaltblütigkeit meine Situation erklären, daß ich bei ihr ungefähr das fühlte, was Ferry mit mir erlebt hatte: »Endlich verstehe ich mich!« Wenn ich von der Kommode meiner Erinnerungen die Schublade mit jenem Abend aufziehe, dann kann ich in dieser Schublade nur wühlen, ohne je Ordnung zu stiften; zu viel war es, was sie mir in jener

Nacht sagte. Dinge wie: Etwas Talent vorausgesetzt, ist es in diesem Land sehr einfach, Erfolg zu haben. Wer nicht verboten wird, für den ist es fast unvermeidlich. Deshalb solle ich mich nicht von Erfolgen locken lassen. Wenn ich es darauf absehe, könne ich für die nächsten zwanzig Jahre von Erfolg zu Erfolg hüpfen. Aber das kanns doch nicht sein.

Als ich einwand, daß mein zweites Buch verboten ist, samt Lesetour, sagte sie, daß sie das wisse, weil sie mich auch hier haben wollte. (Und ich erinnerte mich dunkel, daß Rathenow tatsächlich auf der Liste stand.) Aber immer wieder sagte sie Dinge wie: Erfolg ist billig zu haben. Folge deiner Bestimmung. Nimm deine Talente ernst. Und vor allem: Entwickle dich! Was meinst du, wie viele Leute bei mir (sie meinte in ihrem Kulturhaus) sind, die irgendwann begonnen haben, das zu machen, was »angefragt« wurde, anstatt mit dem weiterzumachen, womit sie begonnen haben? Ich sehe deine Möglichkeiten, Thomas. Du darfst sie nicht ungenutzt lassen. Du kannst etwas Wunderbares. Du hast – sie zeigte auf ›Wasserfarben‹ – die Erfahrungen von vielen in Worte gefaßt, hast ihre Erfahrungen bestätigt. Übrigens auch meine. Und das Programm heute abend, das war wirklich komisch. Es war nicht diese Akkordhumorproduktion unserer Kabarettisten. Es war ganz anders. Es war jünger, unberechenbarer und zugleich irgendwie weise. Ich bin total glücklich, daß derjenige, der sich das ausgedacht hat, durch die kalte Nacht gefahren ist, nur um jetzt bei mir zu sein. (Ich mußte sie umarmen, und dann küßten wir uns.) Sie schob aber meinen Kopf weg, um mir noch das zu sagen: Du mußt in deinen Büchern immer etwas haben, mit dem man dich wiedererkennt, aber auch etwas, das man dir nicht zugetraut hat. Deine Leser müssen immer wissen, daß sie das bekommen, was sie an dir lieben, aber sie dürfen nie glauben, daß sie dich in- und auswendig kennen. (Wir küßten uns wieder, bis sie erneut meinen Kopf wegschob.) Und noch was: Wenn es dir gelingt, daß dir Erfolg egal ist, dann kannst du es auch besser verkraften, wenn deine Bücher verboten werden. Es wird nicht bei einem Verbot bleiben. Weitere werden folgen. Wenn du deine eigenen Erwartungen erfüllt hast, kann dir das kein Verbot nehmen.

Jeder in Rathenow kannte Ninette. Sie war seit fünf Jahren dort, und wenn die Liedzeile »Männer umschwirrn mich wie Motten das Licht« auf jemanden zutraf, dann auf Ninette. Sie leitete erst den Jugendclub, dann das Kulturhaus, und die ganze Stadt fragte sich, welcher Mann wohl eines Tages Glück bei ihr haben wird. So ziemlich jeder Rathenower versuchte es, die Gast-Künstler sowieso. Ninette stand unter Beobachtung, und auf das Motorrad mit der Berliner Nummer, das am Dienstagmorgen vor ihrem Haus stand, wußte sich die Kleinstadt schon einen Reim zu machen.

Das Motorrad stand noch manche Nacht vor ihrem Haus. Sie leitete tagsüber das Kulturhaus, während ich Vorlesungen und Seminare besuchte (aber eigentlich nur von ihr tagträumte), und abends hatte sie Veranstaltungen, während ich schrieb, oft bis Mitternacht oder länger. Wenn ich müde wurde, fuhr ich nach Rathenow und blieb die Nacht bei ihr. Am Morgen frühstückten wir, und wenn ich ihre Wohnung verließ, um zur Filmhochschule zu fahren, hatte ich meinen Motorradhelm ihr zuliebe schon auf dem Kopf; sie wollte nicht, daß sich in der Kleinstadt herumspricht, wen sie sich da geangelt hatte. Was illusorisch war. Da zu ihren zahllosen Verehrern auch der ABV gehörte, war mein Name schnell kein Geheimnis mehr, nachdem er die Nummer meines Motorrads kannte.

An einem Abend, als sie keine Veranstaltung hatte, überraschte sie mich mit ihrem Besuch. Sie war mit dem Zug gekommen, hatte einige Zeit in der Laubenkolonie gesucht und mich dank des abgestellten Motorrads ausfindig gemacht. Sie fand es gut, wie ich lebte. Ein schmales Sofa und so wenig Warmwasser, daß wir gleichzeitig in die Dusche mußten. Wir verbrachten die Wochenenden und fast alle Nächte zusammen. Endlich ging ich mal glücklich in einer Liebe auf.

Ninette lenkte meine Entscheidungen besser, als ich es konnte. Fünf Jahre Kulturhaus und die Bekanntschaften mit den zahllosen um sie balzenden Liedermachern, Schauspielern, Zauberkünstlern, Rocksängern, Schriftstellern und Urania-Vortragsreisenden hatten ihr Durchblick verschafft. Obendrein hatte Ninette ein gutes Gespür für das, was ich machte. Sie gab mir Bestätigung, aber sie setzte mich auch immer wieder auf das richtige Gleis. »Den solltest du mal lesen.« – »Nächste Woche hab ich den bei mir im Haus, das könnte auch was für dich sein.« – »Eh komm, den mußt du wirklich nicht treffen.« – »Versprich mir, daß du nie Drehbücher schreibst!« Entscheidung war ein Schlüsselwort für sie. Ab einem bestimmten Alter ist jeder Mensch die Summe seiner Entscheidungen, sagte sie. Einmal, als sie eine halbe Flasche Wein intus hatte, rief sie pathetisch »Du bist der Herr deines Lebens!«, und ich fühlte mich so, wie ich mich immer fühlen wollte, nämlich frei.

Paar neue Gesichter
(1993)

Ninette fragte mich nie nach den wirklich vertraulichen Dingen. Auch nicht, woran ich gerade arbeite. »An deiner Stelle würde ich jedem mißtrauen, einschließlich mir«, sagte sie.

Die Frage »Ist er oder ist er nicht?« war immer irgendwie da. Was mich stutzig machte, war, wenn jemand mit Insider-Informationen kam, und das immer wieder. Ninette war zwar so ein Fall, aber durch ihr Kulturhaus kannte sie Hinz und Kunz, und Hinz und Kunz erzählten ihr so ziemlich alles, weil Mann das bei schönen Frauen eben so macht. Und auf Ninette traf überhaupt nicht mein Stutz-Kriterium Numero Zwo zu: Sie war viel zu stabil und gefestigt für so was, viel zu souverän. Die zwei, drei flüchtig Bekannten, die sich im Laufe der Jahre als Spitzel outeten, waren labil und erkennbar gestört. Waren Menschen, von denen ich mich instinktiv fernhielt.

Um zu erfahren, ob mich die Stasi überwacht, hatte ich sowohl in der Babelsberger Laube als auch in der Berliner Wohnung Vorrichtungen gebaut, die einen Eimer Wasser auf unerlaubte Besucher niedergehen lassen. Weil man das Wasser natürlich aufwischen und den Eimer neu füllen kann, markierte ich eine Fülllinie – aber eine, die in die Irre führte, denn ich füllte den Eimer über den Strich hinaus. Mittels dieser Täuschung stellte ich in meiner Berliner Wohnung im April 93 einen Einbruch fest. Nichts fehlte, alles war an seinem Platz. Aber der Eimer war bis zur Markierung gefüllt, und das war zu wenig.

Als ich Ninette von dem Einbruch erzählte, riet sie mir, der Stasi-Kreisverwaltung von Berlin-Mitte zu schreiben: Noch so n Ding, und ich geh an die Westmedien.

Um eine Antwort innerhalb von zwei Wochen zu bekommen, war mein Schreiben als »Eingabe« tituliert, und tatsächlich erhielt ich zwei Tage vor dem Ende dieser Frist eine Vorladung auf das Volkspolizei-Revier Brunnen-, Ecke Chausseestraße, zur »Klärung eines Sachverhalts«. Dort saß ich einem Stasi-Hauptmann gegenüber, der vor allem wissen wollte, wieso ich glaubte, bei mir sei eingebrochen worden, wenn nichts fehle und alles unverändert sei. Meinen Trick mit der falschen Füllinien-Markierung wollte ich nicht verraten, also drehte sich die Diskussion im Kreis. Die Stasi sei gar nicht bei mir eingebrochen, und wenn ich das weiter behaupte, mache ich mich entsprechend Paragraph sowieso strafbar, und wenn ich an die Westmedien gehe, wirds noch schlimmer.

Ich zog das Gespräch in die Länge, weil ich mir alles über diesen Hauptmann einprägen wollte. Über so einen schrieb ich ja gerade. Ach, könnte ich ihn nur einen einzigen Tag unbemerkt begleiten! Was macht er, wenn er von hier weggeht? Wie viele Berichte wird er über unser Gespräch schreiben müssen, und an wen gehen die? Wie viel Vorbereitung hat ihn dieses Gespräch gekostet? Bin ich nur einer von vielen – oder bin ich seit Monaten sein einziger Fall? War er in meiner Wohnung? Hat womöglich er das Wasser abgekriegt? Ich stellte mir vor, wie er – platsch, platsch – durch meine Wohnung ging, über und über begossen. Wie seine Kollegen (aus irgendeinem Grund nahm ich an, daß so ein Einbruch zu viert gemacht wird) hinter seinem Rücken über ihn lachten, wie er das merkt und deshalb einen persönlichen Haß auf mich entwickelt. Und wie ist er dann mit den nassen Sachen aus der Wohnung gekommen? Ich schaute beim Abschied unauffällig auf seine Schuhe, ob sich vielleicht Wasserränder entdecken lassen – aber ich sah nichts. Vielleicht weiß er ja wirklich nichts von denen, die in der Wohnung waren. Als ich ging, fand ich es reichlich kühn, über die Stasi zu schreiben, wo ich doch so wenig von ihr wußte.

Darüber nachdenkend, sagte ich, als ich allein in meiner Wohnung war, laut und vernehmlich: »Genossen, ich muß mehr von euch wissen.« Und da hatte ich den Geistesblitz: Nicht, um etwas *mitzunehmen*, waren sie in meiner Wohnung, sondern um etwas *dazulassen*. Unter dem Vorwand, an einem Agentenfilm zu schreiben, machte ich einen DEFA-Fachberater ausfindig, der mir sagte, wo Wanzen deponiert werden: in Lichtschaltern, Steckdosen, Lampenschirmen, Radios und Stereoanlagen – eigentlich überall, wo es Kabel gibt. So konnte ich in meiner Wohnung immerhin fünf Wanzen finden. Der Babelsberger Bungalow hingegen war nicht verwanzt. Großartig! Niemals bekommst du eine so einfache Gelegenheit, dich gegenüber der Stasi zu präsentieren wie mit der Wanze im eigenen Haus, von der der Horcher nicht weiß, daß du von ihr weißt.

Als ich an einem schönen Junimorgen in die Filmhochschule kam, stellte sich mir eine West-Reporterin in den Weg. »Herr Brussig, mal bitte nen O-Ton zur Nachricht des Tages!«

»Was ist denn die Nachricht des Tages?«

Sie lachte, als hätte ich einen Witz gemacht, verwandelte sich aber sogleich wieder in die Reporterin. »Honeckers Tod.«

Geh nie aus dem Haus, ohne vorher Radio gehört zu haben, dachte ich. Erst da fiel mir auf, daß die DDR-Fahne der Filmhochschule auf halbmast hing. Wie oft und wie lange hatte ich mir das herbeigewünscht. Aber sie hatte mich ja gefragt, was ich zur Nachricht des Tages *sage*, nicht, was ich darüber *denke*. Also sagte ich: »Er ist so lange an der Macht, daß ich mir kaum einen anderen überhaupt vorstellen kann.«

»Wer wird denn sein Nachfolger?« sagte die Journalistin.

»Wozu braucht der n Nachfolger?« entfuhr es mir. Aber dann sammelte ich mich und sagte. »Krenz … sagen alle. Ich hab das nicht zu entscheiden.«

»Und was bedeutet das für die Zukunft, die Menschen in der DDR, die deutsch-deutschen Beziehungen?«

Gleich steigt sie auf Blechkisten, dachte ich, doch ein eifriger Student, der die Journalistin schon beim Warten beobachtet hatte, hatte das Rektorat angerufen, von wo aus der Pförtner angewiesen wurde, Hausrecht walten zu lassen und das Interview auf dem Gelände der Filmhochschule zu unterbinden. Die Journalistin hatte da aber schon den O-Ton des Tages im Kasten. Als ich nachts bei Ninette eintraf, sagte sie mir, sie hätte mich im Radio gehört – und sich kaputtgelacht, wie ich auf die Frage nach dem Nachfolger geknurrt hätte »Wozu brauchtn der n Nachfolger?« Und in den Tagesthemen hätte der neue Moderator Ulrich Wickert den Beitrag über den möglichen Honecker-Nachfolger folgendermaßen anmoderiert: »Schriftsteller Thomas Brussig sagte auf die Frage nach dem möglichen Honecker-Nachfolger: ›Wozu braucht der denn einen Nachfolger?‹. Wir stellen die Frage trotzdem – nach dem Nachfolger. Nicht nach dem Wozu.«

Ninette sagte über Krenz: »Typen wie den kenn ich aus dem Effeff.« Er ist ein unsicherer Mensch, der Anerkennung will. Keiner, der jubelnde Massen an sich vorbeiziehen sehen, sondern lieber in Kneipengesprächen als guter Mann vorkommen will. »Wirst sehen, der erlaubt Tempo 120 auf Autobahnen.« Ich war eine Woche zuvor mit 116 km/h gestoppt worden. »Oder er gibt Reisefreiheit nicht erst für Rentner, sondern schon für 60jährige Männer und 55jährige Frauen. Er läßt im Fernsehen zu später Stunde Softpornos laufen. Er läßt Udo Lindenberg seine DDR-Tournee machen.«

»Du meinst, er läßt zwar Swing tanzen, aber trotzdem wird weiter Marschmusik gespielt.«

»Laß das bloß nicht Ulrich Wickert hören«, sagte Ninette, »sonst zitiert der dich gleich wieder.«

Als Krenz acht Wochen später, kurz nach der Einführung des unterrichtsfreien Samstags, tatsächlich Tempo 120 auf den Transitautobahnen erlaubte, brach eine Gerechtigkeitsdebatte los, die man nur absurd nennen konnte. Als gäbe es ein Menschenrecht auf Trabis mit VW-Motor. Jeder, aber wirklich j-e-d-e-r Kabarettist hatte ein Dutzend Tempo-120-Witze auf Lager. Im Westfernsehen kamen empörte Trabifahrer zu Wort, die sich weigerten, 120er

Strecken zu befahren, weil sie der Demütigung des legalen Überholtwerdens entgehen wollten. »In äm affnardschn Weddrenn mitm Lada, Dadschia, Zitrön, was weeß ich, wärdsch unser Hummlchn ni zuschandn fahrn!« erklärte ein aufgebrachter Trabifahrer. »Hab schließlisch dreizähn Jahre droff gewarded.«

Dieser Beitrag, den ich zufällig sah, brachte mich dazu, über die Zeit nachzudenken, die man in der DDR so vertrödelt. Dreizehn Jahre Warten auf etwas, das sich für ein Auto hält. Die Langeweile der DDR bestand ja nicht nur darin, daß so wenig Filme und so wenig Bands kamen, daß die Zeitungen dünn, das Angebot mager und die bereisbare Welt klein war, sondern auch darin, daß nichts passierte. Die Herrscher herrschten bis zum Abkratzen. Es gab kaum Entwicklung, keine Einschnitte, die ein Damals von einem Jetzt trennten, sondern nur einen langen, stehenden Gegenwartsbrei. Wenn das Heute aber nicht viel anders ist als das Gestern, fällt es schwer, über das Morgen zu reden. Wenn es vor fünfzehn Jahren nicht viel anders war als heute – wie soll es da überhaupt vorstellbar sein, daß es in fünf oder zehn Jahren mal anders ist als jetzt? Auch Krenz wollte kein neuer Besen sein, er benutzte lieber die Vokabel Kontinuität. Zukunft war ein Begriff, der in den Schmutz getreten war, den die Falschen benutzten. Wenn sie Zukunft sagten, meinten sie, daß alles so bleibt, wie es ist. Das Wesen der Zukunft aber ist, daß sie anders ist. Und der Begriff Zukunft ist zu groß, zu wichtig, als daß man auf ihn verzichten könnte, nur weil ihn die Falschen im Munde führen.

Dies schrieb ich an einem Spätsommerabend 1993 auf und zeigte es Ninette. Sie rügte mich als »viel zu schlau für jemanden, der in Sachen Komik unterwegs ist«. Und sie hatte die Idee, daß ich mal Edgar Reitz kennenlernen soll. Sie war, mehr noch als ich, Fan seiner Serie ›Heimat‹. Reitz hatte mit dem Begriff »Heimat« schon hinter sich, was mir mit »Zukunft« noch bevorstünde, nämlich einen geschundenen Begriff zu waschen, zu kämmen und neu anzuziehen, so daß er wieder vorzeigbar ist. »Heimat« war ja durch Nazipropaganda und Kitschfilme mißbraucht und unverwendbar. Ohne zu wissen, was ich eigentlich von ihm wollte, schrieb ich Edgar Reitz einen Brief, den ich durch eine Verwandte von Ninette im Westen einwerfen ließ, und er antwortete, wie von mir vorgeschlagen, an die Rathenower Adresse von Ninette, um ein »Verlorengehen« des Briefes unwahrscheinlicher zu machen. In drei Wochen sei er in Berlin; vor oder nach einem Besuch unserer Akademie der Künste hätte er Zeit.

Wir trafen ihn mit seiner Frau, Salome Kammer, im Ganymed. Er sprach ziemlich langsam, was mich nicht überraschte, denn auch seine Filme waren von unverschämter Langsamkeit. Anders als die meisten Menschen, die sich beim Sprechen wiederholen und dadurch ermüden, ergab sich bei ihm mit zunehmender Redezeit ein gleichsam exponentieller Erkenntnisgewinn. Seine Frau kannte diesen Effekt schon und warf Ninette und mir amüsierte Blicke zu: So ist er, der große Meister.

Zukunft und Heimat haben, so Reitz, als Begriffe insofern Ähnlichkeit, daß sie groß und unverzichtbar für Positionsbestimmung und Selbstverständnis eines Menschen sind. Im Unterschied zu Heimat, einem Begriff, den niemand im Westen anfassen wollte, der also niemandem gehörte, als er seine Serie ›Heimat‹ herausbrachte, ist Zukunft ein Begriff, der den Mächtigen in der DDR gehört. Ich werde mit ganz bestimmten Leuten in den Clinch geraten, wenn ich den Begriff Zukunft entstauben will, während er eigentlich offene Türen eingerannt hat. – Er könne sich aber gar nicht konzentrieren, sagte er, die Schultern rollend und wiegend, als wollte er sich aus einer unbequemen Haltung herauswinden. Die DDR sei ja so anders als erwartet. Er habe immer gedacht, daß hier alle sächseln. »Das sagst du nur wegen Udo und Gunnar«, sagte Salome Kammer. Er lachte und fuhr fort: »Wenn ich die Häuser sehe, dann frage ich mich, ob hier der Zweite Weltkrieg erst vor zehn Jahren endete.« Und an Ninette gewandt: »Es ist mir auch ein Rätsel, wie es so schöne Frauen mit so scheußlichem Wein aushalten.« – »Für mich ist rätselhaft, wie es bei so scheußlichen Weinen so viele Alkoholiker gibt«, sagte Ninette schlagfertig. Und nun war ich es, der Salome Kammer einen amüsierten Blick zuwarf: So ist sie, meine Ninette.

Als sich ein verlegenes Schweigen breitzumachen drohte, fragte Ninette: »Wer sind eigentlich Udo und Gunnar?« Edgar Reitz lachte und erzählte, daß es sich um zwei Leipziger, Vater und Sohn, handele, die in seinem Hause als Trockenbauer, »eigentlich Alraunda«, zugange waren. »Alraunda sagt mir nichts«, sagte ich, und Edgar Reitz erwiderte: »Mir auch nicht. Bis ich irgendwann begriffen habe, daß sie *Allrounder* waren.« Sie hatten jedes Jahr eine Genehmigung für eine Westreise in einer »privaten Familienangelegenheit«, immer auf Einladung von Reitz' Nachbarn, und ihren Besuch, der jedes Jahr ein paar Tage länger währen durfte, nutzten die beiden, um sich ein paar Westmark dazuzuverdienen – »und weil ich meinen Anbau bewohnbar machen wollte, habe ich sie für ne Woche beschäftigt.

Um keinen Ärger wegen Schwarzarbeit zu kriegen, habe ich mich beim Finanzamt erkundigt, wie ich die beiden versteuern kann. Der Finanzbeamte fragte mich: ›Sind es Deutsche?‹ Ich hab gesagt: ›Aus Leipzig.‹ Und der: ›Die Steuern deutscher Arbeitnehmer werden von deren Wohnsitzfinanzamt erhoben.‹ Also hab ich in Leipzig das Finanzamt angerufen …«

»Du hast in Leipzig das Finanzamt angerufen?« fragte Salome Kammer ungläubig.

»… und weil sich keiner zuständig fühlte, bin ich bei der Leiterin des Finanzamtes, der Genossin Schlegel, gelandet.«

»Und was hat die gesagt?« fragte ich.

»Daß sie so eine Anfrage noch nie hatte und Rücksprache mit Berlin halten wird«, sagte Edgar Reitz.

»Armer Udo, armer Gunnar«, sagte Ninette. »Das wird wohl eure letzte Westreise gewesen sein.«

Edgar Reitz blickte betrübt in sein Glas mit dem scheußlichen Wein. Salome Kammer ergriff tröstend seine Hand und sagte: »Ideen hast du manchmal …«

Wir brachten die beiden zum Tränenpalast am gegenüberliegenden Spreeufer und gingen zu Fuß in meine Wohnung am Zionskirchplatz. Ich fühlte mich wie berauscht. Es gab sie wirklich, die Internationale der Intellektuellen, und ich gehörte dazu. Ninette fragte mich unterwegs (in der Wohnung konnten wir wegen der Wanzen nicht offen sprechen), ob ich mir zutraue, mit der Obrigkeit in den Clinch zu gehen, und ich sagte einfach: »Ja.« – Darauf sie: »Gut. Zuerst schreibst du deinen Roman zu Ende. Wie lange brauchst du noch für ihn?« – »Vielleicht ein Vierteljahr.« – »Gut. Wenn der fertig ist, gibst du deinen Zukunfts-Essay an den ›Spiegel‹. Die drucken den, da bin ich sicher.«

»Ninette«, sagte ich, »weißt du, was mir in diesem Moment endlich klarwird? Daß du nicht bei der Stasi bist. Ich habe lange auf diesen Tag gewartet ...«

Weiter kam ich nicht, denn sie küßte mich, mit ihren herrlichen Nastassja-Kinski-Lippen und ließ ihre Schmetterlingszunge in meinen Mund flattern, und wir waren das verliebteste Paar der Welt.

Kaum hatte der Kuß geendet, sprach sie weiter. »Reitz könnte auf deinen Essay antworten und den Begriff Zukunft für den Westen untersuchen. Der ist vielleicht froh, wenn er mal von seinem Heimat-Misthaufen runtergelassen wird.«

Was Reitz an jenem Nachmittag über Zukunft so dahinimprovisiert hatte, war tatsächlich einen eigenen Essay wert; »Zukunft« sei im Westen durch die Werbung okkupiert und meine eigentlich nur technologische Entwicklung, Komfort, Geschwindigkeit. Umkämpft hingegen ist der Begriff »Fortschritt«, der von den einen als positiver, von den anderen als negativer Kampfbegriff verwendet wird. Für die einen bedeutet Fortschritt Wachstum und Wohlstand, für die anderen Rüstungswahnsinn und Umweltzerstörung – was paradoxerweise bedeutet, daß das produktivste und phantasievollste Nachdenken über die Zukunft ausgerechnet von jenen zu erwarten ist, die Fortschritt ablehnen.

Gehste oder bleibste
(1993–1994)

Die Idee, den Stasi-Observateur von Christa Wolf in einer hundertfünfzigseitigen Burleske und in der Ich-Form zu präsentieren, mußte ich aufgeben. Zu wenig wußte ich über die Generation meiner Eltern: Wurden die wirklich alle mit diesem schauderhaften Lebertran gefüttert? Wie haben Kinderaugen den 17. Juni gesehen? Wie haben sie den Westen erlebt? Hauptfigur wurde ein Ich, das bei der Stasi gelandet war, und mit dieser Idee schrieb sich der Roman praktisch von allein.

Ich saß im Babelsberger Bungalow und tippte, als Ninette überraschend kam. »Laß dich nicht stören«, sagte sie, und »Darf ich?« Sie wollte ein paar Seiten lesen, und ich ließ sie. Um unbeobachtet zu sein, setzte sie sich außerhalb meines Blickfelds, doch dann hörte ich sie leise und unterdrückt lachen, und als sie weiterlas und das Lachen nicht mehr unterdrücken konnte, rief sie: »Thomas, das ist … Was machst du?« – »Du klingst, als würde ich dir im Dunklen wohin fassen«, sagte ich, und sie sagte: »So in etwa ist das aber auch! Ich muß das in Ruhe lesen.«

Bis zu unserem nächsten Treffen hatte ich alles heruntergetippt, und bis zu unserem übernächsten Treffen hatte sie es gelesen. »Ich habe noch nie so gelacht bei einem Buch«, sagte sie. »Aber das Ding muß länger werden. Hundertfünfzig Seiten reichen nicht. Es müssen mindestens noch hundert Seiten mehr sein. Hundertfünzig mehr wären besser. Du machst hier Alfons Zitterbacke für Erwachsene – politisch, schweinisch, komisch. – Wie soll es eigentlich heißen?«

»›Wie ich ein Mann wurde‹, schätze ich.«

Sie wiegte den Kopf. »Ich hatte auch eine Idee.«

»Sag.«

»›Helden wie wir‹.«

Das war nicht nur der bessere Titel, sondern auch der Grund dafür, daß sich weitere einhundertfünfzig Seiten wie von allein schrieben. Als das Semester Mitte Oktober wieder begann, meldete ich mich für einen zweiwöchigen Schaffensrausch ab, wofür es Verständnis gab; schließlich studierte ich an einer Kunsthochschule.

Den überarbeiteten Zukunfts-Essay brachte ich in das DDR-Büro des ›Spiegel‹ in der Leninallee. Ich kam ungünstig, denn es wurde gerade ein Umzug vorbereitet. »Heut ist gar nicht gut, denn Krenz macht auf lieb Kind«, sagte der DDR-Redakteur Matthias Matussek. »76 mußten wir unser Büro in der Leipziger Straße ja dichtmachen, weil wir dem Honecker zu frech waren, und als wir 85 wieder aufmachen durften, wurde uns die Leninallee zugewiesen. Wie Hotelgäste, die beim letzten Mal randaliert haben, zur Strafe in die Besenkammer gesteckt werden. Aber weil Krenz keinen großen Bruder hat, vor dem er mit solchem Diktatorengehabe angeben kann, dürfen wir jetzt wieder zurück ins Stadtzentrum.« Was für ein Leben, dachte ich. Jeder Pups hat seine Ursachen in der großen Politik. Präsidenten telefonieren mit Generalsekretären – und im Ergebnis packt ein Mann in der Leninallee seinen Umzugskarton. »Ihr könnt offen reden, einmal im Monat wird hier alles gecheckt. Aber wozu Wanzen?« sagte er und freute sich schon auf den Witz, den er gleich machen würde »Bei meiner Stimme kannste auch ne schwerhörige Oma in die Nachbarwohnung zum Mitschreiben abstellen.«

Als ich ihm meinen Essay gab, sagte Matussek, daß »ja jeder in der DDR zum ›Spiegel‹ rennt, wenn er meint, er hätte was zu sagen. Es gehört inzwischen zum Werdegang des DDR-Schriftstellers, es mal mit ner ›Spiegel‹-Veröffentlichung versucht zu haben.« So ein Magazin sei auch ein Friedhof der Hoffnungen, aber er gebe meinen Text gern weiter nach Hamburg.

Dann wechselte er abrupt das Thema und fragte, was wir von seiner letzten Story hielten, worauf Ninette genervt erwiderte. »An unserem Kiosk war der ›Spiegel‹ leider schon ausverkauft.« Matussek schmiß den drei Wochen alten ›Spiegel‹ lässig auf den Schreibtisch. Es ginge um die DDR-Oberliga und wie sich das Klima dort verändert habe, seitdem Krenz zu Beginn der Saison Sammer, Kirsten und Thom in die Bundesliga verkauft habe. Natürlich griffen wir nach dem ›Spiegel‹, obwohl mir das Thema der sogenannten »VEB-Profis« zum Halse raushing, denn auch darüber hatte jeder Kabarettist sein Witzquantum. Im Literaturteil fand ich eine Bestsellerliste, wo die fünfzehn erfolgreichsten Bücher der Woche aufgelistet waren. Zählt man Simmel als österreichischen Autor, war außer Maxim Biller kein Deutscher auf der Liste.

Drei Wochen später bekam ich einen Brief vom ›Spiegel‹, mit Prägedruck und farbigem Signet. Obwohl es auffälliger gar nicht ging, kam der Brief an und lag sogar ein paar Tage in meinem Berliner Briefkasten. Die ›Spiegel‹-Redakteure Matthias Matussek und Volker Hage schlugen ein Treffen vor und baten um Bestätigung per Telefon.

Wir trafen uns im Palasthotel, meiner alten Arbeitsstätte. Volker Hage richtete mir die Grüße des Chefredakteurs aus, der meinen Essay unbedingt drucken wollte. Allerdings erst im Januar, im ersten Heft des Jahres 1994. Ich wollte wissen, welche großpolitischen Interessen einer früheren Veröffentlichung im Wege stünden, erfuhr dann aber, daß sich das Thema Zukunft in einem Jahresauftaktheft einfach mal gut mache. Und wegen des langen Vorlaufs könne man um so besser planen. – »Genau«, sagte Ninette, »man kann ja Edgar Reitz für eine Erwiderung anfragen.« – »Reitz nicht, aber Biller«, sagte Hage. Er ging mit dessen Münchner Nummer in die Telefonzentrale. Als er zurückkam, sagte er: »Ach ja, das Honorar. Sind dreitausend in Ordnung?« – Mir verschlug es die Sprache; dreitausend Westmark für ein paar Seiten Text. Und wie immer, wenn mir die Worte fehlten, sprang Ninette ein: »Aber das Geld muß vor Weihnachten kommen!« Wir mußten laut lachen. Ninette sagte etwas verlegen: »Das ist die Standardfloskel, die ich von meinen Künstlern ab Oktober zu hören kriege.« Und als Matussek sagte »Ich glaube eher, die Dame hat ganz genaue Vorstellungen, welches Jäckchen oder Kleidchen unterm Tannenbaum liegen soll«, wurde sie sogar etwas rot.

Die Telefonie hatte die Verbindung nach München, und Volker Hage wurde ans Telefon gerufen. Fünf Minuten später kam er zurück. Biller wollte nicht, obwohl ihm Hage sagte, dann Enzensberger anzufragen. Matussek schaute auf sein dunkelgrünes Handy, das die Form eines Beißknochens hatte, und rief: »Ich hab Netz!« Hage diktierte Enzensbergers Nummer, und Matussek sprang auf und sprach mit ihm, viel zu laut. Die ganze Hotelhalle, all meine ehemaligen Kollegen, hörten, wie Matussek versuchte, Enzensberger zu einer Entgegnung auf meinen unveröffentlichten Zukunfts-Essay zu bewegen. Nur als es ums Honorar ging, senkte er die Stimme – aber nicht genug. Das Angebot war immer noch deutlich vernehmbar – für meine ehemaligen Kollegen, für Hage, Ninette und mich.

Kurz darauf kam Matussek enttäuscht an unseren Tisch zurück. »Er machts nicht«, sagte er.

»Du sprichst ganz schön laut, Matthias«, sagte Hage. »Wir haben alles gehört!« Dann wandte er sich mit der Freundlichkeit eines guten Onkels an mich: »Sie kriegen dann auch fünftausend.« Und an Ninette: »*Vor* Weihnachten.« Ninette und ich sahen uns an, und wir dachten beide das gleiche: Was für ein tolles Leben müssen Schriftsteller im Westen haben, wenn Biller und Enzensberger einfach so auf fünftausend Mark verzichten können.

Das Essay erschien unter dem Titel ›Die breierne Zeit‹ tatsächlich in der ersten ›Spiegel‹-Ausgabe 1994. Nur einen Tag nach der Veröffentlichung kamen zwei Stasi-Männer zum Rektor und ließen mich aus der Vorlesung holen. An Biskys Blick merkte ich, daß er derartige Gespräche kannte und daß ich mich auf ihn verlassen konnte.

Die Männer taten so, als ob sie jeden Moment einen Haftbefehl aus der Tasche ziehen würden, und verlangten von Bisky meine sofortige Exmatrikulation, weil ich mich nach Paragraph 219, »Ungesetzliche Verbindungsaufnahme«, strafbar gemacht hätte und obendrein ein antisozialistisches Pamphlet im ›Spiegel‹ abdrucken ließ. – Das würde er gern mal lesen, sagte Bisky. Die Stasi-Leute legten ihm den ›Spiegel‹-Artikel hin, in dem die heißesten Passagen mit Kugelschreiber unterstrichen waren. Und nun machte Bisky etwas Geniales: Er las die entsprechenden Passagen laut vor, aber er las sie im Ulbricht-Tonfall, leicht sächsisch, leicht singend. Er las nicht mit offener parodistischer Intention, aber im Funktionärsduktus wirkten meine Sätze so harmlos, daß ich mich ihrer fast schon schämte. Als er geendet hatte, gab er dann auch den Text kopfschüttelnd zurück und sagte: »Also ich kann da nichts finden, Genossen.«

Die beiden Stasi-Leute gingen schließlich, ohne meine Exmatrikulation durchsetzen zu können, aber Bisky sagte mir, daß die Sache für mich nicht ausgestanden sein würde, denn das sei nur »die Babelsberger Dorfstasi« gewesen, die sich bald zu rechtfertigen habe (»Warum habt ihr nichts unternommen?«) und deshalb in Aktionismus verfalle. Aber die Suppe, die ich wirklich auszulöffeln habe, wird zwei Ebenen höher angerührt, so Bisky.

Neu an der Sache war für mich, daß sie mit Paragraphen kamen. Für mich war die DDR immer ein Staat, der weder Gesetze noch Paragraphen brauchte, sondern lediglich eine Art Willen. Das erlebte Ninette, die noch in der gleichen Woche ihre Arbeit verlor; das Kulturhaus wurde als »antisozialistische Brutstätte« »entlarvt«. Da es zu den Rathenower Optischen Werken (ROW) gehörte, wurde Ninette eine Stelle als Lageristin gegeben. (Ninette: »Sie haben mich ins Lager gesteckt.«) Aber sie empörte sich fast noch mehr über den neuen Leiter des Kulturhauses, »einen Singegruppen- und Volkstanz-Typen, der aus irgendeinem Erzgebirgskaff weggelobt wurde und gerade seine Stelle als fünftes Rad am Wagen in einem Berliner Jugendclub angetreten hatte«. Ninette arbeitete zwei Monate im Lager, aber weil ihr in der großen Kantine täglich von allen Seiten gesagt wurde, was für eine tolle Arbeit sie als Kulturhauschefin gemacht habe, und dadurch jede Mittagspause das Aroma einer politischen Demonstration bekam, wurde Ninette auf einen verlassenen Außenposten der ROW versetzt, ohne Mittagspausen in der Kantine. Daraufhin kündigte sie.

Und ich verlor mit dem Bungalow den Ort, an dem ich ungestört schreiben konnte. Die einst so fröhliche Frau Lappich erschien mit versteinerter Miene und verlangte, daß ich auszog. »Sie können sich ja denken, warum.« Ich zog zu Ninette, was bedeutete, daß ich, sofern kein Schnee lag, über eine Stunde mit dem Motorrad fahren mußte, um zur Filmhochschule zu kommen.

Ninette suchte uns nach ihrer Kündigung eine Wohnung in Potsdam – und hatte Glück. Ein Elektriker, der in den ROW bessere Verdienstmöglichkeiten sah, tauschte seine schöne Potsdamer Wohnung gegen Ninettes schöne Rathenower Wohnung. Aber der Wohnungstausch wurde von der Wohnraumverwaltung nicht genehmigt. Wir wußten natürlich, wer dahintersteckte. Ninette ermogelte sich schließlich eine winzige Wohnung, Hinterhaus, Parterre, Nordseite, undichte Fenster, Zigarettengestank in den Tapeten und selbstredend Ofenheizung. Wir nannten diese Wohnung nur das »Potsdamer Loch«. »Kein Ort für eine studierte Frau von dreiunddreißig Jahren«, sagte sie. Ich hatte noch immer meine kleine Wohnung in Berlin.

Vordergründig wurde mir der Titel meines Essays übelgenommen; die »breierne Zeit« klang sehr nach »bleierne

Zeit«, doch daß ich der DDR unterstellte, sie schmecke nach Nazideutschland, war an den Haaren herbeigezogen. Die eigentliche Botschaft meines Essays sickerte durch, trotz aller Bemühungen, sie zu verzerren. Zukunft sollte bitteschön wieder meinen, daß sie anders ist als das Jetzt. Über Zukunft zu sprechen bedeutete, über Veränderung zu sprechen. Da sich Veränderung vor Ort nicht einstellen wollte, setzten um so mehr Menschen auf Ortsveränderung – und stellten einen Ausreiseantrag. Die Vokabel »Zeitbrei« wurde oft von Ausreisewilligen benutzt; die meisten von ihnen wußten nicht, daß ich dieses Wort benutzte, um die DDR-Verhältnisse zu beschreiben.

Nun wurde ich aber auch im Westen bekannt; beim ersten Treffen mit meinem Fischer-Lektor, Jörg Bong, sagte der, daß nach meinem ›Spiegel‹-Essay vermutlich alle westdeutschen Oberstufen-Deutschlehrer in die Buchhandlungen gelaufen sind, um ›Wasserfarben‹ zu kaufen, in der Hoffnung auf harte DDR-Realität, die aber leichter lesbar wäre als ›Die wunderbaren Jahre‹. Mein Erstling war ein halbes Jahr zuvor bei S. Fischer erschienen, wobei die Aufmachung in ihrer Tristesse genial war: Ein Foto von einer Wandtafel, auf der mit Kreide Titel, Autor und Verlag geschrieben stand, daneben ein leeres Gurkenglas, in dem ein DDR-Papierfähnchen steckte. Die Gestaltung stammte von Frank Silberbach, einem Fotografen, der 1984 die DDR verlassen hatte. Ninette fragte, wie viele Oberstufen-Deutschlehrer es in der BRD gibt, und Jörg Bong sagte grinsend: »Vierzigtausend.« Um dann laut vorzurechnen: »Wenn nur ein Drittel von denen das Buch im Unterricht durchnimmt, bei einer Klassenstärke von 25 Schülern … Dann bist du um die Jahrtausendwende Auflagenmillionär!«

Jörg Bong ist der fröhlichste, heiterste Mensch, dem ich je im Verlagswesen begegnet bin. Das Tiefgründelnde, Zerrissene, Einsame, das mir bei jedem Büchermenschen immer irgendwo begegnet, hat er nicht. So wie ihn stellte ich mir immer einen Weinkritiker vor.

Natürlich war er nicht gekommen, um seine Kopfrechenkünste unter Beweis zu stellen. Davon, daß es mit ›Steil und Geil‹ ein weiteres Manuskript gibt, wußte er, wie auch davon, daß es in der DDR nicht erscheinen konnte. Von ›Helden wie wir‹ wußte er nichts. Als ich anfing, von diesem Manuskript zu erzählen, riß Ninette das Gespräch an sich und schilderte in einem Schwall von Begeisterung ihr Leseerlebnis. Ich merkte, und Jörg merkte es auch, wie ihr nach den jüngsten Erfahrungen mit der Stasi der Sinn nach Rache stand – in der Veröffentlichung dieses Buches. Jörg bat um ein Manuskript und wollte mir ›Die unerträgliche Leichtigkeit des Seins‹ schenken, das als Taschenbuch bei S. Fischer erschienen war – was ich aber unter Hinweis auf mein babylonisches Versprechen nicht annahm.

In der Woche nach Ostern kam Jörg Bong mit dem Cheflektor des Verlags, Uwe Wittstock. ›Helden wie wir‹ sollte in einer richtigen Hardcoverausgabe erscheinen. Und weil man von meinem Talent restlos überzeugt sei und mich gern langfristig an S. Fischer binden wollte, bot man mir einen Vertrag mit ... und dann nannte er eine unfaßlich hohe Summe.

Selbst Ninette war zu erschrocken, um etwas sagen zu können.

»Herr Brussig«, sagte Herr Wittstock, »wir zahlen diesen Betrag nicht nur nach kaufmännischen Gesichtspunkten. Ja, wir sind davon überzeugt, daß wir das Geld wieder reinholen. Aber wir glauben auch, daß Sie nach der Veröffentlichung nicht mehr lange in der DDR bleiben können. Man wird Ihnen die Hölle heiß machen.«

»Ich will nicht rüber«, sagte ich.

»Das sagen Sie heute. In einem Jahr sagen Sie vielleicht: Ich will nicht rüber, aber ich kann hier nicht bleiben. Das Geld kann ja auf einem Konto liegen, wo es keiner anrührt.«

Die Vorstellung von Geldbündeln, die einsam in einem Tresor liegen und nur darauf warten, daß ich komme, machte mich so traurig, daß ich fast losgeheult hätte. Denn mein Weggehen aus meinem Land schien plötzlich so selbstverständlich, daß man kein Wort mehr darüber verlieren mußte – und damit kam ich nicht klar.

Ninette wollte unbedingt, daß wir uns nach Westen orientieren. Sie habe keine Lust auf jahrelangen Psychokrieg mit der Stasi. »Komm«, sagte sie auf dem Heimweg, schlang beide Arme um meinen Hals und sah mir tief in die Augen. »Wenn du dieses DDR-Feeling so unbedingt zum Schreiben brauchst, dann pachte ich im Westen irgendwo ne schäbige Laube für dich und richte sie DDR-mäßig ein, mit Bahnheizkörper, Winzlingsdusche und einem Kühlschrank, der rostige Gitter hat und lärmt wie n Hubschrauber.«

Ninette wollte in den Westen, ich nicht. Sie verstand meine Gründe und ich ihre. Ich liebte sie, und sie liebte mich, aber wir wußten plötzlich nicht mehr, ob wir uns weiterhin für unzertrennlich halten durften.

Ich entschied, ›Helden wie wir‹ herausbringen zu lassen. Schon, um Ninette die Genugtuung zu verschaffen. Sie hatte das Buch zuerst gelesen, sie hatte angeregt, daß es doppelt so lang wurde wie ursprünglich geplant, sie hatte den Titel gefunden – und sie hatte schließlich auch berechtigtere Rachegelüste gegenüber der Stasi als ich. Also unterschrieb ich den Vertrag mit dem S. Fischer Verlag und sorgte dafür, daß irgendwo ein beträchtlicher Geldhaufen nutzlos herumlag und auf mich wartete. Das Buch sollte im Spätsommer 1995 mit der Widmung *Für Ninette* erscheinen.

Ninette versuchte oft, mich ausreisewillig zu stimmen. Angesichts der Wohnung, in der sie hausen mußte, versuchte ich erst gar nicht, sie zum Bleiben zu bewegen. Sie sagte, daß ich wegen dieses blöden babylonischen Versprechens nicht festgekettet bin. Was will ich denn in der DDR, wenn meine Bücher hier nicht zu den Lesern kommen und die Mehrheit meiner Leser bald im Westen ist? Und dieser Nervenkrieg, wie lange werde ich den aushalten? Sie erinnerte mich an einen Motorradunfall auf dem einsamsten Streckenstück meines Weges nach Rathenow, auf einer Ölspur bei Tempo 80. Ob es ein Warnschuß, ein Mordanschlag oder purer Zufall war, wußte ich nicht; das Dumme an solchen Situationen ist, daß man selbst dann, wenn einem der Bus vor der Nase wegfährt, irgendwann davon überzeugt ist, die Stasi steckt dahinter.

Ninette war eine kluge, entschlossene, aber auch umsichtige Beraterin. Und sie, die mir schon am Abend unseres Kennenlernens ihre Philosophie verraten hatte, wonach ab einem bestimmten Alter jeder Mensch die Summe seiner Entscheidungen ist, traf immer die richtigen Entscheidungen für mich. Dieses Mal sperrte ich mich, und das trieb sie zur Weißglut. »Wie kann jemand, der so zur Freiheit aufwiegelt, sich nur solche Fesseln anlegen?« Alles, was sie sagte, war richtig. Und doch wäre es falsch, daß ich ihr folge. Das zumindest sagte (und glaubte) der Hirni, der ich damals war.

Auf die Idee, daß sie noch ein letztes As im Ärmel hatte, ist der Hirni natürlich auch nicht gekommen.

Alle, die ich kenne, haben dein Buch gelesen
(1994–1995)

In der Volksbühne begegnete mir mal Christoph Hein. Wir kamen ins Gespräch, und er lud mich zu sich nach Hause ein. Ich erzählte ihm von meinen Stasi-Querelen. Er winkte ab. »Jeder ist mal dran, und jetzt bist du dran. Mich hatten sie auch mal ne Weile im Visier, aber glaub mir, irgendwann pegelt sich das ein. Die stelln dich auf die Probe.« Ob bei ihm auch ein Mordanschlag zum Auf-die-Probe-Stellen gehörte? »Bin nie Motorrad gefahren«, sagte er; im übrigen sei es völlig undurchsichtig, ob sich Stasi-Repressionen durch eigenes Verhalten beeinflussen lassen. »Stefan Heym hats an die große Glocke gehängt, und sie haben ihn in Ruhe gelassen. Stephan Krawczyk hats an die große Glocke gehängt, und sie haben ihn fertiggemacht. Christa Wolf hats still ertragen, und dann wars irgendwann vorbei. Was in diesem Reiz-Reaktions-Muster noch fehlt, ist ein Fall, daß jemand stillhält, und sie ihn trotzdem fertigmachen.« Na prima, dachte ich, der könnte dann ich sein.

Hein sagte: »Du solltest Heiner Müller kennenlernen. N paar Westmark hast du noch übrig vom ›Spiegel‹-Honorar? Dann geh mit ner Flasche Four Roses zu Müller. Der wohnt in nem Plattenbau am Tierpark. Den Four Roses gibts neuerdings im Intershop, angeblich sogar auf Müllers Wunsch. Bei dem, was ich dem Staat durch meine Tantiemen an Devisen bringe, soll Müller gesagt haben, können die den Intershop auch mit meinem Lieblingswhisky bestücken.«

Hein ging zum Telefon und wählte Müllers Nummer. »Heiner, hier Christoph. Bei mir sitzt der Thomas Brussig, der will mit dir auf seinen Vertrag mit Fischer anstoßen. Und von deinem reichhaltigen Erfahrungsschatz profitieren.«

Keine Woche später saß ich bei Heiner Müller, der die Flasche Whisky entgegengenommen hatte wie ein Butler den Regenschirm eines Besuchers. Das Gespräch begann unglücklich. »Wer ist denn dein Lektor bei Fischer?« fragte er, und als ich sagte »Jörg Bong«, erwiderte er »Kenn ich nicht.« Wollte mir Heiner Müller gleich mal als erstes sagen: Ich, der große Heiner Müller, kenne deinen Lektor nicht, also wird er wohl nicht wichtig sein, also wirst du nicht wichtig sein? Oder wollte er mir vielleicht doch nur sagen, daß er nicht mit dem üblichen Branchenklatsch dienen konnte? – Müller setzte sich in einen thronartigen Ledersessel, platzierte den Whisky und ein Whiskyglas auf einem Tablett neben sich, paffte Zigarre und redete. »Dein Buch quasselt mir zu viel. Gibt ja Leute, die halten dich für einen Erzähler. Vielleicht sogar du selbst. Ein Erzähler, der denkt erst mal nach, wie er seine Geschichte an den Mann bringt. Der führt ran oder baut um oder was weiß ich. Ich hab ja nie erzählt. – Aber du, du quasselst drauflos.« Er nahm einen Schluck Whisky. »Aber dann dachte ich, daß die Subversion deines Buches darin besteht, daß du dem allgegenwärtigen Zeitungs-, Radio- und Fernsehgequassel einfach dein eigenes Gequassel entgegensetzt. Du verweigerst dem Staat die Anerkennung seines Quassel-Monopols. Und als mir das klar war, konnte ich dich auch ernst nehmen.« Er war davon überzeugt, mit seiner Lesart den Nagel auf den Kopf getroffen zu haben. Irgendwann kamen wir auf die Stasi. Deswegen war ich ja gekommen. »Ein Riesenapparat. Kein Mensch weiß auch nur annähernd, wie viele dabei sind. Und irgendwie müssen die sich ja beschäftigen. Jetzt bist du bei denen aufm Radar. Ich glaube, die wissen nicht, was sie eigentlich wollen. Du wohnst in Mitte? Beim Biermann, der auch in Mitte wohnte, haben sie damals die Geschichte mit seinem Weib kaputtgemacht. In Gera wird immer gleich eingebuchtet. Das ist von Ort zu Ort verschieden. Schriftsteller wurden unter Honecker nie eingesperrt, zumindest nicht, wenn sie auf einem bestimmten Niveau geschrieben haben. Voltaire verhaftet man nicht. Wie das bei Krenz und dem neuen Stasi-Chef, dessen Namen ich immer vergesse, ist, weiß ich nicht. Aber sieh dich doch um. Polen hat seit fast fünf Jahren eine gewählte Regierung, Ungarn seit drei. Der RGW wird in zwei Jahren zerbrochen sein. Die Sowjetunion ist trotz des Sieges der Konservativen keine Hilfe, weil die für ihre Rohstoffe Weltmarktpreise will. In China probieren die neuerdings so was wie Kapitalismus unter Führung der Partei. Die Sozialismus-Blaupause von Lenin und Stalin kommt überall aus der Mode, früher oder später auch in der DDR. In zwei Monaten ist Bundestagswahl. Sieht ja nicht so aus, daß es der Schäuble schafft, aber wenn Lafontaine die Wahl verliert und einer ans Ruder kommt, der mal guckt, was denn so geht in der deutschen Frage, da hat die Stasi bald ganz andere Sorgen, als einen Jungschriftsteller zu piesacken.«

Er konnte stundenlang reden, und ich hätte ihm stundenlang zuhören können. Für ihn war es selbstverständlich, daß wir, egal ob wir es so empfinden, durch und durch politische Existenzen führen. Ein Bundeskanzler wird gewählt – und ein Jungschriftsteller wird fortan nicht mehr von der Stasi gepiesackt. Ich hatte den Verdacht, daß Heiner Müller die DDR insgeheim dafür verachtete, weil sie sich weigerte, für seine brachialen Geschichtsdramen einen ausreichend blutrünstigen Hintergrund abzugeben. Shakespeare hatte die Rosenkriege, Brecht die Nazis – und er? Versorgungsengpässe.

Lafontaine wurde wiedergewählt, und weil die Stasi keine ganz anderen Sorgen bekam, konnte sie weiter den Jungschriftsteller piesacken. Wie hatte Heiner Müller gesagt? Du wohnst in Mitte, und die dortige Stasi hatte Biermann »die Geschichte mit seinem Weib kaputtgemacht«. Daß Ninette ein Hauptgewinn war, konnte noch der blindeste Stasi-Depp sehen. Also Genossen aus Mitte, wie gehen wir da ran? Beginnen wir mit einfachen Mitteln, aus der Schule, fünfte, sechste Klasse. Zettelchen: Thomas geht heimlich mit Anja. Und dann muß Ninette den Zettel nur noch finden. Mal sehen, was passiert.

So etwa erklärte ich es Ninette, als die mir eines Tages mit wütenden Augen ein Zettelchen vorhielt, das sie in meiner Jackentasche gefunden hatte und »Wer ist Anja?« fragte. Auf dem Zettel stand *Ich hoffe, es bleibt nicht bei einem Mal – Anja*, und das Ganze war mit einem reizenden Herzchen versehen. Es gab mal eine Anja, kurz nach dem Erscheinen der ›Wasserfarben‹, als ich vor lauter Seligkeit tatsächlich durch einige Betten unterwegs war (und bei jener Anja blieb es bei einem Mal), aber der Zettel war nicht von damals, und er war nicht von ihr.

Wenn die Stasi also eine Menge tat, um mich auf Trab zu halten, war es nur logisch, daß ich mich weiterhin literarisch mit ihr beschäftigte. Als ich noch Kind war, erzählten mir mein Onkel und meine Tante väterlicherseits eine Geschichte, wonach in einem Kindergarten ihres Wohnortes Guben ein ausgemusterter Armeehubschrauber durch einen Fluchtwilligen in heimlichen Nachtschichten wieder flugtauglich gemacht worden war. Darüber, warum die Flucht letztlich scheiterte, gab es unterschiedliche Versionen. Eine Version gab verräterischen Ölgerüchen die Schuld, welche das Kindergarten-Personal mißtrauisch machte. Nach einer anderen Version sollte ein Baumpfleger, der, ohne vom Kindergarten oder der Stadt beauftragt worden zu sein, die Äste oberhalb des Hubschraubers beschnitt, der Anfang vom Ende gewesen sein. – Während meines Wehrdienstes hatte ich einen Thüringer auf der Bude, der etwas wichtigtuerisch erzählte, daß in seinem Dorf so ziemlich jeder Mann, der bei Kriegsende zwischen zwölf und fünfzehn war, irgendwelche Naziwaffen verbuddelt hätte, die von fliehenden Wehrmachtssoldaten in den Thüringer Wald geworfen und von den Dorfbengels gefunden und versteckt worden waren. – Auf einem Polterabend hatte ich erlebt, wie ein betrunkener, unsicherer junger Stasi-Mitarbeiter Annäherungsversuche bei Ninette startete, indem er sie als »Honeckers Fahrer« zu beeindrucken versuchte. Der Mann gehörte zu einer »Fahrbereitschaft«, welche die Bonzen herumkutschierte. Ninette spielte mit ihrem Galan Katz und Maus und fragte ihn über die Funktionärssiedlung in Wandlitz aus.

Aus Hubschrauber, Naziwaffen und Wandlitz sollte sich doch ein irrer Cocktail mixen lassen. Heiner Müllers Herablassung, ich sei gar kein Erzähler, weil sich ein wahrer Erzähler Gedanken um die Form und die Voraussetzung des Erzählens mache, nagte an mir. Und so schrieb ich dieses Buch teils als Tagebuch, teils als Polizeibericht, als Stasi-Akte, als Lokalzeitungsartikel, als BND- und KGB-Protokolle. Während ich anfangs noch dachte, das Schreiben des Tagebuchs mache mir am meisten Spaß, denn da ging es um das Prinzip, daß alles, was schiefgehen kann, letztlich auch schiefgeht, verliebte ich mich während des Schreibens immer mehr in die Bürokratensprache. Um noch mehr davon zu haben, vermengte ich die Geschichte mit einer sowjetischen Geheimdienstintrige: Eine Gruppe Fluchtwilliger wird vom KGB unterwandert und als Politbüro-Attentäter instrumentalisiert, wobei nach den KGB-Vorstellungen das Attentat freilich scheitern, das hochfliegende politische Selbstbewußtsein des Politbüros aber gedämpft werden soll.

Ninette meinte zu dieser Geschichte nur, daß mich jetzt die Filmhochschule »endgültig versaut« habe. Wie wollte ich aus so einer »Räuberpistole« ein »sprachlich durchgeglühtes«, originär literarisches Werk schaffen? Ich sagte, das ist was mit Verschwörungstheorie, dem neuesten Schrei aus den USA, Pynchon, Gaddis, DeLillo; der ganze Prenzlauer Berg habe sich von den französischen Poststrukturalisten ab- und den US-Verschwörungstheoretikern zugewandt. Doch Ninette sagte nur »Ach, du glaubst dir doch selbst nicht. Was ist denn *echt* an der Geschichte?«

Natürlich stellte sie genau die richtige Frage. Daß übereifrige sowjetische Geheimdienstler eine Intrige in Gang setzen, bei der ein stillgelegter Russenhubschrauber flottgemacht wird, um das Politbüro mit alten Naziwaffen zu beballern, war nicht echt. Die Romanfiguren vollbrachten Taten von einer Radikalität, die es nicht gab, weder bei mir noch bei anderen. Es ging schon damit los, daß die Attentäter »DDR-Bürger« sein sollten, ein Wort, das ich mit Bügelfalten und eckigen Bewegungen assoziierte, aber nicht mit kinoreifem Draufgängertum.

Als mir Ninette am 1. April von einem Ausreiseantrag erzählte, wollte ich dies für einen Aprilscherz halten. Doch ich kapierte schnell, daß es ernst gemeint war. Keine drei Wochen später hatte sie den Bescheid, wonach sie spätestens am 30. April 1995 um 24:00 Uhr die DDR verlassen haben mußte; am 1. Mai, dem Kampf- und Feiertag der Arbeiterklasse, sei sie unerwünscht.

Ninette hatte, nachdem sie ihre Ämter- und Behördengänge erledigt hatte, ihre Ausreise für den 30. April, 11 Uhr angesetzt. Ich hatte Marion Brasch von DT64 gebeten, zwischen zehn und halb elf ›Mademoiselle Ninette‹ von Soulful Dynamics zu spielen. Vor Jahren hatte sie, obwohl Musikredakteurin, anstelle eines kurzfristig stimmlosen Kollegen eines meiner raren Interviews übernommen. Es ging um eine Erzählung, die ich für das ›Temperamente‹-Sonderheft anläßlich des zehnten Todestages von Anna Seghers geschrieben hatte. Der Titel meiner Erzählung ›Die Tochter des Delegierten‹ wich nur um einen Buchstaben vom Titel des Seghersschen Kinderbuches ›Die Tochter der Delegierten‹ ab und erzählte von dem Moment, in dem eine junge Frau all ihren Mut zusammennimmt und in der Versammlung, als sie aus dem Kandidaten- in den Mitgliederstatus befördert werden soll, »Ich will nicht!« sagt. Ihr

Vater war ein strenger Genosse, der nur Partei und Arbeit kannte. In seinen jüngeren Jahren hatte er im Ausland seine Frau kennengelernt, eine Ungarin, die lebensfroh und leichten Sinnes war, und die von den Aufmerksamkeiten des strebsamen Deutschen beeindruckt war – und ihn heiratete. Doch mit den Jahren hielt sie die Sturheiten ihres Mannes immer weniger aus, die Ehe wurde geschieden, und die Tochter kam, wie in solchen Fällen üblich, zum Vater. Um dem nun zu beweisen, daß sie die große Sache nicht schlechter, sondern sogar noch besser als er vertreten konnte, aber auch, weil es von ihr erwartet wurde, wurde sie Kandidatin der Partei. Erst im letzten Moment zog sie die Reißleine – genau an dem Tag, als der XI. Parteitag eröffnet wurde, auf dem ihr Vater eine Rede halten sollte. – Marion Brasch hatte diese ganzen höhere-Genossentöchter-Konflikte auch erlebt, doch hier wurde nicht auf Blechkisten geklettert oder ein O-Ton abgefischt. Wir unterhielten uns, wie es zwei interessierte Menschen eben tun – und erst als das Aufnahmegerät klackte, weil das Band zu Ende war, fiel uns wieder ein, daß wir kein Gespräch, sondern ein Interview führen. Marion Brasch bat mich, meine letzten Sätze zu wiederholen – ich könne mir dann auch ein Lied wünschen; als Musikredakteurin sei sie so etwas wie eine musikalische Wunschfee.

Als ich sie wenige Tage vor Ninettes Ausreise anrief, erinnerte sie sich sofort und sagte mir zu, ›Mademoiselle Ninette‹ zu spielen. Ich war längst ein Ärgernis; sie riskierte mit derartigen Gefälligkeiten ihren Job. Daß meine Freundin Ninette hieß, hatte sich bis zu Marion Brasch rumgesprochen. »Ninette hat wohl Geburtstag?« fragte sie, und als ich darauf nur herumdruckste, sagte sie: »Es gibt noch

Romantiker unter den Männern«, wobei sie den Romantiker mit unüberhörbarer Ironie abschmeckte.

An unserem letzten Morgen, unserem letzten gemeinsamen Frühstück (Ninette mit ihrem Hang zum Dramatisieren nannte es »Henkersmahlzeit«) hatte ich Schrippen gekauft, aber wir bekamen keinen Bissen runter. Das Radio lief, wie immer, und als Marion Brasch ›Mademoiselle Ninette‹ ankündigte, strahlte ich Ninette an. Sie lächelte matt und sagte: »Ich hab auch ne Überraschung für dich.« Und was sie dann sagte, zog mir den Boden unter den Füßen weg.

Sie war schwanger.

Ninette hatte die Pille abgesetzt, und als sie wußte, daß sie schwanger ist, stellte sie den Ausreiseantrag. Da dem, wie sie erwartet hatte, sehr schnell stattgegeben wurde, war noch nicht zu sehen, daß sie schwanger war. Aber sie war es, und sie würde in einer Stunde das Land verlassen haben, mit unserem Kind in ihrem Bauch.

Wir hatten nie über Kinder gesprochen, doch die Aussicht, mit dieser wunderbaren Frau mal Kinder zu haben, war betörend. Ich würde Vater werden.

Weil Ninette spürte, daß *ein* Grund nicht ausreicht, ihr in den Westen zu folgen, gab sie mir einen zweiten Grund.

Mademoiselle Ninette,
No no, I've never had
A girl like you

klang es aus dem Radio. Was für eine kindische, jungsmäßige Überlegung von mir, zum Abschied unser Lied im Radio spielen zu lassen! Und was für eine Kaltblütigkeit von ihr: Pille absetzen, positiven Schwangerschaftstest abwarten, Ausreiseantrag stellen und am Tag der Ausreise mit der ganzen Wahrheit rausrücken.

Wir rumpelten mit der Straßenbahn 46 zur Friedrichstraße, vorbei an den Fahnen, die für den 1. Mai aufgezogen waren. Flieder und Forsythien blühten, und ich hatte einen Kloß im Hals. Wir fuhren vorbei an den Lücken, die auch sechzig Jahre nach den Bombardierungen des Weltkriegs geblieben waren, und Ninette sprach das aus, was sie für meinen Gedanken hielt: »Ich habe einen Eid geschworen.« Sie sagte auch bei der nächsten und übernächsten Lücke: »Ich habe einen Eid geschworen.« Und weil ich noch immer nichts erwiderte, sagte sie: »Alles kaputt, nur weil irgendeiner irgendwann mal einen dummen Eid geschworen hat.« Ich trug ihren Koffer bis zum Tränenpalast, wo wir uns mit einer langen Umarmung verabschiedeten. Dann nahm sie ihren Koffer und ging damit in ihr neues Leben.

Und ich? Setzte mich in eine kleine Kneipe unter der S-Bahn-Brücke, bestellte einen Tee und wußte, daß ich nach vorn blicken muß. Ein Leben ohne Ninette, wie sollte das gehen? Ohne sie war ich nur halb. Wem sollte ich was erzählen, wenn ich was zu erzählen hatte, wem sollte ich was zeigen, wenn ich was geschrieben hatte, wen sollte ich fragen, wenn ich mich über etwas wunderte?

In meiner Jacke fand ich das Zettelchen, auf dem die Nummer von Marion Brasch stand. Unmittelbar nach dem Ende ihrer Sendung, zu den Zwölf-Uhr-Nachrichten, rief ich sie von einer Telefonzelle aus an, um mich zu bedanken, aber vor allem, um mit irgend jemandem zu reden. »Ja, klar!« sagte sie, nachdem ich mich bedankte. »Ich spiel doch immer gern die musikalische Wunschfee. Aber was war denn der Anlaß, wenn ich mal so neugierig fragen darf? Heiratsantrag?« – »Ausreise«, sagte ich. Das Wort klang so brutal. »Ninette ist vor einer Stunde rüber.« Ich hörte am anderen Ende ein tiefes Seufzen. »Ach herrje.« – »Und sie hat mir, als das Lied lief, gesagt, daß sie schwanger ist.« – »Nee!« rief Marion Brasch. »Sag, daß es nicht wahr ist!« – »Ist aber wahr.«

Um mich auf andere Gedanken zu bringen, lud sie mich für denselben Abend zum Geburtstag einer Fotografin ein, deren Bilder ich aus dem ›Sonntag‹ kannte, aber ich hatte keine Lust, mich unter Menschen zu mischen. Schon gar nicht unter Künstler. Wer raucht die selbstgedrehtesten Zigaretten, wer verfügt über die parteiaustrittigste Vorgeschichte, wer hat die suhrkampigsten Westkontakte.

Als ich aus der Telefonzelle kam, sprach mich ein blondes Geschöpf mit großen Augen an, das zudem den von mir so geliebten tschechischen Akzent sprach, der gern die falsche Silbe betont und Konsonanten verdoppelt. Ich würde aussehen wie einer, der weiß, wo das Grab von Brecht ist. Weil ich sonst nichts vorhatte und den Akzent noch länger hören wollte, führte ich sie zum Grab von Brecht, und daraus wurde ein kleiner literarischer Spaziergang. Die Weidendammer Brücke mit Hinweisen auf den Preußischen Ikarus und Wolf Biermann, dann vorbei an einem Haus, in dem Christa Wolf wohnte, dann wieder Biermann in der Chausseestraße 131 … »Lauter Wölfe«, sagte Eva, und als ich die Friedrichstraße herunterschaute, versuchte ich mir eine leere Stadt vorzustellen, in der nur Wölfe durch die Straßenschluchten laufen. Wegen Brecht erzählte ich ihr auch, daß meine Oma aussah wie Helene Weigel; manche Autogrammjäger habe sie erst durch Zeigen des Personalausweises abwimmeln können. (»Oma, was wollte denn der Mann?« – »Der dachte, ich bin Helene Weigel.« – »Oma, wer ist denn Helene Weigel?« Und schon wirst du als Sechsjähriger in die Galaxie Brecht gebeamt.) Was Eva an dieser Geschichte bemerkenswert fand, war, daß ich meine Oma »Oma« nenne und nicht »Omma« oder »Großmutter«; sie habe sich schon gefragt, ob »Oma« zu den verbotenen Wörtern gehört. Und dann fragte sie mich, ob ich auch etwas über »moderne« Schriftsteller wisse, etwa über Thomas Brussig. Ich fragte sie, ob sie schon mal ein Foto von ihm gesehen habe, und als sie verneinte, sagte ich, »ich zeig dir eins« und holte meinen Ausweis hervor. »Du bist Thomas Brussig?« sagte sie, und ihre ohnehin schon großen Augen wurden noch größer. »Wenn ich in Prag erzähle, daß ich dich getroffen habe! Dein Buch ist Kult! Alle, die ich kenne, haben es gelesen, also die interessanten Leute!« Und während sie weiterredete, fast fassungslos vor Glück, mich getroffen zu haben, kam mir der Gedanke, daß ich aufhören sollte, immer nur dahin zu schauen, wo alle hinschauen. Meine Leser waren im Osten. Nie werde ich im Westen hören »Alle, die ich kenne, haben dein Buch gelesen.«

In Prag habe vor etwa einem Jahr ein Goethe-Institut geöffnet, erzählte Eva. Maxim Biller habe die erste Lesung bestritten; Prag ist ja seine Geburtsstadt. Sechshundert Zuhörer erlebten, wie Biller über die Allianz von Nazis, Sudetendeutschen und CSU wetterte, als sei er vom tschechischen Geheimdienst bezahlt. Das Goethe-Institut sei die wichtigste Adresse des Prager Kulturlebens, sagte Eva. Die werden dich bestimmt auch einladen, denn in Prag bist du ja nicht nur für dein Buch bekannt, sondern auch für dein Versprechen, ›Die unerträgliche Leichtigkeit des Seins‹ erst dann zu lesen, wenn man den Roman überall kaufen kann.

Meine Eltern besuchten bei ihrer nächsten Prag-Reise das

Goethe-Institut, wovon sie mir nach ihrer Rückkehr bei Kaffee und Kuchen erzählten. »Über eine Stunde mußten wir warten, um überhaupt reinzukommen – aber Schlange stehen sind wir ja gewohnt.« Es war »erstaunlich, wie viel junges Volk da stand«, sagte mein Vater, und mein Liebmütterlein: »Ich hab schon zu Vati gesagt, du, nicht, daß wir hier für die Disco anstehn, ohne es zu wissen.« Die Bibliothek hatte einen Lesesaal. »So vierzig, fünfzig Plätze, und alle besetzt. Vorn saß die Aufsicht, und die paßte auf wie ein Schießhund, daß keiner ein Buch klaut.« – »Erzähl doch nicht«, sagte mein Liebmütterlein. »Da war ganz groß ein Schild über dem Ausgang, daß alle Bücher elektronische Markierungen haben, die beim Rausgehen Alarm auslösen.«

»Und was habt ihr gelesen?« fragte ich.

»Ich wollte die Hitler-Biographie von Joachim Fest lesen, aber die hatte schon jemand anders«, sagte mein Vater. »Da hab ich dann die Stalin-Biographie von Isaac Deutscher genommen, die stand noch rum.«

»Ich wollte mal wissen, was das mit der ›Unerträglichen Leichtigkeit des Seins‹ ist«, sagte mein Liebmütterlein, »aber die stand auch nicht im Regal. Da fiel mir ›Don Camillo und Peppone‹ in die Hände.« Der Film gehört zu ihren Lieblingsfilmen. »Aber das Buch kannst du nicht lesen, wenn du den Film kennst. Ich hab dann ›Sonnenfinsternis‹ von Arthur Koestler angefangen, das war mir, ehrlich gesagt, zu düster, dann hab ich ›Pnin‹ von Nabokov genommen, was ja ganz lustig ist, aber harmlos. Warum das aufm Index steht, habe ich bis Seite 55 nicht begriffen.«

Neugierig darauf, von meinem Liebmütterlein zu erfahren, was ein Buch für den Index qualifiziert, fragte ich: »Und was passierte auf Seite 55?«

»Da verkündete die Aufsicht: Wir schließen in Kürze, bitte legen Sie die Bücher auf den bereitgestellten Wagen«, sagte mein Vater.

Als ich noch in dem Bungalow nahe der Filmhochschule wohnte, schrieb ich immer bis nach Mitternacht und fuhr dann zu Ninette. Jetzt arbeitete ich wieder in meiner Berliner Wohnung, und wenn ich nach Mitternacht meine Schreibtischlampe ausschaltete, konnte ich mir aussuchen, wohin ich fahre; ich schlief selten im eigenen Bett. Ja, ich wollte mir Ninette aus dem Hirn vögeln, und dafür waren die Voraussetzungen günstig, denn meine einzige Erzählung, ›Die Tochter des Delegierten‹, hatte mir einen festen Stamm von Liebhaberinnen verschafft, die alle aus demselben Holz geschnitzt waren. Alle waren aus der Partei ausgetreten oder aus ihr rausgeflogen, alle waren die Töchter von Super-Genossen, und erstaunlich viele von ihnen hatten tatsächlich ausländische, exotisch anmutende Mütter, die sich vom Vater scheiden ließen. Meist hatten sie auch glatte, dunkle Haare, und saßen auf einem Futon, mit angezogenen Beinen, die in einem langen, einteiligen Baumwollkleid verschwanden. Immer hatten sie einen Pott Tee auf den Knien. An den Wänden hingen Theater- und Kunstausstellungsplakate, und sie wollten denjenigen ins Bett bekommen, der etwas geschrieben hatte, das ihr Leben veränderte. Oder der einen wichtigen Moment in ihrem Leben so beschrieben hat, als hätte er es selbst erlebt.

Es waren immer wieder die gleichen Sätze, auf die sich die dunkelhaarigen Teetrinkerinnen bezogen, und sie konnten sie ganz oder teilweise auswendig: »Sie mußte nur den Mund aufmachen, und die Sätze, die wie von selbst herausflogen, waren richtige Sätze, und das machte ihr ein unbekanntes, ungeheuer leichtes Gefühl, weshalb sie lachen mußte. Daß sie, wenn sie nur all ihren Mut zusammennimmt, nichts weiter tun muß, sondern daß es dann von allein geht, hatte ihr niemand gesagt. Es fühlte sich an, als sei sie auf ein Geheimnis gestoßen. Vielleicht, weil so selten jemand mutig war.« Tatsächlich klang diese Erzählung gerade wegen ihrer Humorlosigkeit voll nach dem Sound der DDR-Literatur; ich hatte sie ja noch geschrieben, bevor ich, Ferry sei Dank, mit meinen komischen Talenten in Berührung kam. Dennoch erfuhr ich durch diese Zitiererei, wie sich ein Leser an einzelnen Sätzen festhält, wie er sich daraus ein Dach, ein Haus baut, wie er in einzelnen Sätzen wohnt. Literatur kann diese Art von Obdach spenden, und ich finde, das ist nicht wenig. Das ist sehr, sehr viel.

Diese zwanglose Form der Polygamie, die kein schlechtes Gewissen bereitet, ist etwas, das sich jeder Mann mal wünscht. Ich konnte jeden Abend zwischen der Orgasmussynchronisatorin, der Hüftschubkünstlerin, der Experimentierfreudigen und der Unersättlichen wählen. Wenn mich Pornos aufheizen sollten, fuhr ich zu Pornolady, die auf Funde im väterlichen Wäscheschrank zurückgriff, die sie samt des Videorecorders mitgenommen hatte.

Heute, vor der Kommode mit meinen Erinnerungen, stehen mir die Haare zu Berge. Rein äußerlich hatte ich nur Liebeskummer, aber zugleich erlebte ich eine Art innerer Verwahrlosung und Entwurzelung. Wenn der weg ist, für den du alles tust, dann bleibt das nicht ohne Folgen. Du bist nicht nur traurig, in dich gekehrt – du tust oder unterläßt Dinge, die bislang unvorstellbar für dich waren. Du schreibst auch anders: Mein Hubschrauber-Wandlitz-Attentats-Manuskript hatte nicht die Festigkeit und Mentalität eines Textes, der etwas zu sagen hat, sondern war die Kampfschrift von jemandem, der sich in einem Privatkrieg wähnte.

Die höhere Gemeinheit bei Ninette lag allerdings darin, daß ich den Staat nicht für unsere Trennung beschuldigen konnte. Ich ahnte, daß *ich* unsere Liebe auf dem Gewissen hatte. Ninette wollte unsere Liebe retten; ich hingegen wollte sie der DDR abtrotzen, zwei-gegen-den-Rest-der-Welt-mäßig. Als das nicht gelang, entstand anstatt produktiver Wut nur ein gewisser Selbsthaß (den ich mir allerdings nicht eingestand).

Als ich einberufen wurde und das erste Mal den seltsamen Befehl »Aufsitzen!« hörte, wieherte ich. Kein Vierteljahr später wurde vor angetretener Kompanie aus meinem Tagebuch vorgelesen, das dann einem Militärstaatsanwalt übergeben wurde. Und hier war es ähnlich: Ich habe der Stasi Streiche mit Wassereimern gespielt, und ihnen meine Texte im Tonfall Walter Ulbrichts vorlesen lassen – aber nun waren wir an einem Punkt, der nicht mehr lustig war.

Als der Sommer kam, erzählte ich den Mikrophonen in meiner Wohnung, daß ich für drei Wochen an die Ostsee fahren wolle – in Wirklichkeit verschanzte ich mich im Bungalow meiner Eltern, in Brieselang, im Gepäck alle bisherigen Manuskriptseiten von ›Wir fliegen auf Sicht‹ sowie ein HP Omnibook, ein Winzling von einem Computer, der gerade mal ein Kilo wog. Den hatte mir Jörg mitgebracht, zusammen mit dem Herbstkatalog des Fischer Verlags, in dem ›Helden wie wir‹ angekündigt wurde.

Das Motorrad versteckte ich auf dem Grundstück meiner Eltern unter einer Plane und schrieb die nächsten drei Wochen weiter an meinem wütenden Roman. In den weniger inspirierten Momenten arbeitete ich im Garten, weit weg von der Straße, oder ging zum Bäcker und in die Kaufhalle, immer mit Sonnenbrille. Ich lebte wie ein Illegaler. Nach drei Wochen tat ich alle Manuskriptseiten in einen Plastikcontainer, den ich in den Brunnenschacht warf, und schrieb ein paar Seiten einer äußerst bemühten Ost-West-Geschichte: Zwillinge, die als Säuglinge in den Kriegswirren getrennt wurden, finden nach Jahrzehnten zueinander und tauschen ihre Identität – wobei der DDR-Zwilling nach einigen Wochen im Westen erkennt, daß er das bessere Leben aufgegeben hat. Ich schluderte zehn, zwölf Seiten hin, fuhr zurück nach Berlin und erzählte meinem Bruder, aber eigentlich den Stasi-Mikrophonen, ich hätte an der Ostsee ein neues Buch begonnen, mit dem nämlichen Inhalt. Drei Wochen später brach die Stasi in die Wohnung ein und stahl das Manuskript, das sie für die Arbeit der drei Wochen meines Verschwindens hielt. Alsdann jammerte ich meinen Besuchern, aber eigentlich den Stasi-Mikrophonen vor, daß ich ja nie ein staatstreuer Schriftsteller werden kann, wenn mir meine staatstreuen Manuskripte durch die Stasi gestohlen werden. Daraufhin kam das Manuskript zurück; da ich von einem weiteren Einbruch allerdings nichts bemerkte, hatte es wohl ein Zuträger deponiert; das Manuskript lag unterm Wäschekorb. Was für ein Geheimdienst! dachte ich. Wenn ich nicht schon längst über euch geschrieben hätte, müßte ich es jetzt tun.

Als Schriftsteller kommst du kaum noch zum Schreiben

(1995–1996)

Ich glaube nicht, daß berühmte Menschen deshalb berühmt sind, weil andere sagen, sie seien berühmt. Sondern weil sie tatsächlich etwas »Besonderes« haben, weil sie etwas sagen oder tun, das im Gedächtnis haftenbleibt. Mir blieb Heiner Müllers Stocken im Gedächtnis, nachdem er sagte, daß die Stasi ein Riesenapparat sei und kein Mensch auch nur annähernd wisse, wie viele dabei sind. Er wirkte auf mich, als grübelte er kurz, wie es sich herausfinden ließe.

Dieser Moment ging mir nicht aus dem Kopf, und er brachte mich schließlich auf die Idee, Zahlen in die Welt zu setzen und damit das Geheimniskrämerische mancher Statistiken einfach platzen zu lassen. Je verrückter die Zahl, desto eher wird sie geglaubt. Ich taufte diese Methode »Guerilla-Statistik«, wobei ich immer bekannte Zahlen mit einer geheimgehaltenen Zahl in Beziehung brachte. So entnahm ich dem Statistischen Jahrbuch der DDR, daß es im Jahr 1992 ca. 174000 Lehrer gab. Ich stellte mich vor das Volksbildungsministerium und zählte die Fenster. Es waren 252. Ein jedes Fenster stand demnach für etwa 690 Lehrer. Dann fuhr ich zum Staatssicherheitsministerium, um auch die dortigen Fenster zu zählen. Es waren 731. Wenn auch hier jedes Fenster etwa 690 Beschäftigte repräsentiert, kommt man auf über eine halbe Million Stasi-Mitarbeiter. Diese Zahl nannte ich immer wieder. Ich sprach nie von »einem Stasi« oder »einem Stasi-Mann«, sondern immer von »einem der über fünfhunderttausend Stasi-Mitarbeiter«. Und weil ich diese Zahl mit großer Selbstverständlichkeit aussprach, aber auch, weil es sonst keine gab, sickerte meine Zahl allmählich ins allgemeine Bewußtsein. Ich setzte immer wieder neue Zahlen in die Welt, egal ob es sich um Selbstmorde, Parteiaustritte, AIDS-Infektionen, politische Gefangene oder ärztliche Kunstfehler mit Todesfolge handelte.

Oft diskutierte ich mit meinem Bruder Stefan, wie sich die unter Verschluß gehaltenen Zahlen knacken ließen; in meinem Beisein verwandelte er sich vom Informatiker zum Desinformatiker.

Seinen Karriereknick verdankte er allerdings einer Episode, die wir an einem Sonntagabend erlebten. Wir kamen aus seinem Haus in der Gleimstraße, gegenüber eines Seitenausgangs des Kino Collosseum, und sahen einen bestimmt einsneunzig großen, dicken Mann, der sich an eine Laterne klammerte. Als wir uns näherten, war kein Schnaps zu riechen. »Brauchen Sie Hilfe?« fragte Stefan, und der Mann stieß ein »Bitte!« hervor. Ehe wir überlegen konnten, von welcher Telefonzelle aus sich ein Notarzt rufen ließ, sah ich ein Taxi auf der Schönhauser Allee, das Stefan anhielt. Das war sein erster Fehler. Zu dritt bugsierten wir den Mann auf die Rückbank; Stefan und ich zwängten uns neben ihn. »Charité, Notaufnahme«, sagte Stefan. Das war sein zweiter Fehler. Der große dicke Mann schwitzte, stöhnte matt und konnte nicht sprechen. »Herzinfarkt?« fragte mich Stefan, und ich dachte ähnlich. Wir saßen schweigend in dem Taxi, fuhren durch das nächtliche Berlin und hofften, daß sich der Zustand des Mannes bessert. Als wir an einer roten Ampel hielten, bemerkten wir, daß er nicht mehr stöhnte. »Vielleicht hat er Tabletten dabei«, sagte Stefan. – »Dürfen wir Sie mal durchsuchen, nach Medikamenten oder so?« sprach ich den Mann an, doch er antwortete nicht. Stefan und ich wußten in dem Moment nicht, ob er überhaupt noch lebt.

Mein Bruder hat eine seltsame, fast heilige Scheu vor dem Tod, deshalb weigerte er sich, dem Mann in die Taschen zu fassen. Mit den Worten »Um manche Dinge kommt man als älterer Bruder eben nicht herum« übernahm ich es, und zog beim Griff in seine Innentasche einen Klappfix hervor, einen an einer Kordel befestigten Dienstausweis der Stasi. Ich zeigte ihn wortlos meinem Bruder; er meinte hinterher, daß er trotz der Dunkelheit lesen konnte, daß es sich um einen Oberst Harald Wunderlich handelte. Da wir unseren Fund schweigend behandelten, waren wir uns nicht sicher, ob der Taxifahrer etwas davon bemerkte.

In der Charité verschwand die Trage mit dem Oberst sehr schnell in den Innereien der Notaufnahme. Mein Bruder und ich mußten unsere Personalien hinterlassen. Der Taxifahrer wartete, bis er sein Geld bekam. »Daß ich mal Geld bezahle, um einem Stasi-Oberst das Leben zu retten, hätte ich nicht gedacht«, sagte ich, als wir die Charité verließen.

Im Märchen und in alten Zeiten war es so, daß jemand, der seinem König das Leben rettete, einen Wunsch frei hatte. Es waren wohl Vorstellungen wie diese, die meinen

Bruder dazu bewogen, zwei Tage später in der Charité nach dem Patienten zu fragen, der am Sonntagabend von ihm und mir gebracht wurde. Statt einer Antwort oder gar einer Besuchserlaubnis bekam er (und einen Tag darauf auch ich) eine Vorladung zur Staatssicherheit. Vermutlich war der Stasi-Oberst verstorben, und nun wurde untersucht, ob das nicht ein halber Mord war. Warum wir keinen Krankenwagen gerufen haben. Warum wir nicht zur Rettungsstelle in der Marienburger Straße gefahren sind, die nur halb so weit entfernt war wie die Charité. Warum wir dem Taxifahrer nicht sagten Zur nächsten Notaufnahme, bitte! Warum wir nicht ins besser ausgestattete Regierungskrankenhaus gefahren sind, das nur unwesentlich weiter war als die Charité, warum wir also, mit anderen Worten, vorsätzlich zur weiter entfernten Rettungsstelle fuhren, ohne den »Exzellenzgewinn« einzustreichen. Was wir über den Fahrgast wußten. Ob und was er zu uns gesagt hat. Was wir in seinem Portemonnaie gefunden hätten. (Der Taxifahrer, der längst aufgespürt worden war, hatte berichtet, daß ich den Fahrgast durchsucht hätte.) Warum wir überhaupt seine Taschen durchsuchten, obwohl er uns seine Einwilligung dazu nicht gegeben hatte. Was meine Bemerkung beim Verlassen der Charité bedeutete (auch davon hatte der Taxifahrer also berichtet). Und so weiter.

Keine Woche später erfuhr Stefan von der Kaderleitung der Sektion Informatik, wo er gerade in der Diplomphase steckte, daß gegen ihn wegen »unterlassener Hilfeleistung in besonders schwerem Fall« ermittelt werde, und daß er deswegen für die Assistentenstelle, die er wenige Monate später hätte antreten sollen, aussortiert wurde. Er, der so stolz darauf war, daß er als erster Nicht-Genosse in der

DDR-Informatik zur Aspirantur zugelassen wird, konnte sich seinen Traum abschminken, wegen eines Deliktes, das es nach den Gesetzen der DDR gar nicht gab. Das Verfahren wurde zwar eingestellt, aber der Schaden an Stefans akademischer Laufbahn war nicht mehr zu beheben. Er wurde in die Produktion gesteckt; er saß hinterm Ostbahnhof in einem Backsteingebäude mit Rußglasur als Güterverkehrslogistiker. Und wann immer in seiner Gegenwart der Ruf »Gibt es hier einen Arzt?« erscholl, seufzte er: »Nee, nicht mal einen Doktor.«

Stefan hatte die Angewohnheit, bei Familienfeiern immer eine Luftgitarren-Nummer hinzulegen, was insofern ein totaler Kulturbruch war, da diese Familienfeiern mit Gedichten, Sketchen und anderen Darbietungen garniert waren, die allesamt von einer Steifheit und Holprigkeit waren, die fassungslos machte. Zum 60. Geburtstag unseres Vaters gab er eine Nummer zu Philip Boas ›Albert is a headbanger‹. Ich hatte ihn lange nicht mehr Luftgitarre spielen sehen und wußte nur, daß er so »ein, zwei Stunden täglich« übte. Aber auf dem Geburtstag begriff ich, daß das, was er ein, zwei Stunden täglich tat, nicht »üben« war, sondern sein Weg, den ganzen Mist abzuschütteln und sich abzureagieren. Stefan war im Gegensatz zu mir immer gutgelaunt, entspannt, ausgeglichen. Und nicht nur das. Denn als ich Stefan sah, wie er sich von der Musik schütteln ließ, wie er sich zusammenkrampfte und wieder löste, wie er sich wand und zuckte wie ein offenes Herz, da sah ich, daß er frei ist.

An einem Septembertag stand Jörg Bong vor meiner Tür. Freudestrahlend erzählte er mir, daß der Start von ›Helden wie wir‹ phantastisch sei. »Endlich etwas, mit dem wir über den ganzen Scheiß lachen können«, hieß es in der Szene der Übergesiedelten. »Das Beste aber ist …« Und mit diesen Worten zog er einen neuen ›Spiegel‹ aus der Tasche und zeigte mir eine dreiseitige Rezension von Maxim Biller. Der hatte kürzlich erst den Büchner-Preis bekommen. Aber seine Rezension war ein Verriß, und zwar ein gnadenloser (es gibt auch gnädige Verrisse). »Im Herzen Europas stinkt und schimmelt ein Staat vor sich hin, die DDR. Sie ist einfach nur peinlich, und das Peinlichste an ihr ist, daß es sie überhaupt noch gibt. Kein Volksaufstand, keine Revolte, keine Palast- oder sonstige Revolution macht ihr ein Ende. Warum das so ist und noch eine Weile so bleiben wird, begreift jeder, der sich mit ihrer Literatur befaßt. Ob Brecht oder Anna Seghers, Biermann oder Christa Wolf, Heiner Müller oder Volker Braun, immer geht es darum, dem Kommunismus den Kommunismus durch Kommunismus auszutreiben.

Die neueste Lusche der DDR-Literatur heißt Thomas Brussig. Wer sich erhofft, daß drüben endlich einer ausspricht, daß die DDR kein Produkt sowjetischer Panzer ist, sondern ein Biotop, in dem Altnazis, Mitläufer und deren Kinder willig in der moralischen Geiselhaft kommunistischer Machthaber stillhalten, der kann gleich die Finger von Brussigs Roman lassen. Die gute Nachricht allerdings ist, daß Brussig wenigstens auch sonst nicht allzu viel nachdenkt, was nach DDR-Maßstäben heißt, daß er nie Hegel zitiert. Der strenge, karge Sound der DDR-Literatur, der dafür sorgt, daß ich nach Mitternacht nie mehr als eine Seite schaffe – hier erklingt er mal nicht, und ich wäre dem Autor beinahe dankbar dafür, wenn er doch wenigstens schreiben könnte. Aber daß er es nicht kann, zeigt Brussig dreihundertdreißig Seiten lang, obwohl wir es schon nach fünfen begriffen haben.«

Ich verstand nicht, wie Jörg dazu kam, mir dies freudestrahlend zu präsentieren. Irgendwie ähnelte er darin meiner Aufbau-Lektorin Lore Reimann, die den ›Wasserfarben‹-Verriß bejubelte, weil er sich über drei Spalten erstreckte. Jörg meinte aufmunternd: »Das ist Biller! Unser scharfzüngigster, leidenschaftlichster Schriftsteller! Lieber von dem verrissen als von Simmel gepriesen!«

Jörg fragte mich, wie es mit Interviews sei; für die Buchmesse rechne er mit einigen Fernsehbeiträgen zu meinem Buch, und alle würden mich gern interviewen wollen. Ich erzählte ihm meine Blechkisten- und O-Ton-Abgreif-Erfahrung und sagte, daß ich keine Lust auf diesen Zirkus habe, und er sagte etwas, das mir zu denken gab: Daß es, aus der Nähe betrachtet, unmögliche Auftritte der Journalisten gewesen sind, daß ich aber meine »Prominenz« (er verwendete wirklich dieses Wort) meinem Dreifach-Versprechen und der Erwähnung in den ›Tagesthemen‹ verdanke. Nicht alles, was schlecht ist, ist dazu da, um dir zu schaden. Erst als ich ihm sagte, daß mir die Vorstellung unbehaglich ist, daß ein einmal in die Welt gesetztes Wort mich auf immer blamiert (während ich ja beim Schreiben alles hundertmal durchdenken und streichen kann), verstand er meine Interview-Abneigung als Ausdruck meiner »Integrität«; er verwendete tatsächlich dieses Wort, auch, als er den interessierten Journalisten absagte. Zwei Wochen später sah ich in einem Buchmessen-Beitrag über die DDR-Literatur mein Foto, garniert mit dem Halbsatz: »Auch Thomas Brussig, dessen Integrität ohne Zweifel ist ...« Mann, dachte ich, was für ein Leben: Ich bin jede Nacht in einem andern Bett, bringe falsche Zahlen in Umlauf, beantworte die Briefe meiner Leser nicht, schwänze das Studium – aber meine Integrität ist ohne Zweifel.

Das blonde Geschöpf mit dem tschechischen Akzent hatte recht: Am Prager Goethe-Institut sollte eine Lesung stattfinden. Zweitausend Besucher wurden erwartet, was ein Problem war, denn schon bei 600 Besuchern platzte der Saal aus allen Nähten. Die Veranstaltung wurde per Aushang angekündigt, den Rest erledigte der Buschfunk.

Mehrere Fernsehteams wollten mich auf der Reise von Berlin nach Prag begleiten, und die gesamte Chefetage des Goethe-Instituts war aus München im Anmarsch. Alle erwarteten etwas in der Art des Kölner Konzerts von Wolf Biermann, und damit es dazu nicht kommt, sollte die menschgewordene Beschwichtigung moderieren – Günter Gaus. War mir recht. Seit dem legendären Abend im Babylon wußte ich von mir, daß meine Sicherungen schon mal durchbrennen, wenn ich die Blicke vieler auf mir spüre.

Bereits einen Tag vor der Veranstaltung fuhr ich los – wurde aber in Bad Schandau bei der Paßkontrolle aus dem Zug geholt. Ich sei im Begriff, eine strafbare Handlung zu begehen, und werde durch Gewahrsam daran gehindert, erklärte mir ein Schandauer Stasi-Beamter, der die irritierende Angewohnheit hatte, jedesmal, wenn er etwas gesagt hatte, wie ein Stroboskop zu blinzeln. Selbst in der BRD sei »Unterbindungsgewahrsam« üblich, sagte er – und blinzelte. Sei die Gefahr einer unmittelbaren Gesetzesverletzung gebannt, käme ich wieder frei. Ein Anruf wurde mir nicht erlaubt; ich kam in eine Einzelzelle.

Immer hübsch einen großen Bogen um den Knast machen stand seit jener Tagebuch-Episode, die immerhin elf Jahre zurücklag, auf meiner Liste ganz oben. Nun fiel trotzdem eine Zellentür hinter mir zu, was tatsächlich so dramatisch und unverwechselbar klang, wie ich es mir immer vorgestellt hatte. Noch größeren Eindruck machte allerdings die Stille in den Sekunden und Stunden danach.

Nach drei Tagen kam ich wieder raus. Inzwischen hatte es einen Kälteeinbruch gegeben, für den ich nicht gewappnet war. Ich wollte wieder nach Berlin, doch mein Zug hatte Verspätung, weil der Zoll alle Prag-Touristen filzte. Als er eineinhalb Stunden später endlich kam, wurde ich schon beim Einsteigen erkannt. Ein Junge und seine Freundin winkten mich zu sich und erzählten mir, was in Prag geschehen war. »Es hatte sich rumgesprochen, daß du? – Sie? ausm Zug geholt wurdest, aber trotzdem war der Saal voll, und irgendwas mußte passieren«, sagte die Freundin. »Da ging einer auf die Bühne, die ersten johlten schon, weil sie ihn kannten – ich kannte ihn nicht – und er sagte: ›Ich bin der Steimle, Schauspieler und Kabarettist, und ich lese jetzt etwas, wenn der Herr Gaus nichts dagegen hat.‹ Leider mußte er über den Text andauernd lachen. Dann kam noch ein Schauspieler auf die Bühne …« – »Leander Haußmann«, sagte die Freundin schnell, »… und der nahm dem Steimle einfach das Buch weg und machte weiter.« – »Was aber auch nicht so toll war, weil Haußmann alle naselang absetzte und ne Geschichte erzählte, daß ihm schon mal so was Ähnliches passiert ist.«

Zum Abschied fragten sie mich, ob ich ein Buch für sie hätte. Als ich sagte, daß nach meinen Informationen Bücher bereitgelegen haben sollten, sagten sie trocken: »Keine Chance.«

Genaueres erzählte mir Jörg bei späterer Gelegenheit. Der Fischer Verlag hatte fünfhundert Bücher nach Prag geschafft, die zum Selbstkostenpreis mal Schwarzmarktkurs, also für einhundert Mark, an DDR-Leser verkauft werden sollten. Jörg sagte, ihm sei ganz anders geworden; es sei ein Wunder, daß am Bücherstand niemand erdrückt wurde. Er zeigte mir Danach-Fotos: Der Stand war ein einziger Trümmerhaufen aus zerbrochenen Latten und abgerissener Markise, der Fußboden war von Scherben und Müll übersät. Etwa zwanzig Exemplare ließen sich verkaufen, der Rest wurde, wie Jörg sagte, »weggeschwemmt«.

Den Großteil dieser Bücher beschlagnahmte aber der DDR-Zoll bei der Wiedereinreise; bei meiner Entlassung wurde ich wie zufällig durch einen Raum geführt, in dem sich auf einer Holzpalette schätzungsweise mehrere hundert Exemplare von ›Helden wie wir‹ stapelten.

Ich stieg schon in Dresden wieder aus dem Zug, um meine Eltern anzurufen; schließlich war ich drei Tage lang verschollen. Außerdem wollte ich mich bei Uwe Steimle bedanken, der jetzt Schwierigkeiten bekommen würde, die eigentlich mir galten.

In der ›Herkuleskeule‹, zu dessen Ensemble Uwe Steimle gehörte, war der Pförtner so zugeknöpft und die Dramaturgin so aufgeregt, daß ich sofort verstand, daß die Stasi schon im Hause war. Von einem Kabarettkollegen bekam ich die Adresse Steimles – und fuhr hin. Ich traf aber nur seine Frau an, Silvia, eine Bibliothekarin. Ob ich »ä Gäffschn« wolle. Richtig, ich war ja in Dresden. Sie platzierte mich auf die Couch, gegenüber der Schrankwand und erzählte, Uwe sei »zur Klärung eines Sachverhalts« vor drei Stunden abgeholt worden, aber sie mache sich keine

Sorgen, denn am Abend habe er Vorstellung, und wenn die ausfällt, würde sich die Kunde von seiner Verhaftung in Windeseile herumsprechen. »Zucker?« Uwe wollte unbedingt zu der Lesung nach Prag, schon im letzten Herbst hätte er einen Fernsehbeitrag über mein Buch gesehen, und da wurden zwei Sätze draus vorgelesen – und die hatten es ihm so angetan, daß er auch den Rest lesen wollte. »Milch?« – Moment mal, Fernsehbeitrag, Dresden – seid ihr hier nicht das Tal der Ahnungslosen? – Schon, aber da war Uwe auf Tournee. Und in Prag, daß er da gelesen hat, ach, das macht er ja gerne, nur daß der Leander Haußmann dann aus einer Brussig-Lesung ein Haußmann-Plauderstündchen gemacht habe, dafür waren die Leute ja nicht gekommen. Zu diesen Worten drehte sich ein Schlüssel im Türschloß, und Uwe Steimle stand im Raum. »Ach, wir haben einen Staatsfeind zu Gast!« rief er und breitete die Arme aus, nicht im Mindesten überrascht, mich zu sehen. »Was hastn denen gesagt?« fragte Silvia ängstlich, und er sagte: »Nur die Wahrheit! Immer nur die Wahrheit! Daß es keinen Plan gab, den Text zu lesen, daß ich das Buch weder kenne noch besitze, daß *wir* uns nicht kennen. – Zwei Stunden immer nur das gleiche, ich kann meine Stimme gar nicht mehr hören!« Dann sprach er verärgert über Leander Haußmann, der aus der Brussig-Lesung ein Haußmann-Plauderstündchen gemacht hatte. Aha, dachte ich, Familie Steimle verfügt über eine einheitliche Sprachregelung.

Am nächsten Tag fuhr ich nach Friedrichshagen, um mich auch bei Leander Haußmann zu bedanken. Er lagerte auf einem ultrabequemen Sofa, das mit violettem Samt bezogen war, und trank Bier, vormittags um elf. Nachher wollte er noch zum Arzt, um sich krankschreiben zu lassen.

Er habe eigentlich gar nicht nach Prag gewollt, sondern seine Frau, und dann der Steimle, der sich für einen Schauspieler so gar nicht in der Gewalt hatte, das war ja nicht zum Anhören! Da ist er eben nach oben und hat selbst weitergemacht. Ausreiseantrag habe er schon längst gestellt, aber die lassen ihn nicht raus, also hat er die Gelegenheit genutzt, vor sechshundert Leuten seine Stasi-Stories loszuwerden. Mein Honorar habe er sich übrigens auch eingestrichen – und falls ich deshalb gekommen sei, also mehr als fifty-fifty ist nicht drin. Dreimal habe er lesen müssen, erst kurz vor Mitternacht war alles vorbei. Wenigstens hat er den Gaus noch zu fassen gekriegt und ihm von seinem Ausreiseantrag erzählt; wenn das jetzt etwas schneller geht, hat sich die Prag-Reise richtig gelohnt.

Er sagte auch, daß die Goethe-Leute ständig getuschelt und mit München telefoniert hätten. Am ersten Abend hieß es in den Nachrichten, daß ich nicht am Goethe-Institut angekommen sei, am zweiten Abend galt ich als verschwunden, und am dritten Tag klangen die Berichte beunruhigend, um nach meiner Freilassung nahtlos in eine Diskussion überzugehen, wie ein Staat in Mitteleuropa einen Menschen drei Tage lang verschwinden lassen kann.

Worauf sich wieder schnell ein schützendes Händchen für mich fand. So war mein erster westdeutscher Literaturpreis, der Förderpreis des Bremer Literaturpreises, wohl gedacht.

Die Bremer Kulturdezernentin, eine Sozialdemokratin, fuhr nach Berlin, um die Modalitäten mit mir durchzusprechen. Aufgrund meines babylonischen Versprechens war es mir nicht möglich, den Preis persönlich entgegenzunehmen. Ich mußte der Kulturdezernentin ausreden, aus meinem Fernbleiben eine große Show zu machen, zum Beispiel mit einem demonstrativ leeren Stuhl auf der Bühne. Dann aber hatte sie die Idee, mir den Preis in Berlin zu verleihen, an einem Ort meiner Wahl. Ich war sofort Feuer und Flamme; ich wollte ihr einen Rahmen bieten, bei dem Sozialdemokraten nur so mit der Zunge schnalzen. Die Bremer Abordnung würde etwa 25 Leute umfassen, ich könnte ungefähr noch mal so viele Leute dazuholen.

Ich entschied mich für das Keglerheim in der Lychener Straße, denn SPD und Keglerheim, das paßt wie Arsch auf Eimer. Auch das dreigängige Menü aus einem Heringssalat, aus Sauerbraten mit Thüringer Klößen und Bienenstich zum Kaffee hatte sozialdemokratischen Zuschnitt. Hoffentlich trinken sie nicht so viel Bier, sonst stehen sie am Ende auf und singen die ›Internationale‹.

Am 15. März 1996, dem Tag, an dem ich den Preis bekommen sollte, taute es. Die Straßen waren voller Schneematsch. Die Frage »Was ziehst du an?« beantwortete sich dadurch von allein: Ohne Stiefel ging gar nichts. Daß ich in Jeans und Pullover gehen würde, war mir sowieso klar; ich besaß nicht mal einen Anzug.

Die Bremer kamen in Grüppchen von vier bis sechs Leuten. Sie waren wie aus dem Ei gepellt und dufteten, und obendrein sahen sie alle unverschämt gesund aus. Die paar Meter vom Taxi zum Eingang des Keglerheims schritten sie daher, den Schneematsch würdig ignorierend. Ich hatte Sozialdemokraten erwartet, rote Westover über karierten Hemden – aber meine Erinnerung gibt nur Bilder von gutgekleideten, gebräunten, wohlfrisierten und in Pelz oder Loden gekleideten Menschen her.

Als sich drinnen beim ersten Händeschütteln um meine

Stiefel eine Pfütze bildete und ein Jurymitglied meine Verlegenheit bemerkte, munterte er mich auf: Da ich die Hauptperson des Abends sei, dürfe ich der am schlechtesten angezogene Mensch der Runde sein; zumal ich durch meine schlichte Garderobe alle von der Angst befreie, sich womöglich nicht genügend in Schale geworfen zu haben.

Reden und Essen wechselten sich ab, und als ich vor dem Bienenstich zu meiner Dankrede ansetzte, brach auf der Straße ein unglaublicher Lärm los. Das Fenster wurde aufgestoßen, und ich sah vier Musiker, mit Trompete, Pauke, E-Gitarre und Saxophon. Lutz Kerschowski, den ich eingeladen hatte, rief durchs Fenster: »Hier sind die Bremer Stadtmusikanten. Wir haben gehört, daß der Räuberhauptmann Brussig« – und lachend zeigte er auf meine Stiefel, in denen die Jeans steckten – »hier ein Gelage gibt!« Dann kam er mit seiner Band rein, rief »Dieses Jahr kein Streichquartett!« und rockte los, daß uns die Bienenstich-Krümel nur so um die Ohren flogen. Apropos, Bienenstich: Der mitteilsame Herr aus der Jury zeigte begeistert auf seinen Kuchen und rief mir zu: »So einen Kuchen habe ich im Westen seit zwanzig Jahren nicht mehr gekriegt!« Worauf seine Nachbarin mißmutig ihr Glas wegschob: »So einen Wein aber auch nicht.«

Kerschowski rief: »Wir hören nicht eher auf, bis alle tanzen!«, und auch, als alle tanzten, spielte die Band weiter. Die Kultursenatorin stieg auf den Tisch und sang ›König von Deutschland‹, mein Liebmütterlein fand heraus, daß sie mit einer Bremer Schulsenats-Mitarbeiterin eine gemeinsame Bekannte hatte, ein Literaturkritiker flirtete mit der Kellnerin, und in einer dunklen Ecke knutschte Ost und West (aber nicht Mann und Frau). Ein Polizist schaute herein, schüttelte nur den Kopf und ging wieder. Um dreiviertel eins wollte der Kneiper schließen, und Jörg gestand mir, daß er schon viele Preisverleihungen erlebt habe, aber noch nie so was wie hier. Und daß er heute das erste Mal sehe, warum ich bleibe.

Ich war an jenem Tag völlig neben der Spur. Ninette hatte mir geschrieben. Es gehe ihr gut, sie lebt in Bremen (Was für ein Zufall, dachte ich) und arbeitete bis zu ihrem Mutterschaftsurlaub als eine Art Reisebüro für Werder Bremen. Am 12. Dezember wurde Tanja geboren (Fotos anbei), die soweit gesund sei, aber einen Riß im Herzen habe, was sehr beziehungsvoll klinge, zum Glück aber durch einen kleinen operativen Eingriff behoben werden konnte. – Daß ich den Bremer Literaturpreis bekommen hätte, freue sie sehr, und es sei – Pionierehrenwort! – ganz ohne ihr Zutun geschehen. Sie habe nur die Mannschaft von Werder Bremen mit ›Helden wie wir‹ infiziert, zumindest die paar Profis, die auch mal ein Buch lesen. Auch Fußballer sind nur Männer, schloß sie, und unter denen gäbe es eben keinen wie mich, und wenn ich noch mal kommen und sie anblitzen würde wie einstens, wird sie wieder schwach werden. Immer die Deine, N.

Die Fotos zeigten ein süßes Baby. Das in rosa Plüsch und Wolle eingepackt war. Das mit herausgewölbten Lippen und trotzgeballten Fäusten in die Kamera blickte. Das von Ninette liebevoll im Arm gehalten wurde. Im Hintergrund sah ich Möbel in schlichtem Weiß. Ninette, in Bluejeans, weinrotem Pullover und der gewohnten Frisur, sah immer noch hinreißend aus. Diese Frau und dieses Kind warten auf mich. Alle Ereignisse, die in der Zwischenzeit stattgefunden hatten, wurden unwichtig, waren wie weggeblasen.

Brief und Fotos in den Händen haltend, wußte ich nicht mehr, warum ich nicht mit ihr gegangen war.

Und zehn Stunden später sagten mir ein Dutzend Westdeutsche, sie verstehen, warum ich hierbleiben will.

Bald darauf zog ich in eine Vier-Raum-Wohnung in der Wilhelm-Pieck-Straße, die ich dank eines fingierten Wohnungstausches bekam; ein Tischlermeister, der mit seiner Familie auf die Ausreise wartete, »tauschte« seine Wohnung mit meiner, ohne umzuziehen – als die Wohnung durch seine Ausreise frei wurde, konnte ich dank einer gültigen Umzugsgenehmigung dort einziehen. Dreitausend Westmark mußte ich dem Tischler geben, und daß ich vom Wohnungsamt die Umzugsgenehmigung in eine Vier-Raum-Wohnung bekam, verdankte ich vielleicht meinem hartnäckigen Gejammer vor den Stasi-Mikrophonen, ich müsse unbedingt aus dieser Wohnung raus, um mein linientreues Manuskript (das mit den vertauschten Zwillingen) zu Ende schreiben zu können.

Die neue Wohnung war wirklich schön; sie war hell, obwohl sie in der ersten Etage lag. Zwei Zimmer gingen zur Straße, zwei zum Hof, und ein eigenes Bad gab es auch. (In der alten Wohnung hatte ich zwar eine Innentoilette, aber die Duschkabine stand in der Küche.) Der Tischlermeister hatte Dielen, Türen und Fenster aufgearbeitet und schick angestrichen, »nur Westzeugs«, wie er sagte.

Nach der Ausreise von Ninette, durch die ja auch das Potsdamer Loch als Wohnung verlorengegangen war, blieb ich der Filmhochschule fern. Meinen Werdegang konnte Rektor Bisky wohl am besten durch die Babelsberger Dorfstasi verfolgen, die einmal wöchentlich bei ihm aufkreuzte, um sich der ideologischen Reinheit an der Filmhochschule zu versichern. Ich erkundigte mich bei ihm, ob ich nicht schon längst geext sei, was angesichts meiner Bummelei nur gerecht gewesen wäre. Aber Lothar Bisky dachte nicht im Traum daran, mich ohne Diplom abgehen zu lassen, »wir wollen uns doch nicht lächerlich machen«. Obendrein warte ein sehr schönes Projekt für meine praktische (die sogenannte »künstlerische«) Abschlußarbeit: In den DEFA-Studios werde gerade eine Komödie über den 17. Juni entwickelt, nach einem Drehbuch von Wolfgang Kohlhaase, das ich mal lesen solle.

Mir klappte der Unterkiefer runter: Eine Komödie über den 17. Juni, bei der DEFA? Hatte ich da was verpaßt? Und wozu braucht mich ein Wolfgang Kohlhaase? Wozu muß die Sonne von einer Taschenlampe erleuchtet werden? Meinem Verdacht, daß ich nur in das Projekt geholt werde, um es leichter stoppen zu können, wenn es erst mit meinem Namen befleckt ist, widersprach Lothar Bisky; Kohlhaase selbst hätte den Wunsch geäußert.

Als ich eine Woche später bei Wolfgang Kohlhaase in einer Wohnung saß, die in jedem Detail gemütlich war, hatte ich das Drehbuch schon gelesen. Es ging um eine Frau, die am 17. Juni 1953 ihre Fahrprüfung haben sollte. Bei der Abnahme der Fahrprüfung, so die Annahme des Films, saß außer dem Fahrlehrer immer ein Polizist im Auto, und der hatte am 17. Juni natürlich etwas anderes zu tun, als Fahrprüfungen abzunehmen. Für die Hauptheldin war es aber wichtig, an diesem Tag zu bestehen, weil sie ansonsten fristbedingt noch mal alles ab der Theorie durchmachen müßte. Sie erlebt also den 17. Juni auf der Suche nach einem Polizisten, gerät dabei in allerlei kleinstädtische Zusammenstöße und Verwicklungen. Frauenrollen konnte Kohlhaase schreiben wie kein zweiter. Was Hauptheldin Lotti Maschner sich schon allein dafür anhören muß, daß sie als Frau Auto fahren will. Am Ende findet sie einen Polizisten, macht die Fahrprüfung und erlebt, wie ein Russenpanzer bei Rot auf die Kreuzung fährt und die Frontpartie ihres Autos zermalmt.

In seiner gemütlichen Wohnung erzählte Kohlhaase, daß er zum Film gekommen war, weil er bestimmte Fragen ans Leben hatte und sah, daß der Film ein Ort ist, wo solche Fragen behandelt werden. »Sehnse, aber ich muß hier den Dramaturgie-Diplomkandidaten mimen«, sagte ich. Kohlhaase schmunzelte nur. Wir redeten über sein Drehbuch, das so viel erzählte über diesen einen Tag, der wie ein Fremdkörper in der DDR-Geschichte existierte. Aufruhr in den Straßen, das gab es in Gaza, Soweto, Belfast, Buenos Aires, Teheran, Thessaloniki, Paris oder Westberlin – aber nicht in der DDR. Kohlhaase wußte einfach zu viel über diesen Tag, um es als Komödie zu vergröbern. Mir imponierte außerdem, mit welcher Lässigkeit Kohlhaase an seinen Stoff ging. Ich sollte mir an ihm ein Beispiel nehmen. Mein Wandlitz-Attentats-Stoff hatte Schaum vorm Maul, und der mußte weg.

Kohlhaase schenkte mir zum Abschied eine Federboa von Renate Krößner, die sie in ›Solo Sunny‹ zu tragen sich weigerte; ihm war aufgefallen, daß mein Blick immer wieder zu dem violetten Requisit gewandert war. Dann rief er Lothar Bisky an, ich bekam wenige Wochen später mein Diplom, und mein Liebmütterlein konnte endlich ruhig schlafen.

Das mit der Federboa sprach sich herum, ebenso die Küsserei zwischen den beiden Männern auf der Preisverleihung, und der Buschfunk meldete, ich sei schwul. Das fand ich einigermaßen komisch, da die Betten, durch die ich immer noch wild unterwegs war, nur Frauen gehörten. Es war mir wurscht, als schwul zu gelten, ich fand aber interessant, daß bestimmte Gerüchte trotz dürftiger Nahrung prächtig gedeihen, während die Wahrheit verdursten kann, wenn sie zu langweilig zum Weitererzählen ist.

Die Liebe nach der großen Liebe
(1996/97)

Lutz Kerschowski war zu meiner Preisverleihung nicht zufällig mit einem Trompeter und einem Saxophonisten gekommen. Seit einiger Zeit machte er mit einer Big Band rum, die sich Die Krawallerie nannte. Die bestand nur aus Bläsern und verwandelte all ihre Musik in Punk; Blasmusik kam bis dato meist nur als Lärmemission aufdringlicher Spielmannszüge vor. Doch jenseits des Überraschungseffektes hatte die Krawallerie nicht viel zu bieten, und so suchte und fand man Lutz Kerschowski, dessen Texte zwar an Mauern gesprüht und in Briefen zitiert wurden, der aber keinen Uffta-Uffta-Hit hatte. Wurden Kerschowski und die Krawallerie im Doppelpack angekündigt, strömte zuverlässig das Publikum zu Tausenden.

So auch am 1. Mai, als Kerschowski mit der Krawallerie im Friedrichshain auftreten sollte. Doch vor dem Konzert wurde ich auf dem Weg Zeuge eines epileptischen Anfalls und half, indem ich das Notfallmedikament holte; die Frau gab mir den Autoschlüssel ihres Bruders und sagte mir, wo sein Trabi stand. Als ich zurückkam, war der Bruder wieder bei Bewußtsein, ein Arzt war bei ihm und versorgte eine Wunde am Kopf. Die Tropfen, mit denen ich kam, wurden nicht mehr gebraucht. Weil sie ein Formular ausfüllte, sah ich ihren Vornamen: Sabine. Es gab noch einen Blickwechsel, der sagte »Schade, daß wir uns nicht unter anderen Umständen begegnet sind.« Eine Katastrophe als Beziehungsstifter, das schmeckte mir nicht.

Bei Konzerten fühle ich mich allein am wohlsten. Ich gerate in einen angenehmen Zustand des Nachdenkens über mich, mein Leben und die Welt – die Musik bringt etwas in meiner Seele zur Resonanz, bestimmte Gedanken keimen, Entschlüsse reifen – und wenn die Musik wieder weg ist, dann bleiben doch die Gedanken und Entschlüsse, die unter ihrem Eindruck entstanden sind. Nachdem ich Kerschowski eine Stunde lang zugehört und dabei nicht wie sonst an Ninette gedacht hatte, sondern an die Schöne mit dem Autoschlüssel, fand ich meinen Grundsatz, daß Katastrophen als Beziehungsstifter nicht in Frage kommen, reichlich dumm. Das Leben, so wie es von der Bühne und aus dem Lautsprecher erzählt wurde, entscheidet sich mit seinen Gelegenheiten, und wer unfähig ist, eine Gelegenheit zu ergreifen, der wird ein leeres und unglückliches Leben haben.

Also verließ ich das Konzert und ging zu dem Parkplatz, in der Hoffnung, den Trabi noch vorzufinden. Die Dämmerung war in vollem Gange, der Parkplatz war noch lang nicht in Sicht, als ich von hinten festgehalten wurde, und ich drehte mich um. »Ich hab Robert erzählt, daß ich einem Fremden seinen Autoschlüssel gegeben habe, das fand er gar nicht gut. Würdest du ihn bitte von deiner Harmlosigkeit überzeugen?« Sie zeigte zu einem nahen Café, wo am 1. Mai die Freiluftsaison eröffnet wurde und wo ihr Bruder saß, den ich dank seines weißen Kopfverbandes sofort erkannte.

»*Ihn* kann ich ja von meiner Harmlosigkeit überzeugen – aber was mache ich mit dir?« Sabine kicherte und wurde ein bißchen rot. Na, das ging ja gut los.

Später, als es längst dunkel war, sagte sie: »Ich überlege die ganze Zeit … Irgendwo haben wir uns schon mal gesehen.« – »Nee«, entfuhr es mir. »Daran würde ich mich erinnern.«

Zum Abschied bat ich um eine Chance, sie auch mal anzuflirten, wenn der Bruder nicht dabei ist – und wir verabredeten uns für den nächsten Tag, wieder in dem Terrassencafé. »*Ich* fall um, aber *du* kriegst ne Verabredung«, sagte Robert mit gespieltem Neid, und ich sagte: »Das ist bei schönen Frauen eben so; die vereinsamen nicht.«

Beim Abschied bat ich sie, morgen dieselben Ohrringe zu tragen. Sie fühlte sich geschmeichelt ob meiner Aufmerksamkeit für gewisse Details, und ich sagte ihr natürlich nicht den wahren Grund. Meine Unfähigkeit, Gesichter auseinanderzuhalten, ist so heftig, daß ich ohne den Strohhalm »dieselben Ohrringe« erst mal *jeder* Frau, die das Café betritt, ein Lächeln und Winken schenken würde, natürlich innerhalb eines gewissen Alters- und Körpergewichts-Korridors. – Da es am nächsten Tag regnete, setzten wir uns rein. Sabine versuchte wieder herauszufinden, woher wir uns kennen. Sie arbeite in einer Sparkassenfiliale in der Storkower Straße, da sehe sie viele Gesichter … Ich gestand ihr, daß ich mir keine Gesichter merken kann, und hoffte, in ihr eine Leidensgenossin gefunden zu haben, als mir plötzlich klarwurde, woher sie mich kannte: aus den Nachrichten. Nur war ich in dem Moment viel zu gehemmt, das zu sagen – ich hatte Angst, sie zu verschrecken. Als sie mich fragte, was ich beruflich mache, sagte ich: »Gerade auf der Filmhochschule fertig geworden.«

Sie hatte eine schwarze Sporttasche dabei, weil sie noch zum Training müsse, Seilspringen. Ich hielt Seilspringen für einen Zeitvertreib kleiner Mädchen, nicht für eine Sportart. Zum Glück lachte ich nicht, sondern bat sie, ihr beim Training zuschauen zu dürfen.

Turnhallen haben, je nach Sportart, immer ihre eigene Faszination. Hier war es das Sirren des Gummiseils, das diskrete Klatschen des Seils auf dem Boden, das stetige leise Quietschen des Parketts unter den Hüpfern der Springerinnen, das Mahlen der Sprungseile in ihren Lagern. Sabine hüpfte in schwarzen, dreiviertellangen Pantalons und einem hautengen pailettenbesetzten Dreß – es war schlicht unmöglich, ihren Body zu ignorieren. Ihre Pobacken waren rund und knackig wie zwei halbe Fußbälle, auch die Beine waren perfekt, und ihre Brüste hüpften mit. Zwei Minuten wurde gehüpft, dann war eine Minute Pause. Nach einigen Intervallen bildete sich eine leichte Röte in ihrem Gesicht und sie atmete schneller. Doch während des Springens erstrahlte ihr Gesicht, als sei das Seilspringen das höchste denkbare Glück, die äußerste Freude. Als mit dem ersten Schweiß das Gesicht zu glänzen anfing, verstärkte sich dieser Eindruck noch, und als sie einmal während des Springens einen langen, durch den Seilschlag magisch anmutenden Blickkontakt zu mir herstellte, kam mir der Gedanke, daß Seilspringen eigentlich die Lösung ist. Das Universum ist unendlich, es gibt Abermillionen Sterne, und ob das alles einen Sinn hat, ob es Gott gibt oder nicht, ist egal, wenn man doch nur ein Seil braucht, um Glück und Freiheit zu empfinden. Ja, der eigentliche DDR-Sport ist das Seilspringen, das Auf-der-Stelle-Hüpfen. Wenn man dazu noch so zauberhaft lächeln kann, ist doch alles paletti.

Die anderen Springerinnen waren jünger als Sabine. Eine von ihnen machte eine Bemerkung, aus der hervorging, daß Sabine im letzten Jahr Europameisterin geworden war. Nach dem Training sprach ich Sabine darauf an, aber sie meinte mit einem Seufzer, daß sie bei der Wahl zur ›Sportlerin des Jahres‹ nur auf dem vorletzten Platz gelandet sei, während die Siegerin Heike Drechsler mehr als hundertmal so viele Stimmen erhalten hätte. Ich entgegnete, daß eine Auf-der-Stelle-Springerin unendlich weiser sei als eine Weitspringerin, und das munterte sie etwas auf. »Ja«, sagte ich, weil ich spürte, wie wohl ihr der Lobgesang auf das Seilspringen tat, »egal, wie weit du springst, irgendwann wird immer einer kommen und weiter springen. Aber beim Seilspringen kannst du es schaffen, daß es heißt: Keine ist jemals so schön gesprungen wie sie!« Sabines Enttäuschung über die geringe Wahrnehmung verstand ich um so besser, als ich später erfuhr, was sie für ihre Sportart geleistet hatte: Seilspringen war ein Sport, in den viele aussortierte Turnerinnen auswichen, die weiter Wettkämpfe bestreiten wollten. Sabine nannte diese Art Konkurrentinnen wegen ihrer Sprungkraft, aber auch wegen ihrer Einfallslosigkeit »Flummies«. Sabine hingegen, die keine Vorgeschichte als Turnküken hatte, brachte Phantasie und Kreativität ins Seilspringen, und während die Konkurrenz ihr Programm durchpeitschte, erledigte Sabine ihre Kür mit einem strahlenden Lächeln. Und weil im Kampf Frau gegen Hüpfroboter immer die Frau siegte, wandelten sich Seilspring-Wettkämpfe allmählich von Sprungkraft-Messen zu Wettbewerben, bei denen es um Phantasie und Ausstrahlung ging.

Wir wollten uns nicht trennen und nahmen den Regen

als Vorwand, um ins Kino zu gehen, wo wir uns in die letzte Reihe setzten. Sabine, die sich nach dem Training geduscht hatte, roch gut, und weil der Film obendrein schlecht war, begannen wir, herumzuknutschen. Als der Abspann lief, schafften wir es kaum, uns voneinander zu lösen.

»Ich muß dir was sagen«, sagte ich.

»Ich auch«, sagte sie.

»Du hast mich im Fernsehen gesehen.«

Sie legte ihren Kopf zurück, als ob sie mich betrachten wollte wie ein Fernsehbild und sagte: »Stimmt! Du bist dieser Schriftsteller, der erst in den Westen fährt, wenn alle dürfen. Du heißt Brussig, und warst auch mal verschwunden.«

»Ja«, sagte ich. »Und wer mit mir zusammen ist, kriegt jede Menge Ärger.«

»Das sehen wir dann«, sagte Sabine. »Ich weiß nur, wer mit dir zusammen ist, kriegt die zauberhaftesten Küsse.«

Nachdem sie sich einen weiteren abgeholt hatte, beichtete sie mir, daß sie noch mit jemandem zusammen sei. Das hatte sich zwar längst totgelaufen, aber ehe die »Akte Jörn« nicht geschlossen sei, wollte sie sich nicht in eine neue Geschichte stürzen. Die Trennung war auch nicht kompliziert, niemand mußte irgendwo ausziehen; ein deutliches »Es ist aus!« sowie der Austausch der persönlichen Habe, die in der Wohnung des anderen stand und in eine kleine Reisetasche paßte, war ausreichend.

Zwei Tage nach unserem Kinobesuch stand Sabine mit einer kleinen Reisetasche vor meiner Wohnungstür. »Küß mich!« Sie war direkt von Jörn zu mir gefahren. Sie musterte meinen Korridor, deutete mit einem imaginären Seil ein paar Sprünge an und sagte dann: »Ich könnte mir sogar vorstellen, eines Tages bei dir einzuziehen.«

Der Mai brach an, ich war verliebt und wurde zurückgeliebt – was wollte ich mehr? Seit langem kehrten in mein Leben Leichtigkeit und Unbeschwertheit zurück. In der neuen Wohnung kontrollierte ich alle paar Wochen mal Lichtschalter, Steckdosen und Lampenauslässe auf Wanzen – ohne etwas zu finden. Ich fühlte mich rundherum wohl mit meiner strahlenden, blonden Hüpfmaus.

Es wurde ein Sommer, in dem wir uns oft auf Wellen schaukeln ließen, uns gegenseitig die Sonnencreme auf der Haut verrieben und in den Wolkenformen Tiere und Fabelwesen sahen. Ein Sommer der Trägheit und des Wohlgefallens. Sabines Bruder Robert, der Epileptiker (der eigentlich Kraftwerksingenieur war), hatte ein Segelboot und eine Kühltasche. An vielen Wochenenden nahm er uns mit, und auf der Mitte des Sees aßen wir Eis am Stiel. Während er am Ruder saß, lagen Sabine und ich wie ein menschliches T, der Kopf des einen auf dem Bauch des anderen. Robert zeigte mir, wie man kreuzt. »Gegen den Wind segeln« hatte mich schon immer jenseits aller Metaphorik interessiert. Robert war ein leidenschaftlicher Segler, wenn das Thema »Wind« nur in der Nähe war, riß Robert das Gespräch an sich und palaverte schier endlos über alle Spielarten des Windes – was dazu führte, daß Sabine Redewendungen wie »vom Winde verweht« oder »in alle Winde zerstreut« mied. Als ich beiläufig von »Wind und Wetter« sprach, hatte Sabine Alarmstufe Rot und bat mich schnell, doch mal zu erzählen, was denn in jenen Tagen war, als ich als vermißt galt. An diesem herrlichen Sommertag, an dem ich mit Sabine auf den Wellen schaukelte, war diese Geschichte unendlich weit weg. Es gab wenig, an das ich mich erinnern konnte. War die Zelle grau oder doch eher grünlich? Was gab es zu essen? Habe ich meine Sachen zum Schlafen ausgezogen? Fror ich eigentlich? Nur daß das Bett tagsüber hochgeklappt wurde, daran erinnerte ich mich. Ich wußte so wenig über meinen Gefängnisaufenthalt zu berichten, daß ich mir wie ein Hochstapler vorkam. Zugleich war ich froh darüber, daß ich es »hinter mir lassen« konnte.

Sabine meinte, daß wir nach Prag zum Goethe-Institut fahren sollten, »weil die Geschichte so nicht enden darf«. Die Institutsmitarbeiter sollten aus meinem Munde erfahren, warum die Lesung nicht stattfinden konnte.

Für Sabine war Prag die Stadt, in der sie Europameisterin wurde. Und so fuhren wir im September 96 nach Prag, als die Schulferien vorbei waren und der Ansturm aufs Goethe-Institut abgeklungen war. Die Grenze konnten wir ohne Probleme passieren; ins Goethe-Institut kamen wir nicht ohne weiteres. Eine Kordel sperrte den Eingang ab, davor warteten etwa hundert Menschen, um in den Lesesaal der Bibliothek zu kommen. Der Einlaßdienst, der über die Kordel verfügte und bei dem ich diskret nach dem Institutsleiter Herrn Deinwallner fragte, verlangte von mir zweimal, meinen Namen zu wiederholen und sagte ihn dann nochmals. Ich wollte eigentlich inkognito rein, aber jede Nennung meines Namens erweiterte den Kreis der Mitwisser um zehn Personen. Zu allem Überfluß rief mir Herr Deinwallner, der sofort aus seinem Büro herbeigeeilt kam, vom Fuße der Treppe mit ausgebreiteten Armen zu: »Thomas Brussig! Herzlich willkommen im Goethe-Institut Prag!«

Beim Hausrundgang erfuhr ich, daß ›Helden wie wir‹ im Dauereinsatz ist; die zwei Bibliotheksexemplare werden sozusagen pausenlos, von der Öffnung um zehn bis zur

Schließung um sieben, jeden Tag gelesen. Er zeigte mir auch die Ecke, an der der Bücherstand war, der unter dem Andrang zu Bruch ging. »Ich bin froh, daß ich hier kein Kreuz aufstellen mußte.«

Sabine hatte die Idee, die Lesung nachzuholen, und zwar sofort. Herr Deinwallner fand das einen bemerkenswerten Vorschlag. Der Zustrom an DDR-Bürgern sei enorm, und allein mit Mundpropaganda sei der Saal – es war fünfzehn Uhr – bis neunzehn Uhr voll zu kriegen. Schließlich hatte sich ja schon herumgesprochen, daß ich im Hause war, und eine halbe Stunde später wusste es dann auch der Wenzelsplatz.

Herr Deinwallner saß mit übergeschlagenen Beinen in seinem Wipp-/Drehsessel, spreizte die Finger gegeneinander und drückte sie ans Kinn – und schaute mich an.

Mir imponierte dieser Goethe-Mensch. Er war, obwohl ich unangekündigt kam, sofort für mich zur Stelle, führte mich überall herum, war auf eine angenehme Art redselig. Und wie er diese Veranstaltung im Januar organisiert hatte, mit Günter Gaus, Buchverkauf, den Medien und zweitausend Verrückten – natürlich wollte ich die Lesung bei ihm machen.

Als wir das Goethe-Institut eine halbe Stunde später verließen, hing an der Glastür bereits ein Plakat, das meine Lesung ankündigte.

Deinwallner machte auch den Kontakt zum Schriftsteller Michal Viewegh. Das ist sie, die Internationale der Intellektuellen: Du kommst in eine fremde Stadt und darfst Schriftsteller treffen. Wir verabredeten uns in einem Café unweit des Goethe-Instituts. Die Menschen wollen sich mit ihm meistens über Beziehungsprobleme unterhalten, sagte Viewegh zur Begrüßung (er hatte eine bemerkenswerte Gabe, über Männer und Frauen zu schreiben), aber beim Anblick von Sabine und mir sei klar, daß wir das nicht nötig haben – und schlug ein anderes Thema vor: »Politics?« Und dann legten wir los. Nachdem die Sowjetunion ihr Kommunismus-Modell aus dem Verkehr gezogen und obendrein ihre geostrategischen Ansprüche zurückgeschraubt habe, ist die ČSSR kein sowjetischer Satellitenstaat mehr. (Die Formel von Erhard Eppler, wonach Moskau kein sowjetisch dominiertes Osteuropa, sondern nur noch eine russisch dominierte Sowjetunion wünsche, war Viewegh geläufig.) Viewegh erklärte mir, wie die Kommunistische Partei das Schreckgespenst einer »Besatzung« durch multinationale Konzerne für den Fall einer Abkehr vom kommunistischen Weg durch die tschechischen Köpfe geistern läßt. Wir vertieften uns so sehr in diese Diskussion, daß wir Sabines Fortbleiben kaum bemerkten. Erst als wir aufgeregte tschechische Rufe von der Damentoilette hörten, ahnten wir, daß etwas passiert war. Wir liefen auf die Toilette, wo sich eine Frau um Sabine kümmerte. Sie hatte starke Blutungen und Schmerzen im Unterleib. Ein Krankenwagen wurde gerufen, und wir fuhren ins Krankenhaus. Sabine hatte eine Fehlgeburt. Daß sie schwanger war, wußte sie nicht. Unser Kind war verloren, eine Operation unter Vollnarkose war nötig. Wir hatten die Wahl zwischen Prag, Dresden und Berlin. In Prag könnte sie sofort operiert werden, hätte aber Verständigungsschwierigkeiten. Die achtstündige Zugfahrt nach Berlin wäre sehr anstrengend. Dresden wäre ein Kompromiß. Ein junger Arzt erklärte uns die Alternativen – auf deutsch. Sabine wollte in Prag bleiben, wegen der Lesung. An die wollte ich überhaupt nicht denken. Horst Deinwallner meinte, ich dürfe der Stasi kein Argument für Verleumdungen liefern – doch wenn ich eine Lesung abhielte, während meine Freundin nach einer Fehlgeburt im Krankenhaus liegt, sei ich angreifbar. »Wir müssen die Lesung absagen«, entschied er.

Im Krankenhaus wurde Sabine von einer Schwester erkannt: Sie ist doch nicht etwa die Seilspringerin, die in der Prager Seilspring-Szene verehrt wird? Nein! Und weswegen war sie jetzt in Prag? Sabine zeigte auf mich. Die Schwester schaute mich verständnislos an; es war ihr vollkommen unbegreiflich, daß ein Star wie Sabine nur die Reisebegleiterin war.

Andersherum erlebten wir es in Dresden, als ein schwarzhaariger Arzt ins Aufwachzimmer kam, nachdem Sabine aus der Narkose erwachte. Er stellte sich als Dr. Tellkamp vor, Chirurg einer anderen Abteilung, der mal schauen wolle, »wie es Frau Brussig geht«. Er sichtete ein paar Papiere, Röntgenaufnahmen und dergleichen mehr, und schaute sich Sabine an. So weit er es beurteilen könne, sei alles den Umständen entsprechend gut, nur die Weiterreise nach Berlin sei, wenn wir sie wirklich schon heute antreten wollen, etwas verfrüht. Er kam dann ziemlich unvermittelt auf meine Bücher zu sprechen. Schon ›Wasserfarben‹ fand er interessant, aber in ›Helden wie wir‹ sei wirklich etwas kulminiert. Literarisch kein Feinschmeckerzeugs, aber energetisch ein Unikat. Wenn man über die DDR schreiben wolle, das sei ihm beim Lesen dieses Buches klargeworden, dann müsse man sich zuerst aller geistigen Routinen entledigen. Er hatte etwas angenehm Bekopptes, und es war gar nicht schwer zu erraten, daß er auch schrieb. Wie weit er denn schon sei, fragte ich ihn. Er lachte. »Dreihundert Seiten, und noch nicht mal am Anfang«, sagte er. Das kann ja was werden, dachte ich.

Sabine hielt es lange vor ihren Freunden und Kollegen geheim, daß sie mit mir zusammen war. Doch weil ihr Krankenschein mal offen herumlag, erfuhr ihre Sparkassen-Belegschaft von der Fehlgeburt; ein Freund ließ sich nicht mehr verheimlichen. So wurde Sabine gebeten, zum Weihnachtsbowling im Palast der Republik, das vom Arbeitskollektiv immer mit Partner oder Partnerin begangen wurde, ihren Neuen mitzubringen. Die Neugier unter Kollegen: Wer ist dieser Typ, der unsere Europameisterin und Filialschönste gewonnen hat? Und als der Abend kam, wurde ich beäugt. Die Genossen unter Sabines Kollegen verrieten sich durch abfällige, ja, angewiderte Gesichter: Daß ausgerechnet dieser üble Dissident die Sabine, unser Prachtmädel kriegt. Tut so, als ob er gesellig mit den Werktätigen Bowling spielt, aber wer weiß, ob er uns morgen nicht wieder übers Westfernsehen diffamiert.

Für die Nebenbahn, die nicht von Sparkassenleuten besetzt war, führte eine Frau das Protokoll, die mir amüsierte Blicke zuwarf, obwohl ich mich, wie ich fand, nicht skandalös ungeschickt anstellte. Einer der Spieler wollte vor einem Wurf von der Protokollführerin, die er Angela nannte, wissen, ob es »evidenzbasierte Aufschlüsse darüber gibt, in welcher Raum-Zeit-Konstellation die verbleibenden Kegel abgeräumt werden können«, worauf sie antwortete, daß sie »nur mit Wahrscheinlichkeiten dienen kann«.

Als sie mich nach meinem nächsten Wurf wieder angrinste, sprach ich sie an. Es sei unfair, sich über andere zu amüsieren, ohne mitzuspielen. – »Bei sportlichen Dingen laß ich anderen immer den Vortritt«, sagte sie. »Ich schreib nur die Ergebnisse auf. Und ich lache auch nicht darüber, wie Sie sich anstellen. Sondern ... Wissen Sie, beim Bowling sitz ich immer außen. Manchmal hat man Glück, und nebenan spielen irgendwelche Handwerker – und schon hat man einen wertvollen Kontakt. Vor zwei Jahren spielte neben uns ne Autoklempner-Brigade, stellen Sie sich das mal vor! Na, da bin ich ne Woche später mit nem Apfelkuchen in deren Werkstatt rein und mit nem hübsch hergerichteten Auto wieder raus.«

»Und dieses Jahr nur ne Sparkasse. Was für eine Enttäuschung«, sagte ich.

»Nicht, wenn die Sparkasse mit Ihnen anrückt. Das ist ein Sechser im Lotto. Zum Jahresbeginn hab ich Sie verpaßt.«

»Sie waren in Prag?«

»M-hm. Hab sogar ein Buch ergattert. Und als ich letztens ne Westreise hatte, habe ich gleich noch drei für Weihnachten gekauft. Die hätte ich gern signiert.«

»Nach dem Motto: Da bin ich ne Woche später mit nem Apfelkuchen zu ihm nach Hause und mit vier signierten Büchern wieder raus.«

Sie lachte. »Apfelkuchen ist kein Thema. Aber mein Streuselkuchen ist auch nicht schlecht.«

Ich war wieder dran, und fühlte mich so aufgemöbelt, daß mir ein Strike gelang.

»Was sollte das mit den evidenzbasierten Aufschlüssen und der Raum-Zeit-Konstellation?« fragte ich danach.

»Ach, der veralbert mich nur mit alten Forschungsarbeiten«, sagte sie.

Eine Woche später stand sie tatsächlich mit einem Apfelkuchen vor der Tür; zufällig war es mein Geburtstag. Meine Eltern waren da sowie ein paar Freunde. Während Angela den Kuchen teilte und auf die Tellerchen hob, signierte ich die Bücher. Es waren nicht drei, sondern sechs, denn sie hatte auch ›Wasserfarben‹, das Anna-Seghers-Sonderheft der ›Temperamente‹ und ein in Prag ergattertes Exemplar von ›Helden wie wir‹ mitgebracht. Dieses war so zerlesen, wie ich es noch nie, bei keinem Buch, gesehen habe. Die Umschlagdeckel waren längst lose, das Bild und die Schrift abgerieben. Ich mußte zweimal hinschauen, um es überhaupt als mein Buch zu erkennen. Auch jegliche Bindung war aufgelöst; der Roman bestand nur noch aus einem Packen einzelner, angestoßener Blätter. Wie konnte ein Buch in nicht mal einem Jahr so heruntergewirtschaftet werden? Und wann immer mich die klamme Furcht heimsucht, daß meine Bücher womöglich nicht begeistern oder von gelangweilten Menschen erzwungenermaßen gelesen werden, brauche ich bloß an jenes Exemplar von ›Helden wie wir‹ zu denken, das sich binnen eines Jahres in einen völlig zerlesenen Papierhaufen verwandelt hatte.

Eines Morgens saßen Sabine und ich in ihrer Küche beim Frühstück, als Sabine sagte: »Sei mal still!« Im Radio – sie hörte meist den SFB – sprach ein Kommentator über die Chancen einer Gesamt-Berliner Olympiabewerbung. Die DDR als Sportnation habe ein Recht darauf, die Olympischen Spiele auszurichten, Berlin sei die einzige in Frage kommende Stadt, aber ohne die Hotel-, Medien- und Sportkapazitäten Westberlins sei eine Bewerbung sinnlos. Der Radiomensch war gerade dabei, zu erwähnen, daß die DDR-Seite an die gemeinsame Bewerbung die Bedingung geknüpft hatte, daß Ostberlin in Zukunft als *Berlin-Hauptstadt* bezeichnet werde, als der Hängeschrank herunterkrachte und das Radio zermalmte; Sabine hatte »Sei mal still!« gesagt, weil etwas verdächtig geknirscht hatte. Der Küchenschrank war vornüber gekippt, wobei sich die Schranktüren öffneten und sich der gesamte Inhalt auf den Boden entleerte, inklusive der verbliebenen Weihnachtsleckereien. Unter den Schranktrümmern suppten Essig, Öl, Zucker, Alkohol, Honig, Scherben und Dominosteine ineinander. Aber beim Aufräumen hatte ich gute Laune. Die Vorstellung, daß es in Berlin 2008 Olympische Spiele geben könnte, munterte mich entschieden auf.

Einige Wochen später bekam ich den Alfred-Döblin-Preis. Die Zeremonie, deutlich steifer als beim Bremer Literaturpreis ein Jahr zuvor, war in einem Tagungssaal des Palasthotels, an meinem ehemaligen Arbeitsplatz; gebucht vom Berliner Senat. Zu meiner Überraschung kam auch Walter Momper; noch nie hatte ein Regierender Bürgermeister diesen Literaturpreis überreicht. Es stellte sich heraus, daß Momper eigentlich gekommen war, um mit mir über Berlins Olympiabotschafter zu sprechen. Westberlin und Berlin-Hauptstadt wollten je zwei Olympiabotschafter nominieren, Max Schmelings Zustimmung lag schon vor, und bei den DDR-Botschaftern rechnete man mit Katharina Witt und Rosemarie Ackermann, jener Hochspringerin, die nicht nur 1976 und 1980 bei den Olympischen Spielen Gold gewann, sondern die 1977 auch als erste Frau die zwei-Meter-Marke knackte, übrigens bei einem Wettbewerb in Westberlin. »Aber unser NOK wünscht ausdrücklich einen Olympiabotschafter, der die Teilung Berlins repräsentiert und damit auf die Besonderheit der Berliner Olympiabewerbung hinweist«, sagte Momper. »Diese Person muß nicht unbedingt ein Ex-Sportler sein.«

Aha, ich war gemeint.

Vor Aufregung bekam ich einen trockenen Mund. Mein erster Gedanke: Als Olympiabotschafter wirst du nicht eingesperrt. Mein zweiter: Ist dir eigentlich klar, wie paranoid der Knast in deinem Denken nistet? Dann aber sagte ich, daß ich das gern mache, aber nicht »wortbrüchig« werden könne. Momper wußte von meinem babylonischen Versprechen, glaubte aber, ganz Politiker eben, ich würde mich nicht besonders gebunden fühlen. Denn wie sollten die NOK-Leute es brasilianischen oder japanischen Sportfunktionären als pro-Berlin-Argument verkaufen, wenn ich bei einer Präsentation in, sagen wir mal Genf, fehlte? Und als ich daran erinnerte, daß ich nicht mal Telefon hatte, war es Walter Momper, der einen trockenen Mund kriegte.

Auf der Toilette wurde ich später zufällig Ohrenzeuge eines Gesprächs zwischen ihm und dem verantwortlichen Referenten. »Kein Hochdeutsch, kein Telefon, kein Reisepaß«, sagte Momper mißgestimmt. »Erklärn Sie mir mal, wie Sie sich das vorstellen.« Ich kam aus meiner Kabine und gesellte mich dazu. »Mir bitte auch«, sagte ich, und, an Momper gewandt: »Wenns drauf ankommt, kann ich auch Hochdeutsch.« Momper rettete souverän die Situation, indem er mir die Hand auf die Schulter legte: »Entschuldigen Sie, das ist nichts gegen Sie persönlich, aber nur von Berlin aus in so einer Sache zu agieren und obendrein ohne Telefon – das ist doch nicht zu Ende gedacht. Außer daß Sie der Vorzeige-hinter-der-Mauer-hocken-Gebliebene sind, kann ich an dieser Idee nichts erkennen.« – »Ich auch nicht«, sagte ich.

Der nächste, den ich bei etwas erwischte, war Günter Grass, der Stifter des Döblin-Preises. Auf dem vermeintlich menschenleeren Flur zwischen Toilette und Saal goß er heimlich seinen Weißwein in einen Blumenkübel. Die Erderwärmung sei »eine apokalyptische Katastrophe«, aber wenn sie komme, dann habe es »wenigstens ein Gutes: In der DDR würden endlich vernünftige Weine wachsen können.« – Grass schien ständig einem mitschreibbereiten Publikum zu diktieren, er inszenierte sich unausgesetzt. Noch nie hatte ich jemanden erlebt, der die Wiedergabe dessen, was er sagt und tut, pausenlos mitbedenkt.

Offensichtlich war Grass in den Plan eingeweiht, daß ich zum Olympiabotschafter gemacht werden sollte, aber nicht, daß dieser Plan während eines kurzen Meetings in der Herrentoilette fallengelassen wurde. Als ihn nämlich ein Journalist zur Berliner Olympiabewerbung befragte, antwortete Grass, indem er sich dem Westberliner Olympiabotschafter widmete, und dazu eine Stellenbeschreibung ablieferte, die wie maßgeschneidert für mich war. Nach diesem druckreifen Kurzinterview wandte sich Grass wieder mir zu. Scheinbar zwanglos, dabei aber doch von einer Hölzernheit, wie es sich nie ein Prenzlauer-Berg-Dichter erlaubt hätte, brachte Grass das Thema erneut auf die Olympiabotschafter. Die Welt dürfe nach über siebzig Jahren wieder die Spiele dort ausrichten, wo sie einst nur ein propagandistisches Spektakel für die Vorbereitung des größten Menschheitsverbrechens waren, müsse ein Olympiabotschafter sagen. Weiterhin müsse ein Olympiabotschafter sagen, daß gemeinsame Spiele in der geteilten Stadt ein Signal des Friedens, aber auch ein Signal der Sühne seien, da Deutschland durch seine Verbrechen im

Zweiten Weltkrieg auf ewig das Recht zur Einheit verloren habe. (Daß er so redete, mußte daran liegen, daß er Steinmetz gelernt hatte; bei ihm splitterten immer die Brocken. Ob er schrieb, redete oder stritt – egal.)

Sechs Wochen später wurden die Olympiabotschafter offiziell vorgestellt. Wie erwartet waren es Katharina Witt und Rosemarie Ackermann für Berlin-Hauptstadt; für Westberlin botschafteten Max Schmeling und – Günter Grass.

Grass hatte mich gefragt, ob an den Gerüchten etwas dran sei, daß die Zensur in der DDR fallen soll. Ich hatte auch schon Kollegen so was sagen hören. Doch anstatt die Abschaffung der Zensur zu feiern, zeigten sie sauertöpfische Mienen. Was ist eine Literatur wert, vor der sich die Mächtigen nicht mehr fürchten? Und wenn schon die Zensur abgeschafft werden muß – hätte sie nicht wenigstens *als Letztes* abgeschafft werden können? Nachdem Reisefreiheit proklamiert, Strafrecht reformiert, Parteien legalisiert, Politische amnestiert, Willkür reduziert, Biermann repatriiert und Wahlen terminiert wurden? Die mögliche Abschaffung der Zensur wurde von einigen Autoren allen Ernstes als »Entwürdigung« bezeichnet. Zu diesem Stichwort fällt mir ein, was Sabine in jenem Jahr 1997 erlebte: Ihr wurde als Europameisterin die Chance geraubt, ihren Titel zu verteidigen. Das Championat fand in Aarhus statt, aber der Verband unterließ es, sie zu melden. Dieser Meldung hätte es gar nicht bedurft; als Titelverteidigerin war Sabine automatisch qualifiziert. Sie gab in Aarhus Bescheid, daß sie zu ihrer Titelverteidigung antreten wolle, und beantragte dann eine Privatreise in die BRD, von wo aus sie problemlos nach Aarhus hätte weiterreisen können. Doch diese Privatreise wurde ihr verweigert – obwohl sie schon mehrere Male im Westen war, auch zu Wettkämpfen. Ein Verbandsbonze ließ gegenüber Sabine die Bemerkung fallen, daß ihr »privates Umfeld Raum für Zweifel läßt, ob sie unsere Republik würdig im Ausland vertreten kann«. Wer nie ernsthaft Sport gemacht hat, wird vermutlich nicht verstehen, wie bitter es für einen Sportler ist, daran gehindert zu werden, sich mit den anderen zu messen. Ein Sportler kann um den Sieg betrogen werden. Auch das erlebte Sabine. Die Kampfrichter bewerteten bei der DDR-Meisterschaft ihre Kür so schlecht, daß sie nur Fünfte wurde. Die Wertung ging in Buhrufen unter, und bei der Siegerehrung holten die drei Erstplazierten Sabine aufs Podest, worauf ein Funktionär handgreiflich wurde.

Die geraubte Chance auf die Titelverteidigung war eine Steigerung der Gemeinheit, und es gab kaum einen Trost. Sabine mußte still und ohnmächtig dulden, und die Zeit arbeitete gegen sie. Sie war dreiundzwanzig, während die neue Europameisterin, eine Polin, erst siebzehn war.

Ich hatte Sabine bei unserem Kennenlernen ja gesagt, »wer mit mir zusammen ist, kriegt jede Menge Ärger« – doch wie weh manche Gemeinheiten tun, weiß man erst, wenn man sie erlebt. Ich hätte es Sabine nicht übelgenommen, wenn sie auf der Stelle einen Ausreiseantrag gestellt hätte – aber das tat sie nicht. Sie dachte, sie liebt das Seilspringen über alles – aber nun merkte sie, daß sie mich über alles liebt.

Die Brussig-Affäre
(31. August–31. Oktober 1997)

Wenn ich, in meinen Erinnerungen kramend, die Schublade mit den Ereignissen vom Herbst 1997 aufziehe, dann weiß ich genau, was ich darin finden werde: die Brussig-Affäre. Ich habe diese Schublade so oft auf- und zugezogen, habe alles darin mehrfach in der Hand gehabt, betrachtet, einsortiert. Keine Schublade in der Kommode meiner Erinnerungen ist so gut aufgeräumt wie diese. Und gerade das macht mich skeptisch gegenüber dem, was ich jetzt ausbreiten werde. Zum Erinnern gehört, daß Details wie Kronzeugen auftreten, und deren Eigenschaft ist bekanntlich, daß sie mit großer Glaubwürdigkeit ein plausibles, aber unzutreffendes Bild herstellen. Das Leben ist, wie das Erinnern, disparat. Erst das Erzählen schafft Ordnung. Und weil ich um diese Verhältnisse weiß, mißtraue ich dem, was in der Schublade des Herbstes 1997 liegt. Denn es ist für »Erinnerungen« viel zu aufgeräumt.

Am Sonntag, dem 31. August 1997 gegen vierzehn Uhr standen vier Männer vor meiner Wohnung und präsentierten einen Durchsuchungsbefehl. Die Uhrzeit war ungewöhnlich; üblicherweise wurde zwischen sechs und sieben zugegriffen. Sabine, die zufällig auf der Toilette war, zog schnell ihre Tür zu, woraufhin einer der Männer ins Bad stürmte und sie nur unter Bewachung zu Ende pinkeln ließ. Kaum rauschte die Spülung, wurde sie aus der Wohnung gewiesen. Als ich protestierte, weil ich »meine Frau« nicht gehen lassen wollte, sagte der Chef des kleinen Trupps: »Nach unseren Informationen sind Sie unverheiratet. Weiterhin ist niemand außer Ihnen unter dieser Adresse gemeldet.« Und an Sabine gewandt: »Ihre weitere Anwesenheit stellt eine Straftat dar und kann mit einer Ordnungsstrafe oder mit Freiheitsentzug bis zu zwei Jahren bestraft werden.«

Sabine ging, gab aber buchstäblich zwei weiteren Männern die Klinke in die Hand, welche den Auftrag hatten, mich ins ZK-Gebäude zu bringen. Sie traten nicht in dem Stasi-typischen Windjacken-Look auf, sondern trugen Anzugkombinationen und Parteiabzeichen. Das letzte, was ich sah, als ich die Wohnung verließ, war, wie einer der Durchsucher im Schlafzimmer mit einem Dorn gewissenhaft die Matratze durchstieß, Handbreit für Handbreit.

Nach fünf Minuten Autofahrt war ich bereits im ZK-Gebäude am Werderschen Markt. Breite Treppen, ein langer Gang, den ich aber nicht gehen mußte, weil mir gleich die erste Tür, eine schwere, doppelflügelige Tür aus Buchenholz gewiesen wurde. Die führte in einen Raum, für ein Büro zu groß, für einen Saal zu klein. Hinter dem großen, lachhaft ordentlichen Schreibtisch saß Egon Krenz. Er erhob sich nicht, reichte mir auch nicht die Hand und sagte nicht mal Guten Tag!, sondern zeigte mir nur mit einer Handbewegung, daß ich mich setzen solle, an den Tisch, der sich T-förmig an seinen Schreibtisch anschloß. Mit uns im Raum war eine junge, große, schwarzhaarige Frau, die eine weiße Bluse und einen knielangen, lindgrünen Rock trug und wie eine Stehlampe in zweidrei Metern Entfernung hinter Krenz versetzt in der Ecke stand. Krenz hantierte mit ein paar Blättern, ohne mich anzusehen. Er hatte große Hände und einen großen Kopf, und sein Gesicht war viel grauer, als ich es mir vorgestellt hatte. Schließlich legte er die Blätter vor sich hin und schaute mich an. »Können Sie sich denken, weshalb Sie hier sind?«

Die Lieblingsfrage der Bullen, wenn sie nichts in der Hand haben. Bloß woher kennt Krenz diesen Auftakt?

Eine meiner Schwächen ist, daß ich viel zu schnell pampig werde, insbesondere gegenüber Autoritäten.

»Gegenfrage: Können Sie sich denken, wobei Sie mich gestört haben? Und dann hab ich gleich noch ne Frage: Wer ist n die da? Soll die uns Kaffee bringen?«

»Sie werden noch früh genug mitkriegen, weshalb ich hier bin«, sagte die Stehlampe, und es klang eisig.

Es gab eine Pause, in der Krenz hoffte, ich würde noch auf seine Frage eingehen. Als das nicht geschah, reichte er mir die Blätter in seiner Hand und fragte: »Kommt Ihnen das bekannt vor?«

Daß es meine Handschrift war, sah ich auf den ersten Blick. Ich las ein paar Zeilen, aber es klingelte nicht. Und als ich eine halbe Seite gelesen hatte, wurde mir schlecht.

Ich hielt einen Plan für einen bewaffneten Staatsstreich in der Hand, wonach Ausreisewillige der DDR im Verbund mit ehemaligen politischen Häftlingen, die aus Westberlin einreisen, am Tag X mit Waffengewalt das ZK-Gebäude besetzen, das Politbüro zum Rücktritt zwingen und durch eine andere Führungsclique ersetzen. Die Waffen sollen über die Ostsee eingeschmuggelt werden. Die neue Führungsclique soll unverzüglich ein ›Dekret über die Grenzöffnung‹ verkünden, was sie so populär macht, daß sie die Bevölkerung auf ihrer Seite hat. Und so weiter.

»Das hab ich nicht geschrieben«, sagte ich. »Auch wenn es so aussieht.«

»Ist das Ihre Handschrift?« sagte Krenz.

Ich sah mir die Blätter an. »Wie gesagt, es ist nicht von mir. Auch wenn die Schrift Ähnlichkeit mit meiner hat.«

»Aber dieses Szenarium könnte doch einer schriftstellerischen Phantasie entspringen.«

»Eine schriftstellerische Phantasie, wer hat die nicht«, sagte ich, aber ich war selbst nicht überzeugt. Und da wurde mir klar, warum ich mich so unwohl fühlte: Ich würde, wenn ich Krenz wäre, ja auch diesen Verdacht haben. Er war nicht paranoid.

»Sie haben mit dem Klassen*gegner* – sage nicht Klassen*feind*, das Wort Klassen*feind* werden Sie aus meinem Munde nicht hören«, sagte er, das Wort Klassenfeind zweimal verwendend, »seit etwa vier Jahren Kontakt?«

»Wen meinen Sie mit Klassengegner?« fragte ich.

»Diejenigen Kräfte in der BRD, die Ihnen ein Konto eingerichtet haben und in unregelmäßigen Abständen Geld darauf einzahlen.«

»Das ist ein Konto für meine West-Honorare.«

»Ihr Kontostand und die Geldmenge, die laut dieser Planung für Waffenkäufe vorgesehen ist, stimmen in etwa überein.«

Auch dieses Detail stimmte. Wegen des Kontos allerdings hatte ich mich schon vor zwei Jahren bei meinem Anwalt Dr. Gysi erkundigt. Er hatte mir versichert, solange das

Konto in treuhänderischer Verwaltung war und ich keinen Zugriff auf das Konto hatte, machte ich mich nicht strafbar.

»Ich habe gar keinen Zugriff auf das Konto«, sagte ich. »Und sind von diesem Konto etwa Waffen gekauft worden?« Stell dir vor, das ist geschehen! Im Moment hielt ich alles für möglich.

»Ich dachte, das können Sie mir sagen«, sagte Krenz.

»Wenn Geld auf dem Konto ist, kann es ja nicht für Waffen ausgegeben worden sein. Und ich habe auch nicht vor, Waffen zu kaufen. Ich habe dieses Papier da nicht geschrieben.«

»Wer hat es denn geschrieben, wenn nicht Sie? Wer hat denn außer Ihnen diese Handschrift, eine schriftstellerische Phantasie und achthunderttausend D-Mark auf dem Konto?«

»Von wem haben Sie es denn?« fragte ich.

»Von Genossen, die für die Sicherheit im Lande zuständig sind. Seit eineinhalb Jahren sind wir im Bilde.«

»Ich habe es nicht geschrieben. Und ich habe auch nicht solche Absichten. Wenn meine Wohnung gerade auf den Kopf gestellt wird, werden Sie es ja sehen.«

Es ging noch eine Weile hin und her. Zwischendurch erschien jemand an der Tür, worauf die Stehlampe den Raum verließ, kurz darauf wiederkam und mich alsdann in ein Büro führte, wo sie sich als Staatsanwältin zu erkennen gab. Der gegen mich vorliegende Haftbefehl – die Stehlampe zeigte ihn mir kurz – wurde unter Auflagen ausgesetzt. Es lief auf Hausarrest hinaus. Ich dürfe die Wohnung nicht verlassen, nicht mal zum Briefkasten gehen. Ich dürfe weder die Wohnungstür öffnen, noch mich an der Wohnungstür zeigen. Den Abschnitt »Wechselsprechanlage« ließ die

Stehlampe aus, da es in meiner Wohnung ja keine gäbe. So weit kannte sie sich also schon aus. Als sie mir die Restriktionen, das Telefon betreffend, erklären wollte, fiel ihr ein »Telefon haben Sie ja gar nicht«, und dann fuhr sie fort. Ich durfte mich nicht am Fenster zeigen. Die Gardinen mußten in dem Zimmer, in dem ich mich jeweils befand, zugezogen sein, Tag und Nacht. Ich durfte nicht mit Westlern Kontakt aufnehmen, auch nicht über Dritte. Sollte es Hinweise über das Schmuggeln von Kassibern geben, würde der Haftbefehl vollstreckt. Weiterhin durfte ich nicht mehr als zwei Besucher täglich empfangen. Und ich durfte mit niemandem über diese Angelegenheit sprechen, außer mit meinem Anwalt. Wer das denn sein sollte?

Ich hatte mich einmal von Dr. Gysi wegen meiner West-Honorare beraten lassen. Der Mann gefiel mir. Er hatte außerdem Erfahrung mit Hausarrestlern wie Robert Havemann. Und ich kannte ein Buch von einem Karl-Heinz Winkler, einem angehenden Liedermacher, dem ein politischer Prozeß gemacht wurde. Da beschreibt er eindrucksvoll, wie sein Anwalt Gregor Gysi ein leidenschaftliches Plädoyer hielt, nachdem der Staatsanwalt eine drakonische Strafe gefordert hatte. Der einzige Anwalt, der sich sonst noch auf politische Fälle spezialisiert hatte, war Wolfgang Schnur, aber der saß in Rostock und befaßte sich vornehmlich mit Wehrdienstverweigerern. Also sagte ich der Stehlampe, daß mein Anwalt Dr. Gysi sein sollte. »Gut«, sagte sie. »Wir informieren ihn umgehend.«

»Wer ist wir? Wann ist umgehend?« fragte ich.

»Das Fragenstellen überlassen Sie mir«, sagte sie und legte mir die Belehrung zur Unterschrift vor. Ich unterschrieb die Auflagen des Hausarrestes und dafür, daß bei einem Verstoß gegen die Auflagen der Haftbefehl kurzerhand in Kraft gesetzt wird.

Dann wurde ich tatsächlich wieder nach Hause gefahren. Dort sah es aus, als wäre eine Bombe eingeschlagen; die abgegriffene Formulierung ist die zutreffende. Der Boden war mit Büchern und Zeitungen übersät, Schubladen waren aufgezogen und teilweise ausgekippt. Jedes der zusammengelegten Wäschestücke – jede Unterhose, jedes Paar Socken – war geöffnet worden, bevor es auf den Boden fallen gelassen wurde. In der Küche waren alle Vorratsbehälter geleert, während sich der Reis, das Salz, der Kakao und der Kaffee auf dem Küchentisch wiederfanden. Sabine hatte auf der anderen Straßenseite gewartet; sie kam zurück, sowie die Durchsucher weg waren und hatte sogar schon mit dem Aufräumen begonnen. Sie hatte in der Zwischenzeit auch Nachrichten gehört; der Unfall von Lady Di war Dauerthema. Als ich Sabine von meinen Erlebnissen erzählte, war sie entsetzt und wollte sofort mit einem Anwalt sprechen. Aber ob die Stehlampe Dr. Gysi am Sonntagnachmittag erreicht hatte und ob der sich auch gleich auf den Weg machte, wußte ich nicht. Solange ich mich nicht mit einem Anwalt besprechen konnte, fühlte ich mich vollkommen ungeschützt; es war seltsam, wie beruhigend es war, als derjenige, der sich in den Niederungen von Verdächtigungen, Beschuldigungen und Justiz auskannte, endlich kam. Er bekam einen kleinen Schreck, als er das Chaos sah, was mich verlegen machte, denn als ein am Rande der Verwahrlosung lebender Schriftsteller wollte ich nicht erscheinen, und so sagte ich: »Das ist hier nicht immer so.«

Dr. Gysi war zunächst auf das angewiesen, was ich ihm sagte. Das Delikt, das im Raum stand, war Hochverrat im besonders schweren Falle, und es würde nahezu unweigerlich zu einer lebenslangen Freiheitsstrafe führen; als es die Todesstrafe noch gab, sagte Dr. Gysi, »ist man schon für weniger hingerichtet worden«. Ein mehrseitiges Dokument mit meiner Handschrift und die ungefähre Übereinstimmung zwischen meinem Kontostand und dem Waffen-Etat dürfte für eine Verurteilung ausreichend sein.

»Aber ich habe es nicht geschrieben!« sagte ich. »Dieser ganze Plan ist doch hirnverbrannt!«

»Fidel Castro, der mit einer Handvoll Revolutionäre nach Kuba zurückkehrt – war das hirnverbrannt?« fragte Dr. Gysi. »Oder Lenins Rückkehr aus dem Exil und die Oktoberrevolution – war das hirnverbrannt? Umstürze haben immer etwas Tollkühnes. Dieser Plan spricht von Geld, Waffen, Personengruppen, Abläufen, natürlich nehmen die so was ernst, alles andere wäre hirnverbrannt.« Ich müsse nun zwar nicht meine Unschuld beweisen, aber den »Schuldanschein erschüttern«, wie Dr. Gysi sagte. Da mein Prozeß natürlich mit einigem Tamtam über die Bühne gehen wird, werden sicherlich, um den Anschein der Rechtsstaatlichkeit zu wahren, westdeutsche Prozeßbeteiligte hinzugezogen. Wie wäre es zum Beispiel mit einem westdeutschen Graphologen? Einem DDR-Graphologen würde man ein Gefälligkeitsgutachten unterstellen.

»Ich darf aber zu keinem Westdeutschen Kontakt aufnehmen, auch nicht über Dritte.«

»Ich bin kein Dritter, ich bin Ihr Anwalt. *Ich* darf Kontakt zu einem Gutachter im Westen aufnehmen.«

Seltsam war, daß, als Dr. Gysi ging, meine Lage zwar schlechter erschien als vorher, ich mich aber trotzdem besser fühlte. Traute ich ihm? Nein, ich traute ihm nicht. Ich kannte aus meiner Abiturzeit ein paar Leute, die Rechtsanwalt werden wollten – und die waren alle mit Vorsicht zu genießen. Dr. Gysi war kein Mann der Stasi, das bestimmt nicht, aber er spielte mit ihnen sicher gern Gib du mir das, dann geb ich dir das. Das sagte ich ihm einmal auch auf den Kopf zu. Er schlug die Augen nieder und sagte sibyllinisch: »Wissen Sie, Herr Brussig, ich kenn mich ja. Ich kann auf den Grund meiner Seele schauen, und ich versichere Ihnen, daß Sie keinen besseren Anwalt als mich finden werden. Ich an Ihrer Stelle würde mich auch an mich wenden.«

Dieses Gespräch hatten wir erst Wochen später. In der Nacht auf den 1. September konnte ich nicht schlafen. Die Westmedien starrten an diesem Tag ausnahmslos in einen Pariser Autotunnel. Wenn ich jetzt von der Bildfläche verschwinde, kräht kein Hahn nach mir. (Eine Reporterin des ›Stern‹ ging später Vermutungen nach, daß der ominöse weiße Fiat Uno auf eine Inszenierung der Stasi hindeute, die alle Aufmerksamkeit auf den Unfall lenken wollte. Ich glaube eher, daß man sich am Morgen des 31. August »Jetzt oder nie!« sagte.) Hausarrest in der DDR – das war bis dahin nur gegen Robert Havemann verhängt worden. Und bei diesem Namen kam mir die Idee: Wie würde Biermann mit so einer Situation umgehen? Der würde mir meine Geschichte nicht mal glauben. Du willst bei Krenz gewesen sein? Pah! Ein Robert Havemann wurde nicht zu Erich Honecker vorgelassen, obwohl der sein Zellennachbar im Brandenburger Naziknast war. Wenn du das weißt und tatsächlich meinst, heut nachmittag bei Krenz gewesen zu sein, dann solltest du dich nicht wie ein Weichei fragen, wie du deine Unschuld beweisen kannst – du solltest dich fragen: Was wird hier gespielt. Vor allem solltest du dich fragen: Warum hat dich Krenz zu sich geholt?

Eine sehr gute Frage. Wenn in meinem Falle, wie Dr. Gysi sagte, die Beweise längst ausreichten, warum ließ mich Krenz dann holen? – Weil er selbst diese Story zu unglaublich findet. Weil er von deiner Schuld nicht überzeugt ist und deine Berühmtheit fürchtet. Sogar an einem Tag, an dem alle von Lady Di reden.

Mach weiter, Biermann, sagte ich mir, das machst du gut.

Krenz weiß nicht, daß es sich um eine Fälschung handelt. Daß du ernsthaft einen Staatsstreich planst, kann er trotzdem kaum glauben. Genausowenig kann er aber deine Version von der Stasi-Fälschung glauben. Er sieht sich mit zwei Stories konfrontiert, die ihm beide unglaubwürdig und konstruiert erscheinen.

Los, Wolf, mach weiter, ich bin ganz Ohr.

Krenz ist die Schlüsselfigur. Den mußt du überzeugen, und zwar, indem du eine plausiblere Story bringst als die Stasi. Deren Geschichte ist nämlich schwach, weil keine Komplizen in ihr vorkommen. Wer soll denn das ZK-Gebäude stürmen? Wer soll den Putsch koordinieren? Wer soll die Machthaber ersetzen? Die Fälschung ist nur da gelungen, wo sie dich belastet: Handschrift, Konto, Schriftstellerphantasie. Es ist das Werk eines Mannes, nicht einer Abteilung.

Und, lieber Wolf, fällt dir noch was ein?

Wenn Krenz herausfindet, daß es Leute in der Stasi gibt, die ihn benutzen, dann krachts. Kannst du dich an den Fall Popiełuszko erinnern? Da haben ein paar polnische Geheimdienstler auf eigene Faust gegen einen oppositionellen Pfarrer Krieg geführt – und das wurde zum Sargnagel für die Diktatur. Krenz kann unmöglich so was wollen. Deshalb ist er, so seltsam das auch klingt, dein Verbündeter. Um es dir nicht bei ihm zu versauen, mußt du dich an die Auflagen halten. Wenn du jetzt bei den Westmedien Alarm schlägst, wird er nichts gegen deine Verhaftung tun, denn bei den Anschuldigungen und den Beweisen wirst du auch im liberalsten Land der Welt erst mal eingesperrt.

Gut. Und was soll ich jetzt tun?

Versuche, dich in einen Krenz hineinzudenken, der allmählich ahnt, daß er benutzt und hintergangen wird. Und eine Heidenangst hat, etwas falsch zu machen. Und laß Gysi raus. Durch den erfährst du nur, wie der Fall nach dem Willen der Stasi laufen könnte.

Tatsächlich kam Dr. Gysi schon am nächsten Tag, nachdem er die Akte einsehen durfte. Er zeigte ein paar Sorgenfalten; Ausmaß und Detailfreude der unterstellten Hochverratspläne fand er »beeindruckend«. »Noch nie« habe er einen Mandanten gehabt, der mit »auch nur annähernd so weitreichenden Anschuldigungen« konfrontiert wurde. Er wollte zunächst einen Graphologen, der eigentlich »forensischer Schriftgutachter« heißt, beauftragen, diskret ein Vorab-Gutachten anzufertigen. Falls das günstig ist, wird er im Gerichtsverfahren einen Beweisantrag stellen, und dann wird dieser Gutachter noch einmal beauftragt. Während er sprach, nahm ich vom Fensterbrett einen elektrischen Fliegenfänger und spielte damit herum. Das Ding sah etwa wie ein Federballschläger aus, nur daß die Trefferfläche kleiner und der Griff, der zugleich die Batterien beherbergte, dicker war. Anstatt mit Nylon war der Fliegenfänger mit einem Drahtgeflecht bespannt, in dem die Fliegen elektrisch verschmorten. Als mich Dr. Gysi fragte, was das sei, sagte ich, einer Eingebung folgend: »Ein Wanzenscanner. Einmal die Woche geh ich durch. Hier ist nichts, wir werden nicht abgehört.« Er schwieg beeindruckt. Er sagte nicht, was jeder Mensch mit reinem Gewissen gesagt hätte, »Oh, ist ja toll, kann ich mit dem mal meine Kanzlei überprüfen?« – er starrte das Ding nur an und überlegte, was es bedeutete, daß ich in der Lage war, Wanzen zu orten.

Zwei Wochen später – die Welt kannte weiterhin nur das Thema Diana – hatte er endlich seine Koryphäe unter den forensischen Schriftgutachtern gefunden. Ich mußte den Text, dessen Urheberschaft mir unterstellt wurde, abschreiben. Zwei Stunden lang diktierte mir Dr. Gysi fünf Seiten Umsturzpläne. Scheinbar nebenbei sagte er, die Staatsanwaltschaft habe angedeutet, daß ich auch einfach in den Westen gelassen werden könnte. Das wäre doch eine phantastische Lösung. – Ich erwiderte, daß ich so was schon erwartet hätte. Es seien wohl einflußreiche Leute von meiner Unschuld überzeugt. Denn wenn man einen so fetten Fisch an der Angel hat, läßt man ihn doch nicht einfach vom Haken. »Oder sehen Sie das anders?« Nein, nein, sagte er, das Verhalten der Staatsanwaltschaft sei tatsächlich widersprüchlich.

Zwei Wochen später war das Gutachten da. Vierzehn Seiten, mit einer Rechnung über fast fünftausend D-Mark. Zwei Seiten analysierten das vermutliche Schreibgerät, »vermutlich« deshalb, weil die Kopie ja Restzweifel ließ. Des weiteren erging sich das Gutachten in Schriftvergleichen und kam schließlich zu einem Resümee: Nach Prüfung der vorliegenden, zur Prüfung eingereichten Dokumente ist der Urheber von Original (in Kopie) und Abschrift ein und dieselbe Person.

Mir wurde schwarz vor Augen, und in einem Moment des Wahnsinns hörte ich eine Gefängnistür ins Schloß fallen, die aus dem Anfang des Stones-Songs ›We love you‹.

»Vielleicht doch die Ausreise?« fragte Dr. Gysi. »Weiß ja keiner, was das Gutachten sagt.«

Ich sagte nichts, und es war das erste Mal, daß ich mich dem Punkt nahe fühlte, an dem mir nichts anderes mehr übrigblieb, als auszureisen. Ja, ich hatte Angst, daß mich eine Maschinerie aus Gemeinheit, Verleumdung, Drohung und Macht zermalmt, wegsperrt, mundtot macht.

Als Dr. Gysi weg war, las ich das Gutachten nochmals. Der Gutachter schrieb, daß es sich beim Original um eine »echte« Handschrift handelte, die nicht mit großem Zeitaufwand »schriftbetont hergestellt« wurde, sondern »gleichsam aus der Hand geflossen ist«. Dafür brachte das Gutachten zahlreiche Belege. Ich hatte also einen Handschriften-Doppelgänger.

Am nächsten Tag kam Dr. Gysi mit einer neuen Idee, für die er Feuer und Flamme war: Ob ich vielleicht unter Hypnose dazu gebracht wurde, diesen Text zu schreiben. Ich solle mich mal an alles erinnern, was mir seltsam vorkommt: Einschlafen in Zugabteilen, ein Müdigkeitsanfall bei irgendwelchen Leuten. Auch die Verhaftung bei meiner Prag-Reise sei interessant; die Bemerkung von Krenz, daß die Stasi seit eineinhalb Jahren im Bilde sei, passe ja zeitlich. Sabine nickte sofort: Daß ich mich kaum an die drei Tage im Knast erinnern kann, bedeutete ja vielleicht, daß ich zeitweilig unter Hypnose stand.

Ich dachte an das Gebot, das mir der kleine Biermann im Ohr geflüstert hatte, mich um die plausiblere Geschichte zu bemühen. Dr. Gysis Theorie war mir zu phantastisch.

»Was glauben Sie, was in Strafprozessen schon zum Erfolg geführt hat!« sagte er trotzig. (Er sagte *Was glaumse*; Dr. Gysi hatte eine Vorliebe dafür, ankumpelnde Satzeröffnungen wie *Sangsemal* oder *Sehnsemal* zu verwenden.)

Ja, ich hatte auch Angst. Denn ich arbeitete ja an einem Manuskript, das ein Attentat auf Wandlitz zum Thema hatte, wenn auch mit alten Naziwaffen und einem ausgemusterten Russenhubschrauber. Aber die Nähe zu dem belastenden Papier war da, und ich war nicht so naiv, dieses Manuskript für unauffindbar zu halten – auch wenn es im bislang sorgsamsten Versteck lag. In dem belastenden Papier war davon die Rede, daß die Waffen für den Staatsstreich über die Ostsee geschmuggelt werden sollten. Im Sommer 1995 hatte ich meinen Wanzen einen Ostseeurlaub angekündigt. Jetzt erschien es mir gut möglich, daß die Stasi schlußfolgert, ich hätte in jenen Tagen heimlich Kisten mit Waffen in Empfang genommen, denn die sollten ja über die Ostsee kommen. Wenn sie nach diesen Waffen sucht, kommt sie vielleicht auch auf die Idee, sich das Grundstück meiner Eltern vorzunehmen – und dann wird sie im Brunnenschacht zwar keine Waffen, aber ein Manuskript finden. Die Vorstellung, ein Manuskript zu verlieren, ist ein Alptraum für jeden Schriftsteller. Niemand will das gleiche Buch ein zweites Mal schreiben.

Sabine war wütend, aber auch ohnmächtig. Weil ich ihr gern beim Springen zusah, trainierte sie auch in der Wohnung (unter uns war ja nur ein leerer Laden). Das Seil peitschte sacht den Fußboden, die Gläser klirrten leise im Schrank, die Dielen knarrten unter ihren Fußballen, und ihr Körper hatte eine tadellose Figur wie eh und je – aber Sabines Lächeln versiegte in der Hausarrest-Zeit. Sie benutzte Worte wie »Ungerechtigkeit«, »Schweinerei« und »Riesensauerei«. Das Springseil pfiff schärfer als sonst durch die Luft.

Und ich? Hatte vor meinem Hausarrest geglaubt, daß so eine Strafe ja gar keine Strafe ist, sondern eigentlich eine Schreiberzwingungsmaßnahme, ein Zeitverplemperungs-Unterbindungsprogramm. Ach, wie wenig wußte ich von mir! Keine Minute konnte ich schreiben. Ich entwarf in Gedanken lange Argumentationsketten, die auf meine Unschuld hinausliefen, phantasierte mich in die entscheidenden Prozeßminuten, formulierte Erklärungen, die ich vor Gericht verlesen wollte, und, und, und. Meinen Besuchern gegenüber war ich oft fahrig und unkonzentriert; ich war unfähig, mich ihnen wirklich zu widmen. Das erlebte auch Apfelkuchen-Angela, die eines Tages vor der Tür stand, wie ein Jahr zuvor mit drei meiner Bücher zum Signieren. Einen Apfelkuchen gab es auch diesmal, mit Äpfeln aus dem elterlichen Pfarrgarten bei Templin, wie sie erzählte. Ich fragte sie ein bißchen über ihre Arbeit aus, aber es ging zum einen Ohr rein und zum anderen wieder raus, und das lag nicht daran, daß ich bei Wissenschaftlern eigentlich nie verstehe, was sie da treiben. Sondern daran, daß ich nur einen Gedanken hatte. Als dann noch Dr. Gysi kam (den sie erkannte), schaute sie irritiert zwischen ihm und mir hin und her. »Stimmt hier was nicht?« fragte sie dann. »Haben Sie Probleme?« Ich merkte, wie mein Kinn zu zittern begann – und ich nickte. Mehr nicht.

Kaum war sie raus, fragte mich Dr. Gysi, wer das war, und ich sagte: »Kenn ich nicht. Eine Leserin, die ihre Bücher signiert haben wollte. Daß ich ihr nichts gesagt habe, haben Sie ja erlebt.«

Wenige Tage danach rief eine unbekannte Frau im S. Fischer Verlag an und schaffte es, sich zu meinem Lektor durchstellen zu lassen. Die Frau fragte ihn, ob man denn wisse, daß ich Probleme hätte. Ich sei »wesensverändert« und »bedrückt«. Außerdem sei der Anwalt Dr. Gysi bei mir gewesen, was auch merkwürdig sei, denn normalerweise gehen Mandanten ja in die Kanzlei ihrer Anwälte. »Mit dem stimmt was nicht« und »da stimmt was nicht« – das sagte die Unbekannte immer wieder – womit sie Jörg Bong zumindest so beeindruckte, daß er in der Kanzlei von Dr. Gysi anrief. Was er dort erfuhr, war »nicht Fisch und nicht Fleisch«, wie er mir später sagte, und so rief er im ARD-Studio in der Schadowstraße an und erzählte das wenige, was er wußte. Dort zog man mit einem Kamerateam los – und am Abend war ich Spitzenmeldung der ›Tagesschau‹. Ein komisches Gefühl, unmittelbar nach den Fanfaren das eigene Foto links hinter Dagmar Berghoff zu sehen. Es gab eine Meldung und einen Filmbeitrag, mit Schnitten auf Straßenschild und Hausnummer. Prima, nun wußte jeder, wo ich wohne. Das Kamerateam wurde nicht ins Haus gelassen; Stasi-Männer hatten sich neuerdings vor dem Haus postiert, vermutlich wurde das ARD-Büro abgehört. Die Stasi-Männer wurden ebenso gezeigt wie Dr. Gysi, der ein kurzes Interview gab. »Ich gehe davon aus, daß mein Mandant unschuldig ist.« Daß wegen Hochverrat ermittelt wird, sprach der Beitrag ebenso aus wie meinen Hausarrest, meinen Maulkorb und mein Westkontaktverbot.

In den ›Tagesthemen‹ aber, wo ich erneut Thema war, wurde eine weitere Gysi-Äußerung aus dem Interview gesendet. Auf die Frage, ob die Stasi dahinterstecke, sagte Dr. Gysi, daß es dafür keine Anhaltspunkte gebe; ebenso könnte »ein rachsüchtiger Mensch«, dem ich »die Frau ausgespannt« habe, die »mutmaßliche Fälschung« angefertigt haben. Dazu machte er ein Gesicht, als habe er jetzt die ganz heiße Spur verraten.

Mit der Meldung in der ›Tagesschau‹ war die Brussig-Affäre plötzlich da, und sie war Staatsaffäre. Dr. Gysi hatte den ganzen Tag über alle möglichen Leute im Stasi- und Justizapparat davon zu überzeugen versucht, den Haftbefehl nicht zu vollstrecken. Weder hatte ich gegen meine Auflagen verstoßen, noch hatte ich vor, dies zu tun. Er war schon ein schlauer Hund, dieser Dr. Gysi. Zweifellos stand er auf meiner Seite. Aber bis heute weiß ich nicht, auf welchen Seiten er noch stand.

Der Hausarrest wurde am 31. August verhängt, die ersten Fernsehbeiträge kamen am 28. Oktober. Am 30. Oktober stand die Rettung vor der Tür, ohne daß ich ahnte, daß dies die Rettung ist. Aber auch die Rettung sagte nicht, ich bin die Rettung – sie sagte: »Es gibt etwas, das du wissen solltest.«

Zunächst aber behauptete meine Rettung, daß wir uns schon mal begegnet wären, und zwar im Januar 1991 im Buchladen in der Spandauer Straße. Als meine Rettung ihren Namen nannte – Pamela –, war die ganze Szene wieder da. Pamela, damals noch Studentin, war inzwischen Deutsch-/Englischlehrerin an einer EOS, zufällig an der EOS, die mein Bruder Stefan besucht hatte und die in ›Wasserfarben‹ als Kulisse diente. Natürlich kennt ein Großteil der Schüler mein Buch, aber einer, Florian Schöbel, der ›Wasserfarben‹ sehr, sehr genau kennt (und mag), »wird gleich eine entscheidende Rolle spielen«. Bei einer Klassenfahrt hatte Florian Pamela von seinem älteren, 24jährigen Bruder Thomas erzählt, der sich mit dem Vater entzweit hatte. Thomas ist das leibliche Kind, erfuhr Pamela bei der Gelegenheit; Florian ist ein Adoptivkind. Sie sage das nur der Vollständigkeit halber, denn mit der eigentlichen Geschichte habe das wenig zu tun. Thomas Schöbel sei wohl ein regelrechter Fan meiner Bücher, jawohl, der Plural sei angebracht, denn er kennt auch ›Helden wie wir‹. Der Vater Joachim Schöbel hingegen war ein Stasi-Mitarbeiter, zumindest ist die im Klassenbuch verwendete Berufsangabe »Abteilungsleiter im Ministerium für Außenhandel« eine typische berufliche Legende für Stasi-Mitarbeiter. Der Vater-Sohn-Konflikt muß sehr, sehr heftig gewesen sein, und immer wieder drehte es sich um ›Wasserfarben‹, und Florian hatte das als Zwölf-, Dreizehnjähriger alles mitgekriegt. Thomas war inzwischen eine ziemlich verkrachte Existenz; ›Wasserfarben‹ motivierte ihn nur, endlich mal »Nein!« zu sagen. – Der Vater hatte also seinen älteren (einzigen leiblichen) Sohn verloren, und als dann noch ›Helden wie wir‹ erschien, eine hohnlachende Stasi-Verarsche … Hier stockte Pamela, denn sie wußte den Satz nicht zu vollenden. »Da nahm er es persönlich«, sagte ich, ihr helfend. »Ja«, sagte sie, »irgend so was.«

Na gut. Es gibt also einen Stasi-Beamten in Berlin-Mitte, der ganz, ganz böse auf mich ist.

»Da ist aber noch was«, sagte Pamela, die meine Rettung war, was ich in dem Moment immer noch nicht wußte. »Florian schreibt solche Aufsätze.«

Sie zog aus ihrer Tasche eine beschriebene Doppelseite, und als ich sie sah, entgleisten meine Gesichtszüge, und ich machte einen Laut wie »Hö« oder »Hä« – denn der Aufsatz war mit meiner Handschrift geschrieben. Ich hatte meinen Handschrift-Doppelgänger gefunden.

Das war die Rettung.

Pamela kannte meine Schrift von jener ›Wasserfarben‹-Widmung, und als sie den ›Tagesthemen‹-Beitrag sah, überlegte sie den ganzen restlichen Abend: Brussig – Handschrift – Fälschung – Stasi – Rachsucht. Am folgenden Tag überlegte sie weiter, und als ihr immer klarer wurde, daß sie ein paar wertvolle Puzzlesteine in der Hand hielt, fragte sie ihren Schüler: Florian, hat dich dein Vater mal einen komischen Text schreiben lassen, mit Dingen, die in der sozialistischen Gesellschaft verboten sind? Da ist Florian rot geworden und hat gesagt, daß er darüber nicht sprechen darf. »Das ist graphologischer Kindesmißbrauch!« rief ich. Sabine klatschte in die Hände, rief »Juhu, er hat seinen Humor wieder!«, stellte drei Schnapsgläser auf den Tisch und wir stießen an. (Ich trinke normalerweise nie.) Dann griff Sabine nach ihrem Springseil und hüpfte, hüpfte, hüpfte, und sie lachte dazu, wie sie es immer tat, wenn ihr leicht ums Herz war. Als sie sich ausgehüpft hatte, schleuderte sie das Springseil weg und rief »Yippie!«.

Noch am selben Abend schrieb ich einen Brief an Egon Krenz. Das Schwierigste bei diesem Brief war die Anrede, sie sollte weder zu anbiedernd noch zu stolz klingen, aber als ich mich auf »Sehr geehrter Egon Krenz« einigen konnte, war der Rest schnell geschafft.

»… zunächst möchte ich Ihnen danken, daß Sie trotz des Vorwurfs ›Hochverrat‹ und der scheinbar überzeugenden Beweise eine Aussetzung des Haftbefehls erwirkt haben. Inzwischen habe ich Informationen, die eine Einstellung des Verfahrens gebieten. Das Schreiben, mit dem die gegen mich erhobenen Vorwürfe begründet wurden, stammt in Wahrheit aus der Hand des Abiturienten Florian Schöbel, wohnhaft 1017 Berlin, Schillingstraße 4. Dessen Vater, der mutmaßliche Stasi-Mitarbeiter Joachim Schöbel (gleiche Adresse), hat ihm das Schreiben diktiert. Florian Schöbel hat zufällig die gleiche Handschrift wie ich; Schriftprobe anbei.

Ich hoffe und erwarte, daß die bestehenden Einschränkungen mit sofortiger Wirkung aufgehoben werden. Ich – und übrigens auch Sie – sind zum Spielball einer üblen Intrige geworden.

Gruß, Thomas Brussig«

Die Doppelseite mit dem Aufsatz teilte ich, wobei ich die Seite, auf der Florian Schöbels Name stand, zu dem Brief tat; die andere Hälfte behielt ich.

Sabine lief mit meinem Brief zum ZK-Gebäude. Dort wurde sie abgewiesen, also fuhr sie mit einem Schwarztaxi direkt zu Dr. Gysis Privatwohnung. Dr. Gysi empfing sie im Schlafanzug, über den er seinen Anzug gezogen hatte. Er werde sich kümmern, sagte er.

Tatsächlich kam er schon am nächsten Morgen, um uns die Aufhebung der Auflagen mitzuteilen. Das Verfahren wird eingestellt. Krenz war stinksauer; offenbar gab es da einen Stasi-Typen, der über die Stränge geschlagen hatte. Die Stasi wollte über mich informiert sein, mich auch in Schach halten – aber da wollte mich einer erledigen. Daß ein gar nicht mal bedeutender (wenn auch nicht ganz kleiner) Stasi-Mann eine solche Affäre auslösen kann, weil bei der Stasi zu wenig hingeschaut wird, das soll dem Genossen Generalsekretär mächtig gestunken haben. Auch über den Objektschutz sei er, sagte Dr. Gysi, an Sabine gewandt, sehr unzufrieden. Wenn da jemand kommt und man spürt, welche Brisanz im Spiel ist, kann so jemand nicht einfach fortgeschickt werden, »na hörnse mal!« Vorgestern Spitzenmeldung der ›Tagesschau‹, und wenn es dann Klopf, klopf am Türchen des ZK-Gebäudes macht, hier ist Brussigs Botin, dann muß der Laden bitte flutschen, so Krenz, laut Dr. Gysi.

Joachim Schöbel bekam ich nie zu Gesicht. Er wurde von einem Militärgericht in einer geschlossenen Verhandlung zu vierzehn Jahren Haft verurteilt. Die Anklage lautete: Hochverrat.

Die Brussig-Affäre war etwas, was die Öffentlichkeit drei Tage lang beschäftigte. Für mich waren es aber zwei Monate. Hätten die Nachrichtenzuschauer jedoch zwei Monate lang im Stile einer Seifenoper Anteil an meinem Schicksal genommen, hätte ich wohl kaum eine Chance, je wieder als Schriftsteller wahrgenommen zu werden. So wenig, wie es möglich ist, Salman Rushdie ohne das Todesurteil zu denken und zu lesen. Insofern hatte ich doppelt Glück: weil die Brussig-Affäre so lange im Verborgenen blieb, und weil sie sich aufklärte, unmittelbar nachdem sie öffentlich wurde.

Die letzten Jahre der alten Zeit
(1997–1999)

In der schlaflosen Nacht auf den 31. Oktober, der letzten des Hausarrestes, malte ich mir mit Sabine unsere Hochzeit aus. Trauzeugen sollten die beiden rettenden Engel sein, nämlich die Apfelkuchen-Angela, die mit ihrem Anruf beim S. Fischer Verlag eine Lawine lostrat, und Pamela, die wie eine Kriminalkommissarin Puzzlesteine zusammensetzte und den Mut aufbrachte, mir alles zu sagen, was sie wusste. Zur Trauzeugin fehlte ihr allerdings der Mut; ich war nach wie vor kein Umgang für eine Lehrerin an einer Erweiterten Oberschule. Sie wollte sogar, daß ich ihren Anteil an der Aufdeckung der Brussig-Affäre mit keiner Silbe erwähne.

Unsere größere Sorge war, daß wir nicht wußten, ob mein Vater unsere Hochzeit noch erleben würde. Während ich unter Hausarrest stand, wurde bei ihm ein Darmtumor gefunden, der noch in der gleichen Woche operiert wurde. Der Eingriff dauerte über fünf Stunden, und danach wog mein Vater – in seinen Worten – so viel wie zuletzt als Abiturient. Wegen des Hausarrestes konnte ich ihn nicht im Krankenhaus besuchen oder mit Ärzten sprechen. Als es schließlich möglich war, lernte ich, daß Krebs durch Statistik besiegt wird. Es gibt so viele Krebskranke, daß als die erfolgreichste Therapie die gilt, unter der fünf Jahre nach Erstdiagnose die meisten Patienten überleben. Weiterhin erfuhr ich, daß die im Westen angewendeten Chemotherapien den hiesigen deutlich überlegen waren (die Überlebenschancen waren um etwa 15 Prozent höher). Also sorgte ich dafür, daß mein Vater seine Chemotherapie in Westberlin bekam. Die Brussig-Affäre hatte mich von einem Schmuddel-Dissidenten in einen Edel-Dissidenten verwandelt; plötzlich durfte ich Ansprüche stellen. Wie es sich in der DDR an Krebs stirbt, hatte ich bei meiner Oma erlebt, die im Herbst 1977 ihre letzten Wochen abwechselnd im Krankenhaus und bei uns zu Hause verbracht hatte. Wenn die Schmerzen kamen, mußten wir den Notarzt rufen, der ihr dann Morphium spritzte. Einer jedoch tat es nicht, so daß meine Oma vollkommen blank ihren Schmerzen ausgeliefert war. Stundenlang schrie und wimmerte sie, bis auch dazu ihre Kräfte nicht mehr reichten. Vier Tage später war sie erlöst.

Die Chemotherapie war fast ein Spaziergang für meinen Vater, alle Befürchtungen, er würde sich in einen kotzenden Glatzkopf verwandeln, waren grundlos. Mein Vater erkühnte sich am Ende des letzten Zyklus sogar, seinen Arzt zu fragen: »Herr Doktor, wenn die Nebenwirkungen ausbleiben – gibts denn dann überhaupt eine Hauptwirkung?« Auf unserer Hochzeit tanzte er, wie er – nun in meinen Worten – zuletzt als Abiturient getanzt hatte. Wir feierten im Prater, bis um sieben Uhr früh die Putzfrauen kamen und die letzten Gäste wegschickten.

Auch Frau Reimann kam zu meiner Hochzeit. Von ihr erfuhr ich das erste Mal, daß es bald ein »System, das die Zensur überflüssig macht«, geben solle. Was damit gemeint war, wußte sie selbst nicht genau. Es klang, wenn man genau hinhörte, als ob die gleichen Einschränkungen für die Literatur bleiben, ohne daß es Zensur und Zensor gibt. Insofern machte ich mir wenig Hoffnungen, daß die gerüchteweise erwartete »Abschaffung der Zensur« tatsächlich kommen wird und meine Bücher in der DDR erscheinen können.

Mit der Arbeit stockte es. Ich konnte jenes Manuskript nicht fortsetzen, das ein Attentat auf die Funktionärssiedlung Wandlitz zum Thema hat. Zu dicht war dieser Text an dem, was man mir unterstellt hatte und was mich für den Rest meines Lebens ins Gefängnis hatte bringen sollen. Auf einmal hatte ich meine Schwierigkeiten mit jener Grundannahme des Schreibens, die jeder Schüler im Deutschunterricht lernt und die jeder Autor seinen Lesern gegenüber behauptet (und was die nie glauben), daß nämlich literarische Texte Fiktionen sind, die allenfalls vage Verbindungen zur Realität haben. Wenn ›Wir fliegen auf Sicht‹ erscheint, wird keiner mehr glauben, daß die Vorwürfe in der Brussig-Affäre vollkommen aus der Luft gegriffen waren.

Auf der Leipziger Buchmesse wurden die Gerüchte über die Abschaffung der Zensur konkret – und es lief tatsächlich auf das »System« hinaus, »das die Zensur überflüssig macht«. Es sollte fortan allein im Ermessen der Verlage liegen, ob ein Buch erscheint. Allerdings gab es Gesetze, welchen Inhalt Literatur nicht haben darf: Sie darf nicht kriegsverherrlichend sein, rassistisch oder antisemitisch. Natürlich darf sie auch nicht zum Haß auf andere Völker oder zum Sturz der sozialistischen Ordnung aufstacheln. Weiterhin darf sie nicht persönlich verunglimpfend sein oder die Organe und Repräsentanten des sozialistischen Staates diffamieren oder herabwürdigen. Wenn ein Buch erscheint, und irgend jemand ist der Meinung, daß dieses Buch gegen eines dieser Prinzipien verstößt, kann er vor Gericht ziehen. Ein Gericht hat dann zu entscheiden, ob das Buch aus dem Verkehr gezogen wird – und in dem Fall auch eine empfindliche, sogar ruinöse Geldstrafe zu verhängen. Ob das allerdings ein Fortschritt war? Außerdem war das neue »System« noch unberechenbarer als das alte. Während man bislang mit Zensor Höpcke feilschte, mußte sich nun jeder Verlag fragen: Wer alles könnte was dagegen haben?

Das neue »System« tat so, als wären Gesetze wichtig, und das widersprach meiner Lebenserfahrung. Ob es die »Verleitung zum Kameradendiebstahl« während meines Wehrdienstes oder die »Unterlassene Hilfeleistung im besonders schweren Fall« war, die die akademische Laufbahn meines Bruders ruinierte – wer die Macht hatte, konnte ein passendes Gesetz erfinden und sogleich exekutieren. Oder Ninettes Rausschmiß als Kulturhausleiterin: *Ich* hatte gegen ein Gesetz verstoßen, doch *sie* wurde gefeuert. Ebenso die Brussig-Affäre, bei der der Hochverrats-Paragraph für einen Versuch genutzt wurde, um mich einzubuchten. Der Unterbindungsgewahrsam bei meiner Prag-Reise, der Hausarrest – statt Erfahrungen mit dem Gesetz machte ich Erfahrungen mit dem Staat, und dem waren Gesetze egal.

Auf der Leipziger Buchmesse stellte sich mir etwas unsicher ein Mann vor, als »einer der vielen, die Sie auf dem Gewissen haben«. Er sei mal Herausgeber der ›Temperamente‹ gewesen und hatte die Idee gehabt, mich für jenes ›Temperamente‹-Sonderheft anzufragen, für das ich ›Die Tochter des Delegierten‹ schrieb. Nach dieser Erzählung wurde in der DDR auf Jahre nichts Neues mehr von mir gedruckt. Das Sonderheft zum hundertsten Geburtstag von Anna Seghers war von oben gewollt, erzählte mir der Herausgeber, und weil die übliche hunderttausender Auflage allein mit dem Motto Anna Seghers nicht zu schaffen gewesen wäre, wollte der Herausgeber »nachwürzen«. Er habe mit Erfolg darum gekämpft, daß »kein Komma« an meiner Erzählung geändert werde – mit dem Ergebnis, daß jenes Sonderheft die letzten ›Temperamente‹ wurden, die er betreuen durfte. Auf meine Frage, wo er denn jetzt arbeite, hielt er als Antwort nur seinen Stoffbeutel hoch, auf dem »Stadtbibliothek Zeulenroda« stand. Er schien nicht verbittert, ich glaube, er wollte nur, daß ich weiß, um welchen Preis eine einzelne Erzählung von mir erscheinen konnte. Und als ich daran dachte, daß mir ›Die Tochter des Delegierten‹ mal ein sehr polygames Jahr ermöglicht hatte, bekam ich gegenüber dem geschaßten Herausgeber fast ein schlechtes Gewissen.

Aus diesen Gedanken wurde ich aber herausgerissen, als ich, auf der Rolltreppe von Speck's Hof, von einer entgegengesetzt fahrenden Messebesucherin laut beschimpft wurde. Während Sturzbäche von Beschimpfungen auf mich herniedergingen, hatte ich mit meiner Gesichtsblindheit zunächst die liebe Not, herauszufinden, ob mir die Beschimpferin bekannt war (Antwort war nein). Sie hatte eine wenig zwingende Art, ihre Gedanken aufzubauen und setzte obendrein in ihrer Rede immer wieder nach Luft schnappend ab, so daß ich erst nach einer Weile verstand, um was es eigentlich ging. »Macht auf armer unterdrückter Eingesperrter … Aber gleichzeitig dafür sorgen … daß Papi seine Chemotherapie im Westen kriegt ... Weiß unser armer unterdrückter Eingesperrter überhaupt ... wie die Kanülen für unsereins aussehen? Mein armes Schwesterlein, Kanülen ... Wenn sie die Dünne nicht haben, jagen se eben ne Dicke in die Arme ... So dünne Ärmchen waren das nur noch ... aber die Kanülen werden immer dicker! Und zum Sterben ... gehts in nen Zimmer, wo ... vier Familien, die um die Wette heulen. Eine Schande! Glaub man nicht, du bist ... nur einen Deut besser als so ne Bonze ... Schönen ... Schönen Tag dann noch!«

Die Rolltreppe war so voll, daß ich nicht einfach abhauen konnte, und weil mir nach der Begegnung mit dem ›Temperamente‹-Herausgeber der Sinn nach einer privaten Aktion Sühnezeichen stand, wollte ich unseren Krebskranken durch Spenden aus dem Westen zu besseren Krebsmitteln verhelfen. Ich schrieb Walter Momper, und der leierte etwas zwischen dem Berliner Senat und dem Pharmaunternehmen Schering an, so daß ab dem Herbst 1998 täglich Dutzende DDR-Krebspatienten kostenlose West-Medikamente bekamen. Entweder erhielten sie die Infusionen in einer kleinen Praxis im Erdgeschoß des Schering-Gebäudes, oder sie fuhren mit ihren Beuteln in die Charité; Schering lag nur hundert Meter hinter dem Grenzübergang Chausseestraße. Ich geriet zwischenzeitlich in einen Mutter-Teresa-Rausch: Weil es mit Walter Momper so gut geklappt hatte, bat ich alle möglichen Leute um Unterstützung. Wolf Biermann schrieb ich, in der Hoffnung, er würde, wenn er die Adresse Chausseestraße liest, sentimental werden und spenden. »Geld gibts von mir keins«, antwortete er, »aber ich spendiere der Zytostatika-Tankstelle in der Chausseestraße ein Jahresabonnement des ›Spiegel‹. Es ist doch eine schöne Vorstellung, daß die Ossis, während der kostbare Saft Tropfen für Tropfen in die Adern rinnt, im ›Spiegel‹ blättern.« Auch Udo Lindenberg spendete kein Geld, sondern fünfzehn signierte Doppel-CDs ›1996‹ von seiner grandiosen DDR-Tournee. Dazu ein Kärtchen. »Dr. Udolius Lindenbergum spendet die heißeste Währung der Welt, dreißig klingende Silberlinge. Rumkrebsen, nein danke! Suhl war cool und Greiz nicht ohne Reiz, yeahhh!« Nina Hagen schrieb einen Brief, der in etwa so ging: »Neiiiin, man(n) kann doch nicht die armen krebspatienten in die höhle/hölle des löwen, in die zentrale des pharmakonzerns schering schicken, wo doch krebs ein aufschrei des körpers, der natur, des ganzen kosmos ist, gegen die untaten und quälereien, die wir uns selbst und gegenseitig antun, und deswegen müssen wir zu dem greifen, was mutter natur im sorrrrtiment hat und nicht was uns böse, böse pharmakonzerne mit dem lächeln übler verführer auf den tisch legen, weil das, was wirklich gegen krebs hilft, und zwar seit jahrtausenden, die gute alte mistel, mit der läßt sich kein geld verdienen, und wenn du, mein babylonischer recke, heut noch wirklich eine schlacht zu schlagen wagst, dann geh nicht los auf die genossen, die sind deiner doch nicht würdig, nein, bringe der welt die mistel, um uns von der geißel des krebses zu befreien!« Nachdem ich ihr schrieb, daß sie gern auch für Mistelpräparate spenden kann, stiftete sie unglaubliche 3406 Packungen Mistelpräparate; die Zahl hatte irgendeine spirituelle Bedeutung, die mir aber entfallen ist.

Im Sommer waren wir oft mit Robert Segeln. Bei einer dieser Fahrten erzählte er, daß er von der Braunkohle zur

Windkraft wechseln würde. »Die Braunkohle ist irgendwann aus dem Boden gekratzt – aber der Wind weht immer.« Ich freute mich für ihn, denn Robert hatte eine Begeisterung für den Wind. Er ging durchs Leben mit den Augen eines Seglers, und wenn er sich jetzt mit Windenergie beschäftigte, dann wurde er zu einem jener beneidenswerten Menschen, die ihr Hobby zum Beruf gemacht haben.

Windräder kannten wir nur aus dem Fernsehen, und ich fragte ihn, wie groß die denn werden – größer als ein Haus, oder gar so groß wie die Windmühlen in den Niederlanden. An der Art, wie Robert lächelte, erkannte ich die Naivität meiner Frage, aber er antwortete wie ein Ingenieur. Je größer die Fläche ist, die im Wind steht, desto größer ist die Energie, die gewonnen werden kann, und da die Länge eines Windmühlenflügels in einer Quadratfunktion zur Fläche steht, ist die Energieausbeute entsprechend. Außerdem weht der Wind in größerer Höhe um so kräftiger. Der »limitierende Faktor« hingegen sei das Kupfer der Generatoren. Kupfer koste etwa das Dreißigfache von Stahl. Wolle man aus Wind Elektroenergie erzeugen, sollte man möglichst viel Energie aus dem eingesetzten Kupfer gewinnen. Die Windräder seien um so wirtschaftlicher, je größere Turbinen in um so höherer Höhe von um so größeren Rotoren bewegt würden.

Während er das erzählte, segelten wir. »Uns treibt der Wind an, und den haben wir kostenlos. Mit dem Motor sind wir langsamer, und ich muß alle naselang Sprit nachfüllen. Überleg mal, wie uns der Wind helfen könnte, wenn wir ihn nur nutzen.«

»Warum hat man das nicht schon längst gemacht mit der Windenergie?« fragte Sabine.

»Weil du die Energie nicht speichern kannst«, sagte Robert. »Du mußt den Strom verbrauchen, wenn der Wind weht. Und wenn du ihn brauchst, ist möglicherweise gerade Flaute.«

Komisch, wenn das Hochwasser das Haus weggeschwemmt hat, fällt einem wieder ein, wie ein erstes Rinnsal über die Schwelle floß, und wenn der Sturm das Dach abgerissen hat, erinnert man sich daran, wie die erste Brise die Fensterläden klappern ließ. So geht es mir heute, wenn ich vor der Kommode mit meinen Erinnerungen hocke und jenen Sommertag betrachte, als Robert das erste Mal von Windenergie sprach. Er sprach von riesigen Windrädern und der Herausforderung, diese Energie speicherbar zu machen. Der deutsche Ingenieur ist der wahre Visionieur. Er will nur ein technisches Problem lösen – und verändert die Welt.

Muß ich mir vorwerfen, daß mir an jenem Sommertag absolut die Phantasie fehlte, mir die Folgen dessen auszumalen, wovon Robert sprach? Oder darf ich mich mit Columbus rausreden: Selbst der ahnte nichts von den Folgen seiner Entdeckung, nicht mal auf der Rückfahrt.

Von Matthias, der seit seinem Zusammenbruch Ende 1989 von meinem Radar verschwunden war, erhielt ich eine Einladung zu einem Gospel-Konzert. Sein Chor sollte an einem Sonntagvormittag in der Samariterkirche auftreten, zufällig an dem Sonntag im Januar, an dem eine Großdemonstration »zum Gedenken an Karl und Rosa« durch die Frankfurter Allee, vom Frankfurter Tor bis hin zum »Friedhof der Sozialisten« in Friedrichsfelde führte. Die Samariterkirche liegt nördlich der Frankfurter Allee, ich kam von Süden –

und konnte wegen der Absperrungen nicht auf die andere Seite. Während ich nach einem Übergang suchte, fühlte ich mich in die Siebziger zurückversetzt, in denen ich selbst mitgetrottet war. Die Lieder, die Reden, die Parolen, es war wie damals. *Und ich weiß, und ich weiß, das geht nie vorbei.* Kerschowski, mußt du denn immer recht haben?

Als ich endlich auf die andere Seite und in die Samariterkirche kam, fror ich. Das Konzert hatte bereits begonnen, und so war ich von einem Moment auf den anderen von Gospelmusik eingehüllt, von energetischen, jubelnden Gesängen, schneidend wie Peitschenhiebe. Durch das Propagandagedröhn der Demonstration war mir unwillkürlich wieder mein Attentats-Manuskript in den Sinn gekommen, in dem ein ausrangierter Hubschrauber von einer Handvoll Desperados für einen Angriff auf Wandlitz flottgemacht wird. Doch als ich diesen Stoff im Gospelgesang betrachtete, wurde mir klar, daß ich mich verrannt hatte. Die Story mußte wie ein Gospel sein – positiv, leidenschaftlich, leuchtend. Tief im Inneren wußte ich, daß etwas Schiefes, ja, Inhumanes an dem Attentatswunsch war. Nein, der Hubschrauber muß dazu auserkoren sein, eine Handvoll Fluchtwillige im Nachtflug in den Westen zu bringen. Die Leute verfliegen sich und landen zufällig auf dem »Friedhof der Sozialisten«. Während der Hubschrauber wieder flottgemacht wird, buddelt ein Expeditionsmitglied die Urne von Erich Honecker aus und nimmt sie mit in den Westen. Das Ganze wird in einer langen Rückblende erzählt und bekommt den Titel ›Störung der Totenruhe‹. Aus der Haß- und Rachephantasie wurde nun ein Schabernack. Aus Grunge wurde Gospel.

Der Haß, der den Attentats-Stoff noch durchzog, verwandelte sich bei ›Störung der Totenruhe‹ in Spott und Schmähung, und endlich schrieb sich auch dieses Buch wie von allein. Bereits im Herbst konnte es erscheinen. Einige Passagen und Formulierungen verließen das Gehäuse zwischen den Buchdeckeln und wurden stehende Redewendungen. »Der Marsch der kalten Füße«, wie ich die Januardemo nannte, führte irgendwann nicht mehr zu jenem Stein mit der Inschrift »Die Toten mahnen uns«, weil es zu einer beliebten Mutprobe der Friedrichsfelder Jugendlichen wurde, in der Nacht vor der Demo die Inschrift in »Die Toten lähmen uns« abzuändern, in jenen Satz, den ein Mitglied der Hubschrauberbesatzung, bedingt durch die Dunkelheit, als Inschrift zu erkennen glaubt.

Sabine, die 1997 um ihren DDR-Meistertitel betrogen wurde und nicht zur Europameisterschaft nach Aarhus reisen durfte, wurde in den Jahren 1998 und 1999 wieder DDR-Meisterin und konnte auch zur Europameisterschaft nach Genua fahren. Nach der Brussig-Affäre schwand der Eifer staatlicher Stellen, uns zu schaden. Streckenweise war uns ein normales Leben gegönnt. In der Sparkasse stieg sie zur Schichtleiterin auf. Natürlich stand eine Frau Brussig immer irgendwie unter Verdacht, aber wirkliche Zurücksetzung erlebte sie nicht.

Die größte Enttäuschung bereitete ich ihr, weil ich sie nicht zur Europameisterschaft nach Genua begleitete. Mein babylonisches Versprechen hinderte mich, und ihr Einwand, daß dies ja lange vor ihrer Zeit gegeben wurde, stimmte mich nicht um. »Nur weil ich zu dir gehalten habe, konnte ich nicht nach Aarhus reisen – also jetzt halte bitte auch zu mir und komm mit nach Genua!« Doch ich war wieder stur, wie schon damals, als mich Ninette zur Ausreise überreden wollte.

Ich dachte an den Satz von Rainer Langhans, den er über Uschi Obermaier gesagt hat: »Für diese Frau würde ich jede Revolution aufgeben.« Wäre es nicht ein Signal, an Sabine und an die Welt, wenn ich aus Liebe mein babylonisches Versprechen breche? Daß die Reisefreiheit hermußte, war doch jedem klar, dazu brauchte ich doch nicht demonstrativ in der DDR hocken zu bleiben. Beging ich Verrat an meinem Versprechen, indem ich es schlicht breche – oder Verrat an Sabine, indem ich ihren innigsten Wunsch einfach mißachtete?

Wenn ich heute vor der Kommode mit meinen Erinnerungen sitze, dann erkenne ich kaum den verbohrten Kerl, der mir aus der 1999er Schublade entgegenstarrt. War das wirklich ich, der so vernagelt war? Ja, ich war es. Aus einem unerklärlichen Grund hielt ich die unvernünftige Entscheidung für besser als die vernünftige.

Mehrere Wochen »hing der Haussegen schief«, und im Nachhinein erscheint es fast logisch, daß Sabine ihren Titel nicht zurückgewann, sondern nur Dritte wurde, hinter einer Spanierin und der Polin, die zwei Jahre zuvor gewonnen hatte. Du bist jetzt fünfundzwanzig, hörte Sabine des öfteren, da mußt du die Bühne räumen für die Jüngeren.

In Berlin hatten sich einige Lesebühnen etabliert, die, wie früher die Punkbands, um den seltsamsten Namen konkurrierten. Es war so etwas wie die Nachfolgegeneration der Prenzlauer-Berg-Szene: Auch die Lesebühnen-Autoren wußten, daß sie nie veröffentlicht werden, aber anstatt in einen elitären Zirkel hineinzuwirken, schrieben sie Texte, die laut vorgetragen wurden. Anders als in diesem unseligen open-mike-und-spoken-poetry-Zirkus gab es aber keine Jury und keinen Wettbewerb. Richtig professionell vortragen konnten die Lesebühnen-Autoren nicht, zum Glück – es hätte sonst nach Kabarett gerochen. Pointengeil waren die Lesebühnen-Autoren allemal. So entstanden zumeist Alltagstexte, deren Autoren mit dem Dasein auf der Schattenseite des Lebens kokettierten und ein Dauer-Unglücksrabentum pflegten. Das war saukomisch, und so kam das Publikum, um sich schlappzulachen. Auch ich ging öfter zu den Lesebühnen – unter anderem, weil in den Wochen vor und nach den Seilspring-Europameisterschaften in Genua zu Hause dicke Luft war.

In der ›Hirnhautverengung‹ hörte ich einen Text von Ahne, in dem es darum ging, daß er mit seiner Familie in ein kürzlich aufgegebenes militärisches Sperrgebiet zum Pilzesammeln ging (Ahne sagte immer »in die Pülze«), wobei aber der Lärm von Waldarbeitern, Traktoren und sonstigen Maschinen die Idylle zur Farce werden ließ. Das Publikum lachte nonstop – und ich wußte nicht, weshalb. Daß militärische Sperrgebiete im großen Stil aufgegeben wurden, daß die Russen nur noch an zwei Standorten stationiert waren, wußte ich natürlich, dem Abrüstungsgetöse war nicht zu entgehen – *aber wieso lachten die*? War alles nur Propaganda – und die Waldarbeiter in Ahnes Text in Wirklichkeit Soldaten, die Traktoren Panzer? Ich hatte nie geglaubt, daß mir mal ein Lesebühnen-Text zu hoch sein würde, aber an diesem Abend im August 1999 war es so.

Nach ein paar Wochen klärte sich das auf, beim Klassentreffen mit meiner Abiturklasse, als mir ein ehemaliger Mitschüler riet »Geh noch ein letztes Mal Pilze sammeln, denn der Wald ist bald nicht mehr das, was er mal war.« Ich hörte das erste Mal davon, daß sich Wälder in »Holzproduktionsstätten« verwandeln, die wie landwirtschaftliche Flächen bewirtschaftet werden. Die Lehrlingszahlen für den Forstfacharbeiter hatten sich in den letzten drei Jahren verfünffacht. Für das viele Holz mußten natürlich Anwendungsgebiete her, und als Baustoff ist Holz sehr vielfältig. Oberhalb des Kellers lassen sich Einfamilienhäuser nahezu komplett aus Holz bauen. Es gibt Dämmungen, Ziegel und Dachschindeln aus Holz. Eine ehemalige Mitschülerin entwickelte in ihrer Abteilung den Prototypen eines viergeschossigen Mehrfamilienhauses aus Holz. Ein anderer Mitschüler gehörte zu den Gestaltern des DDR-Pavillons für die Expo 2000, der sich in einer neuartigen Filigran-Holzbauweise präsentieren würde. Dieser Mitschüler wiederum wußte, daß sogar die Tonnenlasten der Windräder auf hölzerne Stützkonstruktionen kommen. Fast alle meine Mitschüler hatten Bauingenieurwesen oder Architektur studiert, und die meisten hatten irgendwie mit Holz zu tun. Und während sie mir mit leuchtenden Augen davon erzählten, dachte ich: Das ist die DDR an der Schwelle zum neuen Jahrtausend. Die anderen haben Nanotechnologie. Wir hacken Holz.

Das Jahr 2000 hatte immer einen Hauch Science-fiction. Und nun kam es – ohne Flugtaxen, ohne Bergbau-Kolonien auf dem Mars, ohne Erdbeerplantagen in der Arktis, ohne Hauswirtschafts-Roboter und natürlich auch ohne Kommunismus. Mist. Sie hatten uns von vorne bis hinten betrogen. Im Westen hingegen, wo Zukunft immer als Apokalypse daherkam, wurde sekundengenau zur Jahrtausendwende eine Katastrophe erwartet, global, versteht sich. Angeblich würden die ach so schlauen Computer nicht wissen, was am 31. 12. 1999 auf 23:59:59 Uhr folgt – und statt dessen einfach den Betrieb verweigern und die Welt ins Chaos stürzen.

Sabine wünschte sich ein Kind, und beim Blick in den Kalender schlug sie vor, in der Silvesternacht das »Baby 2000« zu zeugen. Wir verkrümelten uns an einen Ort, der sich in größtmöglichem Abstand zu jeder Silvesterfeier befand, nämlich in den Bungalow meiner Eltern in Brieselang. Dort, wo ich während meiner »Ostseereise« 1995 untergeschlüpft war und ›Wir fliegen auf Sicht‹ geschrieben hatte, das sich in ›Störung der Totenruhe‹ verwandelt hatte und vor ein paar Monaten erschienen war. Ich las zum zigsten Male Woody Allens Erzählungen ›Wie du dir, so ich mir‹, doch sie waren zu komisch, um sie laut zu lesen. Ein paar Minuten vor Mitternacht wurde es dann konkret mit dem »Baby 2000«, aber was sich da abspielte, hatte mit Sex kaum was zu tun. Daß Sabines Körper vor Sex nur so strotzte, oder, wie es Woody Allen sagen würde, daß »ihr Körper eine Reihe von Kurven beschrieb, bei deren Anblick eine Herde Ochsen einem Herzstillstand erlegen wäre«, nutzte in dieser Nacht gar nichts. Der Kinderwunsch ist der Feind der Erotik. Hinterher hörten wir ein paar ferne Böller. Jetzt war es also da, das legendäre Jahr 2000.

»Baby 2000« dachte gar nicht daran, sich einzunisten. Mir wurde klar, daß das Wort »Familienplanung« so treffend ist wie das Wort »Wetterplanung«. Reine Irreführung. Hat man keinen Plan für eine Familie, ergibt sich, huch, eine Schwangerschaft. Wenn du eigentlich nichts gegen ein

Kind einzuwenden hast und es kommt zu einer Schwangerschaft, kann die plötzlich auch wieder zu Ende sein. Und wenn du sagst: Jetzt will ich ein Kind, dann kommts zu keiner Schwangerschaft, ums Verrecken nicht.

Matjes im Halogenlicht
(2000)

Das Leben tut einem ja nie den Gefallen, die Szenen, die man sich wünscht und vorstellt, in der Realität aufzuführen. Wie hatte ich mir die Nachricht von der Reisefreiheit vorgestellt? Etwa so: Ich sitze auf meinem Sofa und lese ›Die unerträgliche Leichtigkeit des Seins‹, als das Telefon klingelt und mir jemand mit atemloser Stimme erzählt, daß die Reisefreiheit beschlossene Sache sei. (Was den Überbringer der Botschaft anging, legte sich meine Phantasie nicht fest.) Daß ich es nun, wie alle anderen auch, aus dem Munde von Sahra Wagenknecht erfuhr, nahm dem Ereignis einiges von seiner Schönheit. Aber der Reihe nach.

Die Praxis mit den Westreisen zu »privaten Anlässen und in Familienangelegenheiten«, wie es offiziell hieß, hatte sich seit den Achtzigern immer mehr gelockert, ob es um die Dauer der Reise, die Nähe der Verwandtschaft oder den eigentlichen Reiseanlaß ging. Wer schon mal im Westen war und von dort zurückgekommen war, hatte gute Chancen, wieder rübergelassen zu werden. Nach meinen guerilla-statistischen Erhebungen waren vierzig Prozent der DDR-Bevölkerung schon mal im Westen. Die privaten Besuchsreisen waren inzwischen der häufigste Weg von Übersiedlungen, gefolgt von Familienzusammenführungen (bei denen meist ein Besuchsreisender im Westen blieb und die Familie nachholte) und Ausreiseanträgen. Es gab kaum noch echte Flüchtlinge; 1999 war das erste Jahr ohne Toten an der deutsch-deutschen Grenze.

Daß es zur Reisefreiheit kam, begann mit jener Story, die Edgar Reitz Ninette und mir damals im Ganymed erzählt hatte, wonach er zwei Leipziger Handwerker beschäftigte, für die er, um Schwarzarbeit zu vermeiden, Steuern zahlen wollte. Die seien jedoch, so die Auskunft des Münchner Finanzbeamten, an deren Wohnsitzfinanzamt zu entrichten – also in Leipzig. Jeder andere hätte das Possenspiel um Staatsbürgerschaft und Zuständigkeit hier beendet. Nicht so Edgar Reitz. Der telefonierte sich zum Rat der Stadt Leipzig, Abteilung Steuern und Finanzen durch und landete schließlich bei dessen Leiterin. Und die dachte nicht, wie man glauben sollte: Was erlauben sich diese beiden Westreisenden da, anstatt mit ihren Verwandten auf Geburtstagsfeiern zu schunkeln, verdienen die sich Westgeld hinzu! Nein, sie dachte, wenn sich zigtausende Besuchsreisende ein paar hundert Westmark als Möbelpacker, Erntehelfer, Autowäscher oder auch als Weihnachtsmann hinzuverdienen, und die Lohnsteuer beim Wohnsitzfinanzamt anfällt, kommt da einiges zusammen. Manches, was wir nie erfahren werden, mag dann hinter den deutsch-deutschen Kulissen gelaufen sein – doch im März 2000 gab es schließlich die Vereinbarung mit der Schäuble-Regierung, die es den DDR-Finanzbehörden erlaubte, Steuern von westdeutschen Firmen einzufordern, deren Beschäftigte »ihren Wohnsitz auf dem Territorium der DDR haben«. Nunmehr konnte ein jeder, der einen Job im Westen fand, dort auch arbeiten. Nicht nur für zwei Wochen, sondern für immer. Die Lohnsteuern, die in die DDR überwiesen wurden, beliefen sich pauschal auf 14 Prozent und waren so niedrig, daß eine offizielle Wohnsitznahme im Westen Unsinn gewesen wäre. (Der Steuersatz lag dort zwischen 19 und 58 Prozent.)

Am Abend des 4. März 2000 sah wohl die ganze DDR die ›Aktuelle Kamera‹ und lauschte Sahra Wagenknecht, die in gewohnter Kühle die Regelung verlas. Es war der übliche Ämter- und Genehmigungssprech, der einem da entgegenschwappte, als gelte es, den Blick auf die sensationelle Kernbotschaft mit bürokratisch abschreckenden Formulierungen zu verstellen. Hieß das wirklich, daß jeder im Westen arbeiten kann, wenn er einen Arbeitgeber findet, der Lohnsteuern in die DDR überweist? Als in den ›Tagesthemen‹ die Stichtagregelung erläutert wurde, welche Bundesbürger daran hinderte, durch einen fingierten DDR-Wohnsitz auf 14 Prozent Lohn- oder Einkommensteuer zu drücken, war klar: Es ist ernst gemeint. Ab jetzt dürfen wir alle in den Westen.

»Die Menschen in der DDR sind vermutlich die ersten Deutschen, die, wenn sie das Wort ›Finanzamt‹ hören, liebevolle, ja geradezu euphorische Gefühle empfinden«, sagte Burkhard Spinnen, der mittlerweile – neben Maxim Biller – wichtigste westdeutsche Autor. Hans Magnus Enzensberger sprach ähnlich: »Wer hätte je gedacht, daß das Finanzamt zu einer Keimzelle von Bürgerfreiheit wird!« Und in den Londoner Wettbüros wurde das deutsche Finanzamt zeitweise an vierter Stelle für den Friedensnobelpreis gehandelt.

Doch daraus wurde nichts. Auf die D-Mark-Einnahmen

von Lohn- und Einkommenssteuern waren die DDR-Finanzämter nicht vorbereitet, und so half die Stasi aus, die ihre Leute kurzerhand auf Steuereintreiber umschulte. Mit den Mitteln der Guerilla-Statistik kam ich auf 15 000 umgesattelte Geheimdienstler, und als ich diese Zahl in die Welt setzte, fielen die Quoten in den Londoner Wettbüros ins Bodenlose.

Nie hätte ich geglaubt, daß von den drei Punkten meines babylonischen Versprechens – Reisefreiheit, Telefon, Zensur – als erstes die Reisefreiheit aufs Tapet kommt. Zwar konnte ich, wenn im privaten Kreis politisiert wurde, das Argument, daß die Devisenknappheit Zugeständnisse erforderlich machen wird, schon gar nicht mehr hören. Die Devisenknappheit gab es, seitdem ich denken konnte. Aber daß die Lösung so einfach und doch so kühn sein würde, hatte ich nicht erwartet.

Mein Bruder kam ganz schnell zu einem unbefristeten West-Arbeitsvertrag. Er hatte ein paar Jahre in einem rußigen Backsteingebäude zwischen dem Ostbahnhof und dem Bahnhof Warschauer Straße gesessen und Güterzüge zusammengestellt, was er sarkastisch »einen Job mit einer verheerenden Außenwirkung« nannte: »Ein Arzt ist n Arzt, und kein Nachfahre von Josef Mengele. Aber als Reichsbahn-Logistiker bist du der Nachfahre Adolf Eichmanns.« Bereits am 5. März rief er in der Personalabteilung bei REWE an, wo er nur einen Tag später zu einem Vorstellungsgespräch geladen wurde – und fortan machte er, nach seinen Worten, »unverdächtige Logistik«. Sein neues Büro war keinen Kilometer Luftlinie von seinem alten entfernt, er verdiente dreimal so viel wie zuvor, und als er, von seinem erfolgreichen Vorstellungsgespräch kommend, Plakate hängen sah, wonach Neil Young am selben Abend in der Deutschlandhalle spielt, hatte er die verrückte Idee, Neil Young zu ›Rockin' in the free world‹ auf der Luftgitarre zu begleiten. »Ich hatte das Gefühl, daß mir an diesem Tag einfach alles glücken wird«, sagte Stefan, »also versuchte ich es.« Sein Optimismus war so ansteckend und so überwältigend, daß es ihm tatsächlich gelang, erst das Management und schließlich auch Neil Young zu überzeugen; die endgültige Entscheidung fiel eine Viertelstunde vor dem Beginn des Konzertes, »und wenn ich nicht ausm Osten gewesen wäre oder alles ein halbes Jahr später gewesen wäre, hätten sie mich vielleicht nicht auf die Bühne gelassen«. Aber sie ließen ihn. »Am Morgen fahre ich das erste Mal in den Westen, am Mittag habe ich nen Arbeitsvertrag und am Abend spiele ich vor siebentausend Leuten zusammen mit Neil Young – das gibts in keinem Russenfilm!« sagte Stefan. Von den fünf Minuten auf der Bühne zehrte er Jahre. »Mir ist klar, warum diese Band Crazy Horse heißt«, sagte er. »Ich hab zwar nie auf nem wilden Pferd gesessen, aber genau so muß es sich anfühlen.«

Als Stefan seinen Schreibtisch ausräumte, erklärte ihm sein Chef gelassen den »Nutzen für das Ganze«; es klang fast so, als seien die Regelungen vom 4. März Teil eines großen Plans: Die Abwanderung gen Westen verursache einen Arbeitskräftemangel, der echte Rationalisierung nach sich ziehen würde. Und mittelfristig sei mit der »Einwanderung von Know-how« zu rechnen, wenn »unsere Leute aus einer der produktivsten Volkswirtschaften der Welt zurückkehren«. Außerdem sei der Exodus kein »Ausbluten« mehr. Wer die DDR verläßt, behält doch seinen offiziellen Wohnsitz in der DDR – denn nur der garantiert Niedrigsteuern. Wer im Westen arbeitet, sorgt für Devisen. Und damit verwandelt sich für den Staat die Ausreise›problematik‹ in einen Segen. »Als mein Chef ins Zimmer kam, dachte ich, er läßt mich auspeitschen, als er ging, dachte ich, er kommt gleich mit nem Orden zurück«, sagte Stefan.

Bei meiner ersten Westreise traf ich Tilman Spengler. Der sagte: »Ich kann gar nicht glauben, daß aus so einem heruntergewirtschafteten Land so tüchtige Arbeiter kommen. Aber da es nun mal so ist, muß ich diesen Widerspruch als den einleuchtendsten Beweis für die Unfähigkeit der Planwirtschaft betrachten. Wäre die DDR durch ihre Arbeiter zugrunde gerichtet worden, müßte es bei uns in ein paar Jahren auch so aussehen.«

Meine erste Westreise: Schwer zu beschreiben. Ich war ja auf einiges vorbereitet, dachte, nichts könnte mich überraschen. Den Westen dann aber zu erleben, war noch mal was anderes. Meine Tour führte mich über München und Frankfurt nach Hamburg. In München erhielt ich den Geschwister-Scholl-Preis, in Frankfurt wollte ich mich in meinem Verlag vorstellen und die treuhänderische Verwaltung meines Kontos beenden, in Hamburg wollte ich Biermann treffen. Als mein Laudator mochte er nicht nach München reisen; er habe »andere Ziegen zu kämmen«.

Aber der Reihe nach. Für die Fahrt von Westberlin nach München nutzte ich den Interzonenzug, der die Eigenschaft hatte, nicht in der DDR zu halten und auch nicht kontrolliert zu werden; mein Mißtrauen gegenüber den Uniformfressen war noch da. Ich schloß die Augen – und merkte, daß ich im Westen war. Der Zug stampfte plötzlich nicht mehr, das typische tatamm, tatamm – tatamm, tatamm blieb aus; der Zug glitt weich dahin. Der Münchner

Hauptbahnhof hatte mehr mit einem Palast als mit einem Bahnhof zu tun. An der Anzeigetafel fielen mit einem flatternden Geräusch gleichzeitig Hunderte Buchstaben hernieder – und als das Zeichenchaos mit einem Augenblick einfror, wurden Ziele und Zeiten der nächsten Züge angezeigt. Ich war davon so fasziniert, daß ich stehenblieb, nur um auf den nächsten Schriftwechsel zu warten. Währenddessen hörte ich einen anheimelnden Gong, mit dem Durchsagen eingeleitet wurden, und die Schmatzgeräusche hydraulischer Automatiktüren, ich roch Kaffee und Croissants, Bratendüfte und Zuckerwatte. (Ich kannte bisher nur scheppernde, krachende Durchsagen über megaphonartige Lautsprecher, die obendrein mit Rückkopplungseffekten zu kämpfen hatten, quietschende Anhaltemanöver von quälender Länge, den Gestank von Klo und Gummiabrieb, kaugummigepflasterte Fußböden und einen Kiosk, der regelmäßig mit runtergelassener Jalousie enttäuschte.) Meine Begeisterung legte sich allerdings, als ich die Preise sah: 3,40 D-Mark für ein Fläschchen Cola kam mir zunächst wie ein Irrtum vor. Da mußte der Preis in der Zeile verrutscht sein – aber dann sah ich, daß die Preise an allen Ständen gesalzen waren. Ich erinnerte mich daran, wie astronomisch mir das Honorar vorkam, das mir für meinen ›Bleierne-Zeit‹-Essay gezahlt wurde, und begriff, daß Menschen, die so viel für eine Cola bezahlen müssen, natürlich auch solche Honorare erwarten dürfen.

Der Geschwister-Scholl-Preis der Stadt München war nun also der westdeutsche Literaturpreis, mit dem es insofern ernst für mich wurde, weil ich nicht mehr der, nach Walter Momper, »Vorzeige-hinter-der-Mauer-hocken-Gebliebene« war. Es ist mir, in meinen Erinnerungen kramend, besonders unangenehm, jene Preisverleihung zu beschreiben. Was für ein Hirni war ich! Von mir wurde Staatstragendes erwartet, und obwohl ich eine entsprechende Rede in Berlin vorbereitet hatte, entschied ich mich anders. Wenn ich schon das erste Mal im Westen bin, dann muß ich das auch produktiv machen – ohne Rücksicht auf Peinlichkeiten oder darauf, wie ich später, älter, west-erfahrener, meine ersten Stunden einordne. Was also dem Westen entgegenschleudern? Darüber dachte ich nach, während ich vom Bahnhof zum Marienplatz ging, zu jenem Rathaus, dessen Balkon ich aus dem Fernsehen von den Meisterfeiern des FC Bayern München kannte. München liebt den Erfolg, liebt das Positive, will im Sonnenschein liegen – ich hätte es merken können, merken müssen. Das hohe, picobello aufgearbeitete Portal, die roten Läufer und marmornen Wände zeigten mir überdeutlich, wie sehr München mit sich im reinen war. Es gab viele Hände zu schütteln, und all diese Männer und Frauen schienen vor Gesundheit nur so zu strotzen, sie zeigten gute Laune und dufteten teuer. Als ich die erste Frau im Dirndl sah, glaubte ich unwillkürlich, daß die Preisverleihung mit dem Faschingsfest zusammenfiel – aber nein, die bayerische Tracht galt als Festgarderobe. Auch Oberbürgermeister Ude, der mich mit keinesfalls billiger, sondern wahrlich anheimelnder Leutseligkeit begrüßte – er sagte tatsächlich: »Herr Brussig, es ist mir eine besondere Ehre!« – erschien mir nach wenigen Augenblicken als ein Liebhaber der Literatur und der Künste, und das, obwohl ich von ihm wußte, daß er der Wiesn-Anstich-Rekordhalter war, der ganze zwei Schläge brauchte. Es war noch nicht zu spät, ich hätte nur meine vorbereitete Rede lesen müssen, und alles wäre gut gewesen. Statt dessen improvisierte ich in Gedanken eine Schmährede, parallel zu den warm auf mich herabregnenden Komplimenten, Aufmerksamkeiten und Annehmlichkeiten. Weißbeschürzte Kellner kredenzten Tabletts mit Schnittchen, Sektflöten wurden gereicht. Gläserklingen, Lachen. Und als sich das Stimmengewirr im vollen Rathaussaal legte, als die Veranstaltung begann und eine Viertelstunde später ich meine Rede, da hatten sie mich nicht mehr lieb. München will nicht hart rangenommen werden, will sich nicht die Leviten lesen lassen. Und trotzdem tat ich es. Daß hier etwas unglaublich Gekünsteltes in allem, jawohl in allem läge in dieser Stadt, sagte ich. Profanste Handlungen werden zum »Erlebnis« hochgejazzt, die vorzugsweise »emotional«, wenn nicht »unvergeßlich« sein sollen. Aus Bahnfahren wird das »Reiseerlebnis«, aus Duschen das »Duscherlebnis«, aus einem Laden gar eine »Erlebniswelt«. Die ganze Stadt war zugepflastert mit den Fotos junger, schöner, glücklicher Menschen. Ich wünschte mir ein paar leere Wände. Wände, von denen aus mich keine Botschaften anschrien. Und weil ich in meiner Not irgendwie den Bogen zu den Geschwistern Scholl kriegen wollte, verglich ich die Konsum-, Erfolgs- und Gute-Laune-Propaganda, die ja in München allgegenwärtig war, mit der allgegenwärtigen Nazi-Propaganda des Münchens von 1943 – wodurch ich einen Eklat auslöste, den ich in meiner Naivität aber nicht kommen sah. Ich glaubte wirklich, daß mir eine Dankbarkeit der Sorte »Endlich sprichts mal einer aus, ich fühlte schon immer, hier stimmt was nicht, aber ich konnte es nur nicht benennen« entgegenschlägt. Aber so war es nicht. München zischte mich nieder. Edgar Reitz, mein Laudator, schüttelte den Kopf. Oberbürgermeister

Ude blieb demonstrativ sitzen und überließ es dem Landesvorsitzenden des Bayerischen Börsenvereins, mir den Preis zu überreichen. Applaus gab es keinen. Ich rächte mich an dieser unfreundlichen Behandlung, indem ich die Hälfte des Preisgeldes einem Verein für die Opfer bayerischer Polizeigewalt e.V. spendete und das auch ausführlich vor jenen Journalisten ausbreitete, die ihren Interviewwunsch nach dem Eklat nicht zurückzogen. Jedes Jahr müssen über hundert Menschen in Bayern nach Konfrontationen mit der Polizei in Krankenhäusern behandelt werden, sagte ich grimmig, wobei ich mir diese Zahl ausdachte. Ist München unfreundlich, verschone ich es auch nicht mit Guerilla-Statistik.

Heute weiß ich meine miesepetrige Stimmung einzuordnen. Es war ein Reflex auf das Trommelfeuer der Annehmlichkeiten. Ich wollte mich davon nicht korrumpieren, wollte mir nicht den Blick vernebeln lassen. Ja, man hatte mir bereits vorher erzählt, daß in den »Supermärkten« (was für ein Wort, verglichen mit »Kaufhalle«) die Äpfel einzeln blankgeputzt, zu Pyramiden gestapelt und mit Halogenspots angeleuchtet werden. (Und widerstrebend gebe ich die Einwilligung, hier von einem »Einkaufserlebnis« zu sprechen.) Man hatte mir erzählt, daß es auf den Toiletten Papierhandtücher gibt. Oder daß Pappbecher einen Deckel haben. Daß es in jeder Telefonzelle ein Telefonbuch und zu jeder Currywurst einen kleinen Spieß und eine Serviette gibt. Das wußte ich vorher alles – aber daß es so großen Eindruck auf mich machen würde, hatte ich nicht erwartet und auch nicht gewollt. Eine kritische Distanz, eine spöttische Überlegenheit – das war die Haltung, mit der ich durchs Leben ging. Gegenüber Deckeln auf Kaffeebechern, die dafür sorgten, daß kein Kaffee mehr verschüttet werden konnte (übrigens Kaffee, der selbstredend »heiß, aber nicht zu heiß« war), konnte ich mich nicht überlegen fühlen. Das Gute hatte gesiegt.

Am Morgen danach das erste Hotelfrühstück. Eine Fülle an Obst, Wurst- und Käsesorten, an Salaten. Acht Sorten Tee, bestimmt ein halbes Dutzend Sorten irgendwelches Knusperzeug (der Begriff »Cerealien« war mir, dem 35jährigen, noch nicht vertraut). Da stand er vor mir, der Westen, in Form eines Frühstücks. Wie soll ich das schaffen? Das schafft doch kein Mensch! Drei Viertel all dessen, was mir hier angeboten wurde und für das ich nichts mehr bezahlen mußte, konnte ich gar nicht annehmen!

Ähnlich erging es mir auch in meiner ersten Buchhandlung im Westen. So viele Bücher, so viel Wissen! Ich zog ein Buch aus dem Regal, ein Sachbuch, und las mich sofort fest. Stellte es zurück. Nahm ein zweites. Las mich wieder fest. Nahm ein drittes – und es gab keinen Hinweis darauf, daß die übrigen Tausende von Büchern weniger interessant waren als die ersten drei, die mir zufällig in die Finger gerieten. Für einen Moment hatte ich den Wunsch, den ganzen Laden zu kaufen, nur um ihn dann abzuschließen und in Ruhe all diese Bücher zu lesen. Da eine halbe Stunde zuvor die treuhänderische Verwaltung meines Kontos aufgelöst worden war und ich jetzt über das Konto verfügte, erging es mir wie dem Lottomillionär, der sich fragt, wohin mit dem vielen Geld.

Ich war, aus München kommend, gegen Mittag in Frankfurt angekommen. Jörg holte mich am Bahnhof ab. Als ich aus dem Zug ausstieg, telefonierte er noch. (Das war auch etwas, was mir neu war: Die Leute telefonierten ständig –

im Zug, beim Frühstück, auf offener Straße.) Wir gingen zum Verlag, der nur fünf Minuten entfernt war. Unterwegs wurde er wieder angerufen, von jemandem aus dem Verlag. Er führte das Gespräch, während wir auf den Verlag zugingen, und er beendete das Gespräch, um es eine Minute später von Angesicht zu Angesicht fortzusetzen. Während er sich benahm, als sei dies das Selbstverständlichste von der Welt, versuchte ich noch zu begreifen, welchen Einschnitt das Handy in die Art, wie wir unsere Gespräche führen, darstellt.

Im Verlag wurde ich von der Belegschaft erwartet, die sich in einem großen Raum versammelt hatte, ich sah eine Tafel, ein Buffet, ich sah das Aufleuchten vieler Gesichter – aber die Glastür sah ich nicht, und so rammte ich mit dem Kopf dagegen. Es krachte und polterte, doch zum Glück brach die Scheibe nicht. Es wurde nach einem Eisbeutel gerufen und ein Bürostuhl herbeigerollt. Ein glorärmerer (oder was ist das Gegenteil von glorreich?) Auftritt ließ sich kaum denken. Zehn Minuten später saß ich dann an der Tafel. Der Eklat von München hatte sich herumgesprochen, aber es gelang allen, wirklich allen, so zu tun, als sei nichts gewesen. Niemand wusch mir den Kopf, niemand verteidigte seinen Westen gegen meine Attacke, niemand pflichtete mir bei. Vom anderen Ende des Tisches schnappte ich lediglich mal den Satzfetzen »Wo ist da bitte der Eklat?« auf. Ich hatte mich von dem Zusammenprall mit der Glastür inzwischen erholt, doch die Fischer-Leute standen noch unter Schock. Ständig wurde ich bemitleidet und getröstet, was mir auch nicht recht war. Der neue Programmleiter, Oliver Vogel, entschuldigte sich, weil er »aus einem rational überhaupt nicht nachvollziehbaren Perfektionismus heraus« wenige Minuten vor meiner Ankunft die ohnehin ja saubere Scheibe noch ein letztes Mal blank gerieben hatte. Ich erwiderte, daß es ja einige Metaphorik böte, daß ich mir meine erste Blessur im Westen an einer unsichtbaren Wand geholt habe, worauf er entgegnete, daß die meisten Wände im Westen unsichtbar seien, aber, wie ich ja nun leider erfahren mußte, ist ein solcher Zusammenprall nicht weniger schmerzhaft als der mit einer richtigen Wand. – So geistreichelten wir uns über die Zeit.

Jörg schob mir mit den Worten »Ohne bist du hier aufgeschmissen« ein Handy rüber, ein kleines Teil, das, wenn ich es aufklappte, ein paar durcheinanderschwebende Kugeln auf dem Bildschirm zeigte. (Da hatte sich also wieder einer Gedanken gemacht.) Ich verweigerte es zunächst, weil ich nicht wußte, ob ich dadurch in Konflikt mit meinem babylonischen Versprechen komme, nahm es dann zwar, benutzte es aber in den nächsten Tagen nie und schickte es am Ende meiner Reise zurück.

Nach dem Essen im Verlag gingen wir zu dem Treuhänder meines Kontos. Unterwegs erzählte mir Jörg, daß der Treuhänder ein Notar sei, und daß Notare eine ungemein schwierige Auslese durchlaufen. Eine Cousine von ihm wolle Notarin werden, daher könne er das Drama aus nächster Nähe beobachten. Da gebe es nur sechs Stellen für etwa eintausend Absolventen – von denen jeder zwei Staatsexamen bestanden habe. Acht Klausuren seien für das erste, elf für das zweite Staatsexamen nötig, und jede Klausur dauere fünf Stunden. Mir war das schleierhaft. Ein Konto treuhänderisch zu verwalten, schien mir keine so anspruchsvolle Aufgabe zu sein, daß dazu eine so umfassende Ausbildung und so strenge Auslese nötig ist. Wer nach neunzehn fünfstündigen Klausuren zu den besten sechs von tausend gehört, der sollte nicht Konten treuhänderisch verwalten, sondern an der Kernfusion oder der Krebspille forschen. Alles andere, fand ich, wäre ein verschwenderischer Umgang mit Talent, noch schwerwiegender als der ohnehin schon verschwenderische Umgang mit Lebensmitteln am Frühstücksbuffet eines Hotels. Meine entsprechende Nachfrage brachte Jörg in Verlegenheit, und ich nahm mir vor, mich in Zukunft nur noch schweigend über den Westen zu wundern.

Beim Notar wurde mir die Entwicklung meines Kontos mit jeder einzelnen Kontobewegung gezeigt. Ich hatte Ninette, bevor sie in den Westen ging, die Verfügungsgewalt über mein Konto übertragen. Da wußte ich noch nichts von dem Kind, aber Ninette hatte mich beraten, bei wichtigen Treffen begleitet, Kontakte hergestellt und ›Helden wie wir‹ mitgeformt. Ein Vierteljahr nach ihrer Übersiedlung, am 4. August 1995 buchte sie das erste Mal Geld ab, und dann in monatlichen Abständen immer wieder, etwa ein halbes Jahr lang. Ein Jahr später zahlte sie alles wieder zurück, in zwei Raten, die ein Vierteljahr auseinander lagen. Die Zahlen bedeuteten: Es ging ihr gut. Aber vielleicht sollten sie auch sagen: Mit dir bin ich fertig. Von dir nehm ich nichts, nicht mal für unsere Tochter. Wir brauchen dich nicht. – Ninette hatte jedes Recht, sich von meinem Konto zu bedienen, aber sie tat es nicht. Wars ein Affront, wars Unabhängigkeit, oder gabs einen anderen Mann mit genügend Kohle? Immerhin war sie im Fußballermilieu.

Seltsam, wie der bloße Blick auf die Buchungen dazu führte, über ihr Verhältnis zu mir und über ihr mögliches Schicksal nachzudenken.

Der größte Posten bei den Abbuchungen waren die etwa fünftausend D-Mark für das graphologische Gutachten, wobei die Summe nicht an den Gutachter direkt, sondern an Dr. Gysi gegangen war.

Vom Notar gingen wir zur Bank, wo ein paar Unterschriften unter Dokumente mit sehr viel Kleingedrucktem gesetzt wurden, und am Ende schüttelte mir der Filialleiter die Hand. »Herr Brussig, ab jetzt können Sie über Ihr Geld frei verfügen.« Eine Geldkarte war auch schon vorbereitet, und tatsächlich konnte ich aus dem Bankautomaten 100 D-Mark ziehen – die ersten hundert Mark jenes Geldes, das in meiner sentimentalen Vorstellung jahrelang in einem dunklen Tresor auf mich warten mußte.

Am nächsten Tag fuhr ich nach Hamburg, um mich mit Wolf Biermann zu treffen. Biermann las die ›Süddeutsche Zeitung‹ und war bestens über den Eklat von München unterrichtet; Maxim Biller, der während meiner Rede türenknallend gegangen war, schrieb, daß er sich »diese Zote, die für eine Rede zu schlecht gesprochen und für einen Text zu schlecht geschrieben war« nicht länger antun wollte.

»Mein lieber junger Freund«, sagte Biermann mit einem ironischen Augenzwinkern, »in der DDR kannst du gern das Großmaul geben. Aber hier mußt du dich hinten anstellen. Denn der Westmensch hat es überhaupt nicht gern, wenn seine Lebensweise angezweifelt wird. Das ist nur Indianern, Aborigines und vielleicht, vielleicht noch Eskimos gestattet.« Abgesehen davon hätte ich in München wirklich Unsinn geredet, was mir früher oder später auch klarwerden würde. Aber es ist interessanter Unsinn. Solchen Unsinn mag er. Schließlich habe auch er in seinem Leben immer nur danach getrachtet, seinen alten Unsinn durch interessanteren Unsinn zu ersetzen. Nicht mehr und nicht weniger solle auch eine ›Süddeutsche Zeitung‹ von einem Künstler erwarten. Schließlich sind wir ja keine … »Notare?« schlug ich vor. »Genau!« rief Biermann und lachte. »Wir sind doch keine Notare!«

Für Biermann waren die Regelungen vom 4. März nur ein verzweifelter Versuch, die Devisenknappheit zu lindern. Am Gesamtgefüge ändere sich nichts. Erst wenn die bürgerlichen Freiheiten installiert würden, erst dann sei er bereit, den Beginn von Veränderungen zu sehen. Aber die Regelungen vom 4. März bedeuten ja nichts für Meinungsfreiheit, Pressefreiheit, Versammlungsfreiheit. Der Einfluß der Stasi würde sogar auf die Finanzverwaltung ausgeweitet, die DDR-Finanzämter, die bislang eine völlig untergeordnete Rolle spielten, würden so eine Art Stasi Zwo. Und politisch bliebe auch alles wie bisher, ja, es würde noch ruppiger durchgegriffen, da es den Bonzen warm um den Arsch würde mit all dem Westgeld, das da herübergeschwemmt käme.

Nein, sagte ich, die Regelungen vom 4. März haben das Gesamtgefüge verändert. Diese Veränderungen sind nicht dramatisch – aber episch. Thema Nummer eins in allen Gesprächen sei: Wie und wo kannst du im Westen arbeiten. Jeder beteilige sich an dieser Diskussion, jeder schaue nach Westen. »Eben!« rief Biermann. »Anstatt darüber zu reden, wie man die alten Säcke wegkloppt, wollen jetzt alle beim Daimler schaffen.« Wenn sie nicht mehr darüber reden, wie sie die alten Säcke wegkloppen, erwiderte ich, dann bedeutet das zuerst, daß die alten Säcke nicht mehr so wichtig sind. Daß sie ihre elementare Bedeutung für das Lebensglück und -unglück jedes einzelnen verlieren. »Sag ich doch«, beharrte Biermann. »Das Bonzenpack festigt seine Macht, indem es Themen lanciert, die von seiner Absetzung ablenken.«

Obwohl Biermann messerscharf argumentierte, wußte ich, daß es nicht stimmte, was er sagte. Aber anstatt das auch zuzugeben, sah er mich triumphierend an und sagte: »Du verstehst jetzt, warum die mich irgendwann nur noch rausschmeißen konnten.«

Am nächsten Tag hatte ich mein letztes Hotelfrühstück, diesmal mit einem maritimen Einschlag. Matjeshappen im Halogenlicht. Lachs im Halogenlicht. Ei mit Kaviar im Halogenlicht.

Ich fuhr mit dem Zug zurück nach Berlin, mußte in Hannover umsteigen und merkte bei der Wiederkehr des vertrauten Stampfens der Räder, daß ich wieder in der DDR war. Ich kam aus dem Land zurück, das – auch von mir – mit »Freiheit« assoziiert wurde. Aber ich fühlte mich nicht berauscht. Daß ein Leben in Freiheit von jedem einzelnen immer wieder aufs Neue zu erbeuten und zu verteidigen ist, war schon immer mein Verdacht. Daß eine freie Gesellschaft nicht automatisch freie Menschen hervorbringt, begriff ich in den nächsten Wochen. Die Freiheit, die ich meine, hatte ich in ›Steil und geil‹ beschrieben: Freiheit ist ein Erlebnis. Du brauchst nicht die Pressefreiheit, die Versammlungs- oder Meinungsfreiheit, um das Erlebnis der Freiheit zu haben. Der Weg in die Freiheit führt nach innen, und was ansonsten und insbesondere im US-Verständnis unter Freiheit läuft, ist eigentlich nur die Freiheit, Geld zu verdienen, andere über den Tisch zu ziehen, rücksichtslos zu sein. Ich bin sehr für die bürgerlichen Freiheiten; eine freie Gesellschaft – also eine, die darüber entscheiden kann, welche Entwicklung sie nehmen will – ist ohne sie nicht vorstellbar. Aber als ich von meiner ersten Westreise zurückkehrte, hatte ich die Horrorvision von einer freien Welt, in der die meisten Menschen unfrei sind. Mein Bruder hatte wohl ähnliche Gedanken, als er zur Luftgitarre griff und zu ›Keep on rockin' in a free world‹ über die Bühne tobte.

Mit der S-Bahn fuhr ich zum Bahnhof Friedrichstraße, passierte die Grenzkontrolle und stieg in die Straßenbahn, für zwei Stationen. Die letzten drei Tage waren ein einziges Sirren, Flutschen, Zirpsen und Ploppen; endlich erlebte ich wieder ehrliches Gerumpel. Eine Frau schaute mich an, und mich beschlich das Gefühl, das ich so haßte: Ich wußte nicht, ob ich sie kenne. »Ich weiß, Sie können sich keine Gesichter merken, aber ich habe immer gehofft, daß es auf mich nicht zutrifft.« Es war Lore Reimann. Was für eine Blamage! Sie hatte jedes Recht, gekränkt zu sein. Schließlich war sie diejenige, die mich über die Schwelle in den literarischen Betrieb gelassen hatte. Ob und wie sie dafür haftbar gemacht wurde, das wollte ich sie schon lange fragen, und diesmal tat ich es. »Hin und wieder schon«, sagte sie. Sie hatte eine Art, es nie genau zu sagen – daß mein Manuskript eben »reingerutscht« war, oder daß der Verlag »alles« versuchen wird, um mit den »Schwierigkeiten« der Veröffentlichung fertig zu werden. Nun wollte ich es genau wissen; »hin und wieder« war mir zu wenig. »Ach«, sagte sie, »manche werden zu Empfängen ins Ministerium oder in die Akademie eingeladen, und zu mir kommen eben zwei Herren ins Büro, um sich mit mir über Sie zu unterhalten. Die von den Empfängen wiederkommen, können ihre Edition mit skandinavischen Autoren machen. Und ich … –

Aber lassen wir das, ist schon in Ordnung.« Daß ich durch meine Westveröffentlichungen ganz nebenbei auch sie in was reinritt – den Gedanken hatte ich immer unterdrückt. Offenbar sah sie mir an, was ich dachte, denn sie sagte: »Wirklich, machen Sie sich keine Gedanken, es ist schon in Ordnung.«

Ich fragte sie, ob sie Zeit hätte, einen Kaffee zu trinken. Sie lachte und sagte: »Wenn ich jetzt nein sage, dann glauben Sie, ich hätte Angst, mich mit Ihnen öffentlich zu zeigen. Also: Ich hab Zeit.«

So erzählte sie mir, daß sie noch nicht im Westen war. Ich konnte mir auch keinen passenden Job für sie denken; als Zeitungsbotin mochte ich sie mir nicht vorstellen. Und weil man in Gegenwart von Kranken nicht ausbreitet, wie blendend man sich fühlt, erzählte ich von München. »Wir werden uns noch wundern«, sagte sie. »Die DDR war ein Wartesaal, breierne Zeit, schön gesagt übrigens – und in Wartesälen wird immer viel gelesen. Doch jetzt passiert was, und die Leute klappen ihre Bücher zu. Ich mache mir keine Hoffnung auf ein Lesefieber. Ich hab gehört, bei Ihrer Lesung in Prag hat es am Bücherstand beinahe Tote gegeben? Glauben Sie mal nicht, daß die, die in Prag leer ausgegangen sind, Ihr Buch nachkaufen, wenn sie es in jedem Buchladen kriegen. Die werden ihren Kindern von Prag erzählen, von exotischen Zeiten, in denen Bücher so wertvoll waren, daß man sich für sie erdrücken ließ.«

Die 2000er DDR-Meisterschaften im Seilspringen waren in Wernigerode, was ich zu »Weniger Rote« verhunzte. Sabine freute sich, daß ich sie dorthin begleitete. Als sich der Zug der Stadt näherte, glaubten wir, unseren Augen nicht zu trauen: Wir sahen Dutzende Eiffeltürme. Sie waren nicht mal halb so hoch wie das Pariser Original, und sie waren aus Holz. Die Bauerei war in vollem Gange, ein Trabi, der Sabines härteste Konkurrentin bringen sollte, blieb hinter einem Holztransport stecken und schaffte es erst in letzter Minute zum Wettkampfbeginn. Sabine siegte, aber wieder gab es einen Zwischenfall. Das Turnhallendach war undicht, und Sabine rutschte in einer winzigen Pfütze aus, die sich unbemerkt gebildet hatte. Sie durfte mit ihrer Kür noch mal beginnen, wozu alle Spielräume des Reglements genutzt werden mußten. Wie sich mein Status doch gewandelt hatte: Vor drei Jahren wurde Sabine durch eine krasse Fehlbenotung um Sieg und Medaille betrogen, jetzt wurde alles getan, um bloß keinen Verdacht von Benachteiligung aufkommen zu lassen.

Am Abend – es war ein langer Junitag – gingen wir zwischen den Eiffeltürmen umher und knutschten, als wären wir unter dem echten. Im Hotel hatten sie uns erzählt, daß die Architekten meinen, die Statik des Eiffelturms sei perfekt für die Windräder und lasse sich eins zu eins in die Holzbauweise übertragen. »Ich glaube ja eher«, sagte ich – und dann setzte Sabine meinen Gedanken fort – »daß durch die Eiffelturm-Schwemme diese ewige Paris-Sehnsucht des DDR-Bürgers ausgerottet werden soll. Sie sollen sagen: Bleib mir bloß weg mit Paris, ich kann keine Eiffeltürme mehr sehen!«

»Genau«, sagte ich staunend. »Woher weißt du das?«

»Da siehst du mal, wie lange wir schon zusammen sind. Ich denke inzwischen deine Gedanken.«

»Und macht dir das Angst?« fragte ich.

»Nein. ›Brussig und wie er die Welt sah‹ ist mein Lieblingsfilm«, sagte sie, küßte mich und schmiegte sich an mich.

»Das kann nachher noch n Porno werden«, sagte ich.

»Warum erst nachher?« sagte sie und hantierte schon an meinem Gürtel. »Sex unterm Eiffelturm ist doch das, was wir uns immer gewünscht haben.«

Als ich hinterher wie erschossen im Gras lag, war ich dem Schicksal dankbar dafür, daß mich Sabine in Momenten wie diesem nie »Woran denkst du?« oder »Bist du glücklich?« fragt. Ich sah den Himmel und dachte an den Film ›Der Himmel über Berlin‹, den ich immer etwas kitschig fand. Ein Engel verläßt den Status der Unsterblichkeit, weil er nur als sterblicher Mensch lieben kann. *Liebe*, das war etwas, womit sich auch alte Schachteln anfreunden könnten. Aber was wäre mit *Sex*? Die mächtigen Rotorblätter, die ich von unten und im Liegen sah, quirlten meine Gedanken, und mir fiel ein Zeitungsbericht ein, über einen Arzt, der eine wirksame und quallose Methode für Heroinentzug gefunden hatte. Die hatte nur einen Haken: Wer rückfällig wird, egal ob sofort oder erst nach zwanzig Jahren, stirbt. So ergab sich die Idee für einen Roman, in der ein Arzt ein Unsterblichkeitspräparat findet, welches in den ersten Stunden nach der Geburt gegeben werden muß. Und es wirkt auch nur, solange man keinen Sex hat. Sowie man Sex hat, fällt man in die normale Lebenserwartung zurück. Jeder Mensch hat die Wahl zwischen Sex und Unsterblichkeit, und diese Entscheidung trennt auch die Gesellschaft: Es gibt die Zügellosen, die Hedonisten, die Sterblichen, für die Zeit kostbar ist – und es gibt die Disziplinierten, die Asketen, die Unsterblichen, die ohne Sex leben müssen. Die einen sind unglücklich, weil sie einmal sterben müssen, und die anderen sind unzufrieden, weil sie dem Sex entsagen. Daß sich eine Gesellschaft in Unglückliche und Unzufriedene spaltet, das gefiel mir. Auch einen Titel hatte ich: ›Kein Sex seit hundertachtzig Jahren‹. Was ich noch brauchte, war eine Hauptfigur.

Zurück im Babylon

(2001)

An einem Abend im März 2001 stand ein bärtiger Mann vor unserer Tür. Weil er so tat, als müßte ich ihn kennen, bat ich ihn rein, und mein Hirn warf, wie immer in solchen Momenten, den Turbo an, um Merkmale herauszufiltern, anhand derer ich ihn identifizieren könnte. Der Mann kam auf ›Die unerträgliche Leichtigkeit des Seins‹ zu sprechen, das bei Bombastus erscheinen werde. Das war das Stichwort, das mich erlöste: Vor mir stand Wolfgang Thierse, der legendäre Verleger. Er fragte mich, ob ich dieses Buch, dessen Titel mir bei meinem babylonischen Versprechen zufällig durch den Kopf geschossen war, präsentieren wollte. Natürlich wollte ich! Kundera hatte im Jahr zuvor den Nobelpreis bekommen. In seiner Heimat stand er noch immer auf dem Index. Konnte man ihn tatsächlich in der DDR herausbringen? »In der DDR nicht«, sagte Thierse. »Bei Bombastus schon.«

Wenige Tage später fuhr er mit mir zu Bombastus nach Altentreptow. Wir nahmen den Zug. Thierse genoß es, erkannt zu werden, und er erzählte seine Geschichte einen Tick lauter als nötig. Jahrelang hatte er in der Akademie der Wissenschaften über einem Mammutwerk mit dem einschüchternden Titel ›Historisches Wörterbuch ästhetischer Grundbegriffe‹ gehockt. Gemeinsam mit zwei Dutzend Mitarbeitern mußte er Literaturwissenschaftler und Kunsthistoriker, die allesamt Professoren waren, als Autoren für die Enzyklopädie gewinnen und die gelieferten Beiträge zusammenfügen. Das typische Projekt, bei dem das Ende in um so weitere Ferne gerät, je weiter die Arbeit voranschreitet. Für Wolfgang Thierse aber waren die Pausen, in denen er in der Kantine mit den Kollegen diskutieren konnte, der beglückendste Teil seines Arbeitstages. (Als er die Kantine erwähnte, entstand in meinem Kopf unwillkürlich das Bild von einem Mann, der mit Ei im Bart leidenschaftliche Dispute führt.) Als sich ein Ende der Zensur abzeichnete, entschloß er sich, seine Lebenszeit nicht mehr damit zu verschwenden, als einer von vielen an einem Werk herumzudoktern, das nie fertig werden wird. Er wollte Bücher machen, viele Bücher, Unmengen von Büchern, und er wollte, daß seine Arbeitstage nur noch aus den geliebten Kantinen-Diskussionen bestehen.

Da ich das Bild mit dem Bart voller Eikrümel nicht loswurde, mußte ich unpassenderweise immer wieder kichern, so daß Thierse etwa ab Neustrelitz ein beleidigtes Schweigen aufsetzte, das er bis Altentreptow durchhielt.

Vom Bahnhof bis zum Verlagsgebäude waren es nur zweihundert Meter, und jeder, der uns entgegenkam, dienerte Thierse zu. Wenn jemals jemand zu Fuß eingeritten ist, dann Wolfgang Thierse in Altentreptow. Als wir den Markt erreichten, verschlug es mir die Sprache: Die Fassaden leuchteten in den schönsten Farben: blau, rosa, gelb und weiß. Die Balken der Fachwerkhäuser lagen offen, und in der Mitte des Marktplatzes stand ein alter Ziehbrunnen.

Das Wort pittoresk war in der DDR nur deshalb aus der Mode gekommen, weil es nirgends einen Marktplatz wie diesen gab. Ich konnte mir die Fassaden alter Häuser schon gar nicht mehr anders vorstellen als grau. »Gleich kommt ein Gaul um die Ecke getrottet«, sagte ich. »Man hört ja schon das Klappern der Hufe.«

Mit dieser Bemerkung war der Frieden wieder hergestellt, und Thierse erzählte die Geschichte seines Verlages. Er hatte das neue ›Gesetz über die Herstellung und Verbreitung von Druckerzeugnissen‹ studiert und sofort erkannt, welch entscheidende Rolle den Gerichten zukommen würde. Wenn jemand gegen ein Buch vorgehen will, dann liegt das Schicksal dieses Buches (und des Verlages) in den Händen eines Richters. Bei einer erfolgreichen Klage wird für jedes bislang verkaufte Buch eine, so Thierse, »Genickbruch-Strafe« in Höhe des zwanzigfachen Ladenpreises fällig. Die Angst davor war gewollt. Der strenge Zensor wurde durch den ängstlichen Verlagsleiter ersetzt. Thierse hatte aber auch eine weiche Stelle in dem Gesetz entdeckt: Die Klagen werden vor dem Gericht landen, an dem der Verlag seinen Sitz hat.

Wolfgang Thierse reiste in der DDR herum und entschied, sein Stammhaus in Altentreptow zu eröffnen, einer Kreisstadt in Mecklenburg, deren kümmerliche Bekanntheit darin gründete, daß aus dem dortigen VEB Milchwirtschaft ein »Rügener Badejunge« kam, der von sich behauptete, ein Camembert zu sein. Das Kreisgericht lag neben Rathaus und Rat des Kreises. Der Marktplatz war klein und dem Verfall preisgegeben. Wolfgang Thierses erstes Buch war ein Leitfaden für West-Jobs. Adressen, Hinweise, Telefonnummern, Verhaltenstipps, Gesetze, übliche Löhne, übliche Mieten. Sehr informativ. Das Buch, ein Billigdruck, kostete 12 Mark, was happig war, und ging weg wie geschnitten Brot. Den üppigen Profit nutzte er, um sich »den Blick ausm Fenster ein bißchen zu verschönern«. Tatsächlich unterzog er den Marktplatz einer Komplett-Renovierung, und als i-Tüpfelchen setzte er einen alten Ziehbrunnen in die Mitte des Marktplatzes. Es fanden sich sogar ein paar alte Bewohner, die schworen, daß da früher auch einer gestanden hatte. Vor allem aber impfte er die Mecklenburger mit der Redewendung, »daß Bombastus in einem Jahr mehr für Altentreptow getan hat als die SED in fünfzig Jahren«. Die Mecklenburger sind nicht nur maulfaul, sondern auch formulierungsfaul. Sie übernahmen die Formulierung, weil sie gut im Mund lag. Das war Thierses Kalkül. Niemand am Kreisgericht würde es nun wagen, ein Genickbruch-Urteil gegen den Bombastus-Verlag zu verhängen.

Sein taktisches Geschick war noch größer als seine verlegerische Leidenschaft (und die war schon enorm). Er, der sich mit seinem Bart und seiner ständigen Hannah-Arendt-Zitiererei immer als Lordsiegelbewahrer einer Geisteshaltung inszenierte, war in Wahrheit ein Geschäftsmann, der mit imponierendem Geschick vorging. Wer wird in Gründerzeiten schon Millionär, ohne eine Spur der Verwüstung zu hinterlassen. Über Thierse jedoch hörte ich landauf, landab nur Gutes.

Im Bombastus-Foyer sah ich mich von Autorenfotos umzingelt, die mich an mein altes, leider nie umgesetztes Vorhaben erinnerten, doch mal Autorenporträts zu sammeln, bei denen die Hand im Gesicht ist. Köpfe, so schwer, daß sie gestützt werden müssen. Die Reihe begann mit Christa Wolf, den Kopf aufgestützt. Christa Wolf war Thierses stolzester verlegerischer Coup. Die schmollte noch mit dem Aufbau-Verlag, weil der ausgerechnet mir ein Sprungbrett geboten hatte, nachdem ›Was bleibt‹ am Zensor hängengeblieben war und ich mich (ohne davon zu wissen) später über sie lustig gemacht hatte. Sie wollte nicht mit mir im selben Verlag sein, und Wolfgang Thierse wollte ›Was bleibt‹ bei Bombastus machen. Der nicht sonderlich fiktive Text, der mittlerweile schon zwanzig Jahre alt war, galt als heikel, weil er nicht nur die Beobachtung durch die Stasi, sondern auch einen Einbruch der Stasi erzählte – bei Christa Wolf. Der Aufbau-Verlag traute sich nicht, weil er eine Klage der Stasi gegen das Buch befürchtete (nicht nur Privatpersonen, auch Organisationen konnten gegen Bücher klagen). Thierse fühlte sich in Altentreptow sicher, außerdem galten dank ›Helden wie wir‹ inzwischen andere Maßstäbe, für das, wodurch sich die Stasi auf den Schlips getreten fühlte.

›Was bleibt‹ wurde ein riesiger Erfolg, denn die Beschreibung einer Stasi-Observation war ein Novum in der DDR. Thierse streute das Gerücht, gegen das Buch sei eine Klage anhängig, und die Aussicht, daß es in wenigen Wochen aus den Läden verschwunden sein würde, kurbelte den Verkauf noch mal an. Damit hatte Thierse ein Buch, das ein echter Genickbruch-Kandidat war, herausgebracht, zu einem Erfolg geführt – und obendrein eine renommierte Schriftstellerin an seinen Verlag geholt. Er bekam Zulauf von vielen Autoren, die sich einen engagierten Verleger wünschten. Es gab auch Gerüchte, Wolfgang Thierse würde Kokain schnupfen, und wenn er tönte, daß »ich meine Christa klarmachen will für Stockholm«, sprich, ihr den Nobelpreis zuschustern wollte, fand ich ihn tatsächlich reif für die Haarprobe.

Während ich noch die Autorenfotos betrachtete – Günter Kunert, Hans-Joachim Schädlich, Ingo Schulze, Julia Schoch –, kamen zwei etwa zwölfjährige Kinder, die zwei Reisetaschen voller Lumpen anschleppten. Thierse schickte sie zur Papiermühle, fünfhundert Meter weiter. Sichtlich stolz erzählte er, daß er die chronische Papierknappheit mit Papier aus Eigenproduktion überwand. Er hatte sich ausrangierte Maschinen beschafft und instand setzen lassen. »Wenn der Mecklenburger etwas kann, dann Dinge wieder zum Laufen zu bringen.« Die Maschinen wurden mit Holz gefüttert, das Kinder in den Wäldern sammelten; für zehn Kilo gab es eine Mark. Echter Engpaß waren Lumpen, aber er impfte die Altentreptower mit der Redewendung, es sei »erste Bürgerpflicht, Lumpen bei Bombastus abzuliefern«.

In seinem Büro übergab er mir die Fahnen der ›Unerträglichen Leichtigkeit des Seins‹, überrascht davon, daß ich das Buch tatsächlich noch nicht kannte. »Erwarten Sie nicht zu viel«, sagte er. »Es ist vor allem anderen zunächst ein Trivialroman.«

Als Wolfgang Thierse das Babylon als Veranstaltungsort vorschlug, ging mir das Herz auf. Da spürte ich, wie gekonnt dieser Verleger mit den Gefühlen seiner Mitmenschen umzugehen wußte. Es war, als ob sich ein Kreis schloß.

Sechs Wochen später, als die Veranstaltung begann, übermannte mich eine gewisse Rührung. Ich startete mit brüchiger Stimme und brauchte einige Zeit, um sicher und fest zu sprechen. Nicht nur, daß dieses Buch, dessen Entsagung ich im Babylon gelobt hatte, nun im Babylon präsentiert wurde, der Roman hatte noch mehr mit mir zu tun: Der Hauptheld heißt Tomas, und er entscheidet sich nach dem

Prager Frühling für einen Verbleib in der Tschechoslowakei, obwohl er leicht in den Westen gekonnt hätte. Manchmal hatte ich das Gefühl, Kundera erzählt meine Geschichte. Aber das ist das offene Geheimnis eines erfolgreichen Buches: Viele Menschen haben das Gefühl, es erzähle ihre Geschichte.

»Ich solle nicht allzu viel von diesem Buch erwarten, wurde mir gesagt. Es ist vor allem ein Trivialroman.« So begann ich meine Präsentation, und dann erläuterte ich, warum dieses Buch nicht der Trivialroman ist, für den man ihn hält. Jan Josef Liefers, der sich nach seiner Mitwirkung an einem Historienschinken des DDR-Fernsehens von seinem Georgi-Dimitroff-Image befreien wollte, las einige Passagen des unbotmäßigen Autors. (Auch so ein Thierse-Schachzug: Das Buch zu schützen, indem er es von Jan »Georgi Dimitroff« Liefers lesen ließ.)

Auf dem Empfang im Anschluß an die Präsentation habe ich versehentlich die Ehe der Stehlampe zerstört, jener Staatsanwältin, bei der ich vier Jahre zuvor die Bedingungen meines Hausarrestes unterschrieben hatte. Ich spürte, daß mich eine schlanke schwarzhaarige Frau beobachtete. Woher kenne ich die? fragte ich mich immer wieder. Ich schaute des öfteren zu ihr, sie zu mir – und ich meinte, ihr guten Abend sagen zu müssen, um nicht unhöflich zu erscheinen. Ich hatte schließlich die Idee, daß es sich um Salome Kammer handelte, die Frau von Edgar Reitz, die ihn begleitet hatte, als ich ihn im Ganymed traf. Wie es die Münchnerin an diesem Abend ins Ostberliner Babylon verschlug, das böte ein vortreffliches Smalltalk-Thema. Also sagte ich guten Abend und fragte, wie es denn Edgar ginge. Woraufhin ein Mann, der hinter ihr stand, sich zu ihr umwandte und in einem Tonfall, der keinen Spaß verstand, fragte: »Welcher Edgar?« Sie sagte: »Ich weiß nicht, was er meint!«, und erst in diesem Augenblick erkannte ich, daß es sich mitnichten um die Frau von Edgar Reitz handelte, sondern um die Stehlampe von Egon Krenz. Der Blick des Mannes sagte mir, daß ich jetzt eine Erklärung schuldig war, doch ich stammelte nur was von »Tut mir leid, eine Verwechslung«, und dann verkrümelte ich mich. Wenn ich ein Komplize der Stehlampe gewesen wäre, der ihr Seitensprung-Verhältnis hätte decken wollen, ich hätte mich nicht anders verhalten. Nach dem Ende der Veranstaltung sah ich das Paar nochmals zufällig auf der anderen Straßenseite, wie sie miteinander stritten. »Mit Harald, das hab ich noch mitgemacht!« schäumte der Mann. »Aber jetzt reichts!« Dann entfernte er sich im Sturmschritt in entgegengesetzter Richtung.

Für mich war diese Episode fast so etwas wie ein Beweis dafür, daß es die Brussig-Affäre wirklich gegeben hat. Die damaligen Geschehnisse beeinflußten mein Leben so wenig, als wäre das alles nie gewesen. Irgendwann würde ich das selbst alles nicht mehr glauben können. Ich war fast dankbar dafür, als Sabine von einem Verbandsfunktionär hörte, daß die Bemühungen, aus Seilspringen eine Fernsehsportart zu machen, daran gescheitert waren, daß die Gallionsfigur des Seilspringens ausgerechnet meine Frau war; angeblich hatte es einen Anruf von Günter Schabowski bei Daniela Dahn gegeben, in dem der Satz fiel, daß »eine Frau Brussig in unserem Fernsehen nichts verloren hat«. Die neue Intendantin sei zwar »offen und experimentierfreudig« und könne Gesichter nach Lust und Laune austauschen (außer natürlich Sahra Wagenknecht, die auf dem

Nachrichtensprecherstuhl der ›Aktuellen Kamera‹ gleichsam festgeschweißt war), doch als Dissident war ich noch genügend Reizfigur, um beim gewöhnlichen Fernsehzuschauer moralische Verwirrung zu stiften. Nämlich, wenn der beim Anblick einer schönen Dissidentenbraut denkt, Dissidententum lohne sich.

So gab es keinen Fernsehbericht über die Europameisterschaften in Bilbao. Auch wenn Sabine diesmal über den Verband gemeldet wurde und ich sie begleitete. Die Veranstalter hatten viel Werbung gemacht, und außerdem war die Titelverteidigerin Marina Carlos eine Spanierin, so daß etwa sechshundert Zuschauer kamen, mehr als bei jeder anderen Seilspring-Veranstaltung, an der Sabine je teilgenommen hatte.

Sabine war jetzt siebenundzwanzig. Die Konkurrenz zeigte unglaubliche Figuren. Eine sechzehnjährige Rumänin machte einen einarmigen Handstand, und während sie mit der freien Hand das Seil wie ein Lasso über den Boden kreisen ließ, hüpfte sie mehrmals über das kreiselnde Seil. Auch Marina Carlos wirbelte und grätschte; ihre Kür war mit Salti gespickt. Man konnte über sie nur staunen – begeistern konnte sie nicht. Dann kam Sabine. In ihrer neuen Kür machte sie auf Berliner Göre, kühn angesichts des Umstandes, daß sie die älteste Teilnehmerin war. Ihre Musik war ein Gassenhauer der Jahrhundertwende.

Komm Karlineken, komm Karlineken, komm
Wir wolln nach Pankow gehen, da ist es wunderschön
Komm Karlineken, komm Karlineken, komm
Wir wolln nach Pankow gehen, da ist es wunderschön

Und dann immer wieder:

Pankow Pankow Pankow, killekille Pankow killekille hopsassa
Pankow Pankow Pankow, killekille Pankow killekille hopsassa

Diese Polka, die von einem Männerchor gesungen wurde, hatte sich Sabine von Lutz Kerschowski auf CD brennen lassen. Lutz hatte in seinem kleinen Tonstudio den schier endlosen Kehrreim so abgemischt, daß die klassische Polka zu Rockmusik mutierte, was ihr eine mitreißende Dynamik verlieh. Niemand in der Halle konnte sich dem entziehen. Bilbao stand auf und klatschte mit. Warum sich die Halle nicht mit Marina Carlos verbündete, wurde uns erst hinterher erklärt: Marina Carlos war Madrilenin, und denen wünschen die Basken traditionell alles Schlechte. (Als Marina Carlos beim Interview mit dem Hallensprecher sagte, sie beneide Sabine nicht um ihre Kür, sondern um ihre Oberweite, gab es Buhrufe, und Milchtüten flogen, die sie sich doch unter ihr T-Shirt stopfen möge.) Sabine war der Star, und es war von der ersten Sekunde an ihre Kür. Sie behandelte ihr Seil ganz anders als die anderen. Keinen Augenblick fürchtete ich, daß sie einen Fehler macht. Die anderen mochten besser springen, kräftiger oder athletischer sein – aber sie wußte mit dem Seil umzugehen, und sie lachte ins Publikum. Es war genauso wie an jenem 2. Mai 1996, als ich sie das erste Mal springen sah, und ich verliebte mich wieder in sie. Als Sabine mit ihrer Kür endete, antwortete die Halle mit einem einzigen Jubelschrei, und auch ich jubelte. Jubelte darüber, daß ich der Glückliche bin, den diese wunderbare Frau liebt.

Zwar kam das Seilspringen nicht ins Fernsehen, dafür aber die Komödie über den 17. Juni ins Kino, unter dem Titel ›Wir schnallen uns mal an‹. Steffi Kühnert als Fahrschülerin Lotte Maschner war in der Rolle ihres Lebens. Eine Frauenfigur, wie sie nur ein Wolfgang Kohlhaase schreiben kann. Aber auch der Fahrlehrer mit der Augenklappe, den Uwe Steimle spielte, war zum Totlachen. Als dankbare Geste für meine Beschäftigung mit dem Drehbuch ließ mir Wolfgang Kohlhaase Premierenkarten zuschicken. Direkt vor mir saß Katharina Witt, und in den Minuten, bevor sich der Premierenvorhang hob, schilderte sie mir jene Szene, die zum Scheitern der Berliner Olympiabewerbung geführt hatte. Bei der entscheidenden IOC-Session in Moskau, die minutiös geplant war, ergriff Olympiabotschafter Günter Grass nach der Vorführung des deutschen Bewerbungsfilms das Mikrophon. Das war nicht vorgesehen, und gerade weil jeder Handgriff, jede Geste zuvor genauestens abgesprochen war, verharrte der Rest der deutschen Delegation in einer Art Schockstarre. Was Grass sagte, stand am nächsten Tag in allen Zeitungen.

»Wenn die Olympischen Spiele wieder an die Stadt gehen, wohin sie vor 65 Jahren in Vorbereitung der größten Untat der Menschheitsgeschichte gegangen sind, dann gehen sie nicht in eine Stadt der Geschichtsvergessenheit, sondern in eine Stadt, die mit der Teilung einen Preis bezahlt hat für den ungeheuren Frevel, den sie begangen und das unermeßliche Leid, daß sie über die Völker der Welt, aber insbesondere das jüdische Volk, gebracht hat. Die Spiele nach Berlin zu geben, bedeutet nicht, den beiden Deutschlands und Berlin ihre Schuld zu erlassen, sondern sich zu vergewissern, daß die Deutschen in Ost und West ihre Lehren aus der Geschichte gezogen haben und bereit sind, ihre Schuld auf ewig zu zahlen.« – Von diesem Text, der nicht zum Programm gehörte, waren auch die Dolmetscher überrascht, und so stammelte die Synchronübersetzerschar mehr, als daß sie redete. Das IOC hörte Gestotter über die Kopfhörer und sah eine erschrockene deutsche Delegation auf der Bühne – nur bei den Chinesen breitete sich augenblicklich Schadenfreude aus. So wurde es nichts mit dem Kopf-an-Kopf-Rennen mit Peking; Berlin fiel gleich im ersten Wahlgang durch. »Was hast du eigentlich gemacht, als Grass redete?« fragte ich Katharina Witt. »Ich sollte die ganze Zeit lächeln, also habe ich gelächelt«, sagte sie.

Als Grass den Literaturnobelpreis bekam, war er bereits Olympiabotschafter, und das deutsche NOK frohlockte über diese Aufwertung. Aber in der entscheidenden Szene wagte es niemand, Grass das Mikro zu entwinden. Nobelpreisträger unterbricht man nicht.

Einer hatte kein Problem mit diesem Auftritt: Günter Grass selbst. Die Olympiabewerbung war ein von langer Hand eingefädeltes Komplott westdeutscher Aktiengesellschaften, vertraute er mir später einmal an, welche von einer Wiedervereinigung träumen, um Zugriff auf die Märkte und die Produktionsanlagen in der DDR zu bekommen. Die DDR-Führung um Krenz sei viel zu lebensunerfahren, um zu erkennen, welche Dynamik in gemeinsam ausgerichteten Spielen liegt. »Nicht mal ein Jahr später hätten die Konzerne Fakten geschaffen und ein neues Großdeutschland gezimmert!« Ihm war von der ersten Minute seines Daseins als Olympiabotschafter an das Scheitern der Berliner Bewerbung wichtig, und wenn dereinst in den Geschichtsbüchern steht, er habe Olympia 2008 in Berlin verhindert, dann bedeute es in Wahrheit, daß er nicht nur der Garant der deutschen Teilung war, sondern auch derjenige, der eine Revision des Zweiten Weltkriegs verhindert hat.

Mit den Jahren hatte sich unsere Wohnung immer mehr zu einem Ort entwickelt, der von Menschen mit den unterschiedlichsten Anliegen aufgesucht wurde, meist unangemeldet, da ich kein Telefon hatte. Angehende Schriftsteller erkannte ich an ihrem verdrucksten Auftritt und ihrer Mappe in der Hand, aus der sie früher oder später ihr Manuskript zücken würden. Außerdem kamen sie allein, im Gegensatz zu den Naturschützern, die immer zu dritt kamen.

Diese Begegnungen waren ein Fenster zur Welt, ähnlich wie Zeitung lesen, und ich schenkte jeden Tag zwei bis drei Stunden meiner Zeit dafür her. (Im Westen soll wegen der dicken Zeitungen die tägliche Lektüre ähnlich lange dauern können, wie auch die Internet-Nutzung.) Ich erfuhr Dinge wie »Wir haben bald keine Wälder mehr, nur noch Schonungen« oder, daß die Windräder in Eiffelturmbauweise nicht mehr gebaut wurden, weil Frankreich darin einen Angriff auf ein nationales Symbol und seinen Fremdenverkehr sah, und die lukrativen Atommüll-Verträge zu kippen drohte, wenn weiterhin Eiffelturm-Nachbauten in die Landschaft gestellt werden. Ein Jochen, der im Gefängnis zu einem Origami-Falter wurde, verschaffte mir Einblicke in die Haftbedingungen; seine »Rosenblüte« ziert auch jetzt, wenn ich diesen Satz schreibe, meinen Schreibtisch – ich werde wohl nie verstehen, wie etwas so Schönes unter so häßlichen Umständen entstehen kann.

Durch diese vielen Besuche hatte ich einen riesigen Bekanntenkreis und konnte mich bei so ziemlich jeder lebenspraktischen Frage an jemanden wenden. Wann immer mein Computer zickte, half mir Frank, der eine »Bürgerinitiative Datenschutz« gründen wollte, aber eigentlich »Chiru-Lehrer« war. (»Chiru?« fragte ich. Frank: »Chinesisch/Russisch.«) Als wir die Dielen im Schlafzimmer abschleifen lassen wollten, erinnerte ich mich an einen Parkettlegermeister, der mir Details über das Bonzenleben in Wandlitz anvertraut hatte. Und die Schallschutzfenster für mein Arbeitszimmer besorgte mir ein Haushandwerker des Rundfunks, der mit einer Umweltgruppe, die den Berliner Seen beängstigende Wasserproben entnahm, zu mir kam.

Ich hörte immer zu und engagierte mich nie. Die Manuskripte der angehenden Schriftsteller weckten in mir eine Aversion gegen alles, was nicht gedruckt und gebunden war. Manche meiner Besucher traten recht fordernd auf, manchen war die Überschreitung bewußt und auch unangenehm, wenn ich ihr Anliegen zu meinem machen sollte. Als ein paar Landschaftsschützer die Folgen der Windkraft für Brut- und Durchzugsgebiete darlegten, fragte ich sie, ob sie wirklich gegen die Windkraft seien oder ob ihre Anti-Windkraft-Initiative nur ein Vorwand sei, gegen das System zu sein. »Wir sind gegen das System, weil es die vielen Windräder baut«, sagte mir ein Daniel, sichtlich stolz auf seine Antwort, die er für schlagfertig hielt, und Amelie und Katharina, die ihn begleiteten, nickten eifrig. Ich hingegen wäre auch dann gegen das System, wenn es überhaupt keine Windräder baut. Die Nistgebiete der Rohrdommel waren mir wurscht. Meine Sache war die Freiheit.

Aber was für ein egoistischer, ja herzloser Kerl blickt

mich da aus dieser Schublade der Erinnerungen an! Da gab es ein Paar, Ute und Rainer, die im Jahr 1992 bei einem Fluchtversuch geschnappt wurden und in der Folge das Sorgerecht für ihre fünfzehn Monate alte Tochter Natalie verloren. Nach etwa einem halben Jahr Haft wurden Ute und Rainer in den Westen abgeschoben, ohne etwas über Natalies Verbleib zu wissen. Als sie bei mir waren, war Natalie schon über zehn Jahre alt – aber sie wußten gar nichts über sie. Nicht mal, ob sie noch Natalie heißt. Nun war ich aber weder Rechtsanwalt noch Privatdetektiv, sondern so was wie die letzte Hoffnung. Ich sollte über sie schreiben, sollte den Fall publik machen oder irgendwie ein Kinderbuch schreiben, das Natalie erreicht, woraufhin die von sich aus aktiv wird, Zeichen sendet … Die Not dieser Leute war mir klar, aber es würde mich auffressen, wenn ich mich in solche Angelegenheiten stürze. Nein, nein, und noch mal nein – ich will es nicht.

Sabine war ohnehin unzufrieden mit meinen Themen. Bei ›Störung der Totenruhe‹ kam es zur offenen Meuterei. »Immer schreibst du über so anormale Typen. Ein paar Verrückte, die einen Hubschrauber wieder flottmachen und die Urne mit Honeckers Asche klauen – wer soll sich damit identifizieren? Schreib doch mal über *normale* Menschen.«

Die Hauptfigur, die mir zu meiner ›Kein Sex seit hundertachtzig Jahren‹-Idee noch fehlte, wollte sich einfach nicht finden, und ein unsterblicher, zwangsweise asexueller Hauptheld wird, das ahnte ich deutlich, auch nicht Sabines Wunsch nach einem normalen Menschen entsprechen. Ihr zuliebe versuchte ich mich im Genre des Angestelltenromans.

Einen Angestelltenroman zu schreiben war nicht minder

schlimm als ein Angestelltendasein zu führen – was ich allerdings erst mitten im Schreiben erfuhr. Schon bei der Suche nach der Hauptfigur verfiel ich in alte Muster. Sabine hatte mir erzählt, daß sie mal in die Mündung der Waffe eines Bankräubers geschaut hatte. Allerdings handelte es sich um einen Bankräuber im staatlichen Auftrag. Er simulierte landauf, landab Banküberfälle, um zu testen, ob die Verhaltensregeln bei Banküberfällen auch befolgt wurden. Gaben die Kassiererinnen das Geld heraus? Konnten sie sich bei vorgehaltener Waffe, wie gefordert, Gesicht und markante Details einprägen?

Ich übersah völlig, daß ich die Forderung nach einer normalen Hauptfigur nicht einfach dadurch erfülle, daß ich mich für einen Menschen mit einem Beruf entscheide, der zwar der Wirklichkeit entnommen, zugleich aber von einer Exotik ist, wie man sie sich eigentlich nicht ausdenken darf. Und damit nicht genug: Schon nach zwanzig Seiten merkte ich die ermüdenden Beschränkungen beim Erzählen eines Angestelltendaseins, selbst eines angestellten Bankräubers. Da es sich aber um einen Gegenwartsroman handelte, machte sich meine Hauptfigur mit Millionen seiner Landsleute Gedanken darüber, mit welchen Kenntnissen und Talenten er wohl im Westen Geld verdienen könnte. Und da er nur die eine Fähigkeit hatte, überfiel er nun im Westen Banken, gern auch während des Urlaubs, den er mit Frau und Kindern auf Sylt verbrachte.

Kundera sagt, ein Roman beginne mit einer Fragestellung. (Damit meint er, daß die Arbeit an einem Roman mit einer Fragestellung beginnt, nicht der Roman*text*.) Die Fragestellung für diesen Roman war: Warum ist Geld so wichtig? Und warum wird diese Wichtigkeit zugleich so verachtet?

›Der Staub der Sterne‹ stieß auf wenig Gegenliebe bei Sabine. Ich wollte ihr das Buch eigentlich widmen, aber sie verbat sich das. Ich solle mir nicht einbilden, es sei ein Fortschritt, wenn ich anstelle eines Grabräubers über einen Bankräuber schreibe.

Kinder und Häuschen im Grünen
(2001–2002)

Der Staub der Sterne‹ wurde unter Zeitdruck fertiggestellt, denn an einem Spätsommertag 2001 legte mir Sabine wortlos ein fieberthermometerförmiges Plastikstäbchen auf den Schreibtisch, das in einem Fensterchen eine Art Lackmuspapier präsentierte, über das zwei dünne rosa Streifen liefen. Daß es sich um einen Schwangerschaftstest handeln mußte, erahnte ich an ihrem triumphierenden Lächeln; ich kannte mich ja überhaupt nicht aus mit solchen Dingern. »Wieso *zwei* Streifen?« fragte ich. »Werden es Zwillinge?« Sabine lachte. Noch. Denn der erste Ultraschall sollte ergeben, daß es wirklich Zwillinge wurden.

Kurz darauf kamen meine Eltern; sie waren völlig aufgelöst und fragten, warum wir nicht vor dem Fernseher säßen. In New York flögen gerade Flugzeuge in Hochhäuser; nachdem das dritte Flugzeug in einen Wolkenkratzer gerauscht sei, seien sie zu mir aufgebrochen, auf daß ihr schriftstellernder Sohn ihnen die Welt erkläre. Wir schalteten den Fernseher ein und wurden Zeugen eines komplett unwirklichen Geschehens. Der Eindruck verstärkte sich noch, als der Reporter immer von zwei Flugzeugen sprach, als wisse er noch nichts von dem dritten. (Das vermeintlich dritte

Flugzeug rührte daher, daß mein Liebmütterlein die Bilder von der Wiederholung des zweiten Einschlags für einen weiteren »Unfall« gehalten hatte – auch daß es sich um Anschläge handelte, war in Anbetracht ihrer Beispiellosigkeit nicht sofort klar.) Tatsächlich wirkte die ständige Wiederholung der Katastrophe aus den unterschiedlichen Perspektiven, als wären die Türme des World Trade Center zwei gespenstische, Flugzeuge saugende Magneten. Unsere Nachricht des Tages, der positive Schwangerschaftstest, geriet völlig in den Hintergrund.

In den folgenden Stunden kristallisierte sich der terroristische Hintergrund heraus, zugleich füllte sich unser Wohnzimmer immer mehr. Mein Bruder kam, Lutz Kerschowski sowie allerlei Nachbarn, die ich gar nicht näher kannte, die sich aber, wie meine Eltern, das Geschehen deuten lassen wollten. Mein Liebmütterlein hatte entsetzliche Angst, daß uns der Dritte Weltkrieg bevorsteht; sie hatte ihn buchstäblich vor ihren Augen, die Panik verrieten. Außer, daß von nun an alles anders wird, wußte ich nichts zu sagen. Wenn die DDR-Führung was mit der Sache zu tun hat, dann gnade ihr Gott, doch wenn sie die USA in der Jagd auf die Terroristen unterstützt, dann wird sie ihre Macht festigen können, sagte ich. Ob die DDR mit den Anschlägen in Verbindung gebracht werden kann, darüber wagte ich keine Prognose; seit der Brussig-Affäre hütete ich mich, die Stasi für phantasielos zu halten.

Stefan und ich nutzten die Anschläge, um unsere Prophezeiungskompetenz unter Beweis zu stellen: Nach längeren Diskussionen sagten wir, daß wir glauben, daß es in New York »viertausend oder etwas weniger als viertausend Tote« gegeben habe. In den nächsten Tagen war dann von etwa 3000 Opfern die Rede, wodurch wir uns bestätigt fühlten, weiterhin unsere Guerilla-Statistik zu betreiben.

Während der Welt in den nächsten Wochen Vokabeln wie »Taliban«, »Osama bin Laden« und »Al Qaida« geläufig wurden, gewöhnten sich Sabine und ich an Vokabeln wie »Gelbkörperhormon«, »Feindiagnostik« und »Nackenfaltenmessung«. Die Schwangerschaft galt als »Risikoschwangerschaft« weil sie schon drei Fehlgeburten hatte. Sie wurde sofort krankgeschrieben, was bedeutete, daß sie den ganzen Tag über zu Hause war.

Wie elementar das Schwangerschaftserlebnis ist, haben viele Frauen beschrieben. Wie feinnervig sie in sich hineinhorchen, wie sehr der Körper das Zepter schwingt. Daß »Schwangerschaft« ein eigener Aggregatzustand ist, körperlich und seelisch. Was mir aber nicht klar war: Mit welcher Selbstverständlichkeit Männer zu Komplizen dieser Phase gemacht werden. Wenn es den Co-Alkoholiker gibt, dann gibt es auch den Co-Schwangeren. Als ich irgendwann sagte »Wir sind schwanger«, fand ich nichts dabei. Sabine trug die Kinder zwar aus, aber ihre Träume, Übelkeiten, Freßattacken, Temperaturempfindungen, Verstopfungen, Schwindelanfälle, Ängste, Euphorien und ihr Herzrasen wurden mir in Echtzeit mitgeteilt. Und sie erwartete von mir, daß es mich auch interessiert. »Was ist das jetzt!« rief sie, und griff sich mit einer heftigen Bewegung in den Nacken. »Oh, das sticht! Das sticht *wahnsinnig*!« Ein Witzchen der Sorte *Na, die Wehen sinds wohl nicht* riskierte ich schon längst nicht mehr; das hatte sie mir sofort ausgetrieben. Eine Schwangerschaft ist eine ernste Sache. Nach einer Minute war das Stechen weg, aber kurz darauf ritt der Körper eine neue Attacke gegen sie. Kribbeln in den Füßen. Tinnitus. Kopfschmerzen. Taubheit in den Lippen. Und so ging das von morgens bis abends, sieben Tage die Woche.

Wie sollte ich unter diesen Umständen ein Buch zu Ende schreiben? Wie sollte ich es zu Ende schreiben, wenn die Kinder erst mal da waren? Eine Art Rücksichtsklausel ließ sich nicht durchsetzen. Am ersten Tag, als wir vereinbarten, daß ich von zehn bis fünfzehn Uhr ungestört arbeiten kann, stand sie um zehn Uhr dreißig in der Tür. »Du, ich weiß, daß ich dich nicht stören darf, aber ich *rieche* plötzlich alles total intensiv!«

›Der Staub der Sterne‹ schrieb ich noch vor der Geburt zu Ende, aber auf das von mir so geliebte Einspinnen und Versenken in den Stoff mußte ich verzichten. Ich schrieb meinen Angestelltenroman letztlich auch mit einer Angestelltenmentalität.

Beim Aufbau-Verlag hatte man schon nicht mehr damit gerechnet, daß ich noch mal ein Buch bei ihnen machen würde; meine Beteuerungen hatte man für Lippenbekenntnisse gehalten. Tatsächlich waren meine letzten drei Romane ›Helden wie wir‹, ›Steil und geil‹ und ›Störung der Totenruhe‹ wie auch der Monolog ›Darf ich auch mal was sagen‹ bei S. Fischer erschienen. ›Der Staub der Sterne‹ erschien dem Aufbau-Chef Elmar Faber als vertretbares Risiko. Die gängigen Reizthemen hatte ich ausgeklammert, und daß ich auf irgendwelche politischen oder persönlichen Empfindlichkeiten zielte, war nicht erkennbar. Von Lore Reimann wurde ich wieder gebeten, den Titel zu ändern; schon ›Wasserfarben‹ sollte ursprünglich ja ›Ein Lied im Regen‹ heißen. Warum meine Manuskripte, die bei Aufbau landeten, immer so pathetische Titel hatten, kann ich nicht erklären, aber mir gefiel der Titel ›Der Staub der

Sterne‹, da er zur Disposition gestellt wurde, auch nicht mehr, und ich entschied mich für ›Das schöne Geld‹. Dieser Titel bediente sich bei Émile Zolas Roman ›Das Geld‹, der die elektrisierende Stimmung an der Pariser Börse um 1865 schildert, als beim Bau der Bagdadbahn wild spekuliert wird. Ziemlich unverblümt rückt Zola das Geld ins Zentrum der Geschichte, und weil ich in den Jahren 2000ff. eine große Geldversessenheit beobachtete, folgte ich ihm darin. Aus Zeitnot zwang ich das Buch zu einem Ende, obwohl ich gerade an dem Punkt war, daß es sich endlich von allein schrieb.

So war ich von meinem »Angestelltenroman« zunächst nicht so überzeugt. Die »normale« Hauptfigur, zu der ich mich verpflichten wollte, geriet mir doch wieder zu schrill. Der Termindruck bestimmte das Ende, nicht mein Gefühl, alles gesagt zu haben. Und obendrein schrieb ich das Manuskript nicht mit der vertrauten vollständigen Versenkung in einen Stoff, sondern in ständiger Bereitschaft, auf ein »Du, fühl mal hier, das hab ich seit gestern, was istn das?« zu reagieren.

Ich kenne kein Buch, das vom ersten bis zum letzten Satz ein Hammer ist. Meist ist es eine bestimmte Konstellation, eine Idee, ein Konflikt, ein Geist von Verrücktheit oder Wärme, ein Tonfall oder mehrere meisterhaft ausgearbeitete Szenen, die Büchern eine gewisse Unverwüstlichkeit verleiht. Es gibt Bücher, die werden über die Jahre immer besser, und es gibt Bücher, die werden über die Jahre immer belangloser. Wie viele Leser haben über ›Wasserfarben‹ gesagt: »Genau so war es bei mir auch!«, über ›Helden wie wir‹: »Ich hab mich weggeschmissen vor Lachen« oder über ›Steil und geil‹: »Selten so schön über Freiheit gelesen.«

Kein Leser sollte Angst haben, daß ein Schriftsteller solche Zusammenfassungen profan findet. Ich weiß genau, was mir ein Leser damit sagt. (Profan ist: »Ich hab Ihr Buch im Zug nach Dresden gelesen.«)

Nur der Papier-Rationierung war es zu verdanken, daß die 1. Auflage von ›Das schöne Geld‹ sofort vergriffen war. Die Leute mochten die Geldfixiertheit nicht so akribisch beschrieben. Dabei tat ich das nicht mal (ab)wertend; das stand mir bei meinem Kontostand auch gar nicht zu. Aber wer mag es schon, beim Popeln beobachtet zu werden.

Meine ersten Lesungen waren überfüllt; es war fast wie in alten Zeiten. Die Leute erwarteten, daß ich dem treu bleibe, was sie für mein Thema hielten: der Freiheit. Große Künstler haben bekanntlich nur ein Thema. Wieso dann ein Gegenwartsroman, und obendrein noch so einer? Mein Drang, den Nerv der Zeit zu erspüren, machte meine Konturen unschärfer. Ich kam sogar in den Verdacht, ein zahnloser Tiger geworden zu sein. Brussig interessiert sich auch nur noch fürs Geld, hieß es.

Das Internet sah ich zuerst bei meinem Bruder. Bis dahin kannte ich nur den Allgemeinen Datenkanal, mit dem Sabine bei ihrer Arbeit zu tun hatte und der, nach ihren Worten, »ein typisch ostzonales Serviceverbrechen« war. Ihre Kollegen nannten den ADK entweder »Abnorm – Dämlich – Kompliziert« oder »apathisch durch/dank Katastrophen«. Stefan sagte, das Internet habe mit dem ADK so viel zu tun wie eine Hifi-Anlage mit einem Transistorradio. Um im ADK was zu finden, mußte ich mir zehnstellige Nummern aufschreiben wie Telefonnummern, und ich mußte mich gegenüber dem Adressaten immer mit einer »Schlüsselzahl« identifizieren, die manchmal drei- und manchmal vierstellig war, ohne daß der Adressat sagte, ob er eine drei- oder vierstellige Schlüsselzahl erwartet. Im ADK fand man den Aufbau-Verlag unter 317.955.90.34, und auch nur, wenn man sich mit der richtigen Schlüsselzahl präsentierte. Als mir Stefan das Internet zeigte, tippte er www.aufbau-verlag.eg – und schon war er da. Es war so schlicht wie genial. Sogar Bilder, Tonaufnahmen und Filme lieferte das Internet; ich kam aus dem Staunen gar nicht mehr heraus. Die Daten kamen über einen Satelliten, der auf das DDR-Territorium ausgerichtet war, und die Firma Strato offerierte ihren DDR-Kunden ein Paket, zu dem eine kleine Parabolantenne und ein Modem gehörte. Für 199 DM konnten wir zwei Jahre lang »Stratisten« werden, und wir griffen zu, wie Millionen andere. Jeden Tag ›Spiegel‹ lesen, das Fernsehprogramm kennen, mit »Suchmaschinen« an Fakten herankommen und, na klar, Pornos aufstöbern – das wollten wir auch.

Erst dann ein Telefon zu haben, wenn alle Telefon haben können, war der einzige Bestandteil meines babylonischen Versprechens, der noch offen war. Als im Westen das Handy-Fieber grassierte, beglückte die DDR alle Städte mit Siemens-Sendetechnik – aber nicht das Land. Jeder konnte zwar ein Telefon kaufen, doch längst nicht jeder konnte telefonieren. Abgesehen davon war es teuer. Um Reichtum zu demonstrieren, mußte man nur das Handy zücken. Im Westen, so hörte ich, galt das Handy ob der »ständigen Erreichbarkeit« als Dienstboteninstrument, und wenn es in der Oper tüdelte, gabs böse Blicke. Bei uns war es Statussymbol, und es konnte einem nichts Besseres passieren, als wenn es vor Zeugen klingelte. Einmal, als ich mit Ingo

Schulze zu einer ungewöhnlichen Zeit verabredet war, nämlich am späten Vormittag, ging sein Handy los. Sein Westverlag wollte Details einer Literaturpreisverleihung besprechen, und mich beschlich der klamme Verdacht, er hatte die Verabredung so gelegt, um eine Handy-Anruf-von-Westverlag-wegen-Literaturpreis-Schau abzuziehen.

Die Schwangerschaft bot Sabine einen Vorwand, sich ein Handy zuzulegen, über das ich mich manchmal anrufen ließ. So schmolz mein babylonisches Versprechen allmählich dahin. Vor zehn Jahren hatte ich gemeint, ein demonstratives, allgültiges Opfer zu erbringen. Doch inzwischen spielte es kaum noch eine Rolle, beschränkte mein Leben nicht mehr.

Der Geburtstermin war der 8. Mai, und in dem Vierteljahr vor dem Termin seufzte Sabine mehrmals täglich: »Oh, wie ich den 8. Mai herbeisehne, den Tag der Befreiung!« Am 1. Mai, am späten Nachmittag, setzten die ersten Wehen ein, und am 2. Mai, um 8:16 Uhr kam Antonia zur Welt, zwanzig Minuten später Pauline.

Antonia und Pauline, was für Namen! Eine Zeitreise in die achtziger Jahre. Es war Sabines Entscheidung, und sie ließ sich auch von meinen Protesten nicht beirren. »Antonia und Pauline, A&P, weißt du, für was das steht? Attraktiv und preiswert!« – »Was ist schlecht an attraktiv?« – »Und bei Drillingen, wie heißt dann Nummer drei – Frederike?« – Antonia und Pauline wurden nie bei ihren Namen genannt, was das Ganze in meinen Augen, obwohl es paradox erscheint, nochmals verschlimmerte, denn ich hatte keine Chance, mich an die Namen zu gewöhnen. Antonia wurde Tonia (»Tonnja«) genannt, Pauline hieß Pauli oder Paulinchen.

Daß die Geburt der Zwillinge unseren Alltag total umkrempeln würde, hatte ich erwartet. Nicht jedoch, daß sich meine ganze Aufmerksamkeit allein auf sie konzentriert. Entsprechende Schilderungen anderer Männer kannte ich natürlich, doch ich habe sie leichthin abgetan. Daß man von den eigenen Kindern sofort schachmatt gesetzt wird, das wußte ich erst, als ich es erlebte. Die sind so klein und schwach, schlafen fast nur, können nicht sprechen – und haben dich trotzdem total im Griff. Wie machen die das? Nicht für jedes Rätsel muß ich mich als Schriftsteller zuständig fühlen, beschloß ich. Hier waltet die Biologie.

Auch Sabine war den Zwillingen völlig ausgeliefert. Während der Schwangerschaft hatte sie ein ums andere Mal versprochen, daß sie die Kinder nicht stillen werde, um sich ihre phantastischen Brüste nicht kaputtmachen zu lassen – doch keine Stunde nach der Geburt, als die Hebamme sie fragte, ob sie die Kinder anlegen wolle, waren alle Vorsätze vergessen. Die Plünderung ihres wunderschönen Körpers ging einfach weiter.

Wir hörten kaum noch Nachrichten, lasen keine Bücher mehr und gingen nicht mehr ins Internet, höchstens, um uns darüber zu informieren, in welcher Richtung kreiselnde Handbewegungen Linderung bei Koliken verschaffen. Bekamen wir Besuch, fiel uns nichts anderes ein, als stolz unsere Zwillinge zu präsentieren. Ohne etwas daran zu finden, sprachen wir über Farbe, Geruch, Menge und Häufigkeit der Ausscheidungen. Unsere Themen waren primitiv und elementar, der Großstadt und der Zivilisation unwürdig. Und so entschieden wir uns, eine Bleibe auf dem Land zu suchen. Die Wohnung wollten wir nicht aufgeben, wir wollten nur dichter ran an die Natur.

Robert half uns bei der Suche nach einem Häuschen. Zwei Samstage kurvte er mit mir durch den Oderbruch, dann fanden wir unser Häuschen mit Garten.

Mitte August zogen wir aufs Land. Der neue Wohnort veränderte mich sofort. Das erste Mal nahm ich wirklich Natur wahr. Im Herbst, das wußte ich, verfärbt sich das Laub. Aber wann beginnt es? Und mit welchem Baum? Wann ist man die Wespen endlich los? Wird es ganz sicher regnen, wenn dunkle Wolken aufziehen? Wann ist der Morgentau getrocknet? Wann wird es neblig?

Die Vorbesitzerin des Häuschens war gestorben; um Haus und Garten zu bewirtschaften, hatte ihr zuletzt die Kraft gefehlt. Sabine und ich machten uns daran, alles wieder auf Vordermann zu bringen. Wir beschnitten Bäume, entrümpelten Keller und Dachboden, rissen einen baufälligen Schuppen und einen verwaisten Kaninchenstall ab. Jeden Abend loderte ein Feuer, die Funken flogen in den Nachthimmel. Ich verputzte eine Wand (ich konnte es noch) und malerte das Haus. Der Garten belieferte uns mit Möhren, Zucchini, Kartoffeln, Zwiebeln und Lauch. Sabine kochte daraus einen Eintopf, der nie zu Ende ging und der dem Haus bald einen eigenen Geruch verlieh. Ich erneuerte die Regenrinne und kratzte im Keller die Fugen aus, und tatsächlich bekamen wir die Feuchtigkeit nach und nach in den Griff.

Mitte November, als die Zwillinge ein halbes Jahr alt waren, wurden die Tage so kurz, daß wir uns kaum noch draußen aufhielten. Wir kehrten zurück nach Berlin, aber es war wie die Rückkehr in eine andere Welt.

Als alle was zu tun hatten
(2002–2004)

Natürlich hatten wir im Oderbruch Radio gehört. Während der Eintopf köchelte, lief das Radio. Während ich die Wände verputzte, lief das Radio. Während das Feuer knisterte und Funken in den Abendhimmel flogen, während die Strampelhöschen aufgehängt oder der Möhrenbrei warm gemacht wurde – immer lief das Radio. Wir hörten Ostsender, wir hörten Westsender. Was wir hörten, konnten wir uns nicht recht vorstellen, und außerdem interessierte es uns nicht besonders. Was gehen uns »Wirtschaftsreformen« an, wenn der Keller volläuft. Was interessiert uns die »Öffnung des privaten Sektors«, wenn ein Marder auf dem Dachboden haust. Was muß ich über »chinesische Erfahrungen« wissen, wenn wir ein Wespennest in der Veranda haben. Ein »grundlegender Richtungswechsel« läßt mich kalt, wenn Unkraut auf dem neuen Beet wuchert. Und selbst »Freigabe der staatlichen Preiskontrolle« klingt nicht wirklich bedrohlich, wenn dir gerade ein Ast aufs Dach gekracht ist.

Robert holte uns aus dem Oderbruch ab und brachte uns nach Hause. Sabine winkte dem wegfahrenden Auto nach – und verursachte damit einen Auffahrunfall zweier Taxen, die sich herangewinkt glaubten. Das war mein erstes Erlebnis im Berlin der chinesischen Erfahrungen. Als wir ein gutes Vierteljahr zuvor Berlin verließen, mußten wir Ewigkeiten auf ein Taxi warten. Jetzt konnte man sich vor Taxis nicht retten.

Als Sabine am nächsten Vormittag wie gewohnt im Korridor mit dem Seilspringen begann, klingelte es keine zwei Minuten später an unserer Tür: Unter uns, wo über Jahre ein verwaister Laden war (die Farbe auf der Jalousie war abgeblättert und das Holz so aufgequollen, daß sich einzelne Lamellen aus der Führung herausquetschten), arbeitete nun ein Reisebüro, »Paradies-Reisen«. Die machten ihr Geschäft damit, daß sie noch die letzte Besenkammer in Ostsee-Nähe vermittelten, weil, wie Sabine herausfand, für deren Klientel die spontane, kurzfristige Buchung das Erlebnis war, nicht die eigentliche Reise.

Hinter den hochgezogenen Rolläden auf der anderen Straßenseite residierte gar eine »Werbeagentur Berlin«. Eine Werbeagentur in einer Mangelgesellschaft, das ist der berühmte Kühlschrank bei den Eskimos. Als ich, neugierig geworden, einen kleinen Spaziergang unternahm, hielt ein Lada neben mir, und mein ehemaliger Mitschüler Sandro Hüppenlenk stieg aus. »Mensch, Thomas, was für ein Zufall!« rief er, und anstatt mir die Hand zu geben, reichte er mir eine Visitenkarte, als wisse ich nicht, wer er ist. »Hüppenlenk – Umzüge und Entrümpelungen« stand auf der Visitenkarte sowie die Bezeichnung »Geschäftsführer«. Ich gratulierte ihm zu seinem Aufstieg und dazu, daß der Betrieb sogar nach ihm benannt wurde, aber er lachte nur und sagte: »Ich *bin* die Firma!« Ich zuckte zusammen; Firma war ein Synonym für Stasi, doch nun war das Wort wohl wieder salonfähig. »Und ziehen denn so viele Leute um, ich meine, kann man davon leben?« fragte ich, und Sandro Hüppenlenk erklärte mir, daß er oft Umzüge in Altersheime mache, weil die Kinder im Westen arbeiten und nicht dazu kämen, sich zu kümmern, und diese Umzüge seien eine Goldgrube, »weil ich es vorn als Entrümpelung berechne, und hinten als Antiquitäten verkaufe«. Es sei »im Hinblick auf unsere gemeinsame Vergangenheit die hohe Schule der Altstoffsammelei. Ich zeig dir mal was.« Er öffnete den Kofferraum, der absurd dicht mit Büchern gefüllt war. »Von einem Professor, ich glaube sogar, Philosophie. Du kennst dich doch mit Büchern aus. Kannst du mir sagen, welche davon wertvoll sind?«

In den folgenden Wochen begegnete ich noch vielen Menschen, die mir eine Visitenkarte in die Hand drückten, auf der Geschäftsführer stand. Ich kam mir fast schon minderbemittelt vor, weil ich keine Visitenkarten verteilte. Und wenn ich meine Überzeugung beim Wort nahm, wonach jene lesen, die Fragen an die Welt haben, dann mußte ich einräumen, daß im Moment das Lesen keine Konjunktur hat. Denn jetzt war die Zeit des Fragens passé, jetzt wurde angepackt, auf die Beine gestellt, zum Laufen gebracht. Wer ein Geschäft gründet, liest nicht.

Aber wozu schreiben, wenn keiner liest? Ich haderte nie damit, ein Schriftsteller zu sein. Nur jetzt wäre ich auch gern Geschäftsführer.

Obwohl ich das Gefühl hatte, daß etwas beginnt, in dem ich mich fremd fühle, mit dem ich nichts anzufangen weiß, schrieb ich für ›Die Zeit‹ darüber. Ich schrieb, daß eine Eiszeit, eine Erstarrung aufbricht, und daß wir auf schaukelnden Eisschollen stehen. So treiben wir ins Offene, und solange kein Sturm aufkommt, müssen wir uns nicht fürchten. Es ist nur ungewohnt, aber nicht schlimm. Wie fremd mir diese Reise war, merkte ich daran, wie wenig mir dazu einfiel. Vierundzwanzigtausend Anschläge fragte die ›Zeit‹-Redaktion an, aber ich konnte nicht mal zehntausend liefern. Und kaum hatte ich den Artikel abgeschickt, wurde mir bewußt, daß mein Bild nicht stimmt. Denn wenn die Eisschollen nach Süden treiben, werden sie schmelzen, und wir werden ertrinken, und wenn sie nach Norden treiben, werden wir erfrieren.

Hitler hat wohl schon die Phantasie von jedem angeregt, und wer das Gegenteil behauptet, lügt. Meistens lautet die Frage, »wie ein Mensch so unvorstellbar böse« sein konnte. Ich hingegen fragte mich, was aus Hitler, aus Deutschland und der Welt geworden wäre, wenn er die Aufnahmeprüfung an der Kunstakademie bestanden hätte. Sich jemanden mit dem Charakter Hitlers als Künstler vorzustellen – das war eine Herausforderung meiner Art. Und da mir noch immer nicht die Idee für die Hauptfigur von ›Kein Sex in hundertachtzig Jahren‹ kam, nahm ich mir eben Hitler vor.

Allerdings stellte sich der wohlbekannte starke Impuls, der am Beginn der Arbeit steht, nicht ein, und ich hatte einen fürchterlichen Verdacht: Vielleicht bin ich schon alles losgeworden. Vielleicht hat ein Schriftsteller sowieso nur ein Thema, und wenn er alles dazu gesagt hat, ist er am Ziel. Vielleicht ist das Schreiben ab jenem Punkt nur Routine. Bei vielen Schriftstellern habe ich tatsächlich das Gefühl, daß sie nicht schreiben, weil sie was zu sagen haben, sondern weil sie es können. Mit ihren ersten, wichtigen Büchern lernen sie schreiben, und wenn sie es können, machen sie weiter, obwohl ihnen Stoff, Thema, Position fehlt. Wenn jeder Schriftsteller höchstens drei Bücher schreiben dürfte, hätte Literatur eine ganz andere Radikalität. Und wenn ich mich immer an einer DDR scheuerte, die so langweilig war wie ein stehendes Gewässer, dann sollte ich ruhig zugeben, daß ich Probleme kriege, wenn plötzlich Schwung in den Laden kommt.

Nach dem ersten Geburtstag der Zwillinge fuhren wir wieder zu unserem Haus im Oderbruch, wo ich sägte, hämmerte, schraubte, schliff und strich. Ich rührte Mörtel an, wechselte Fenster aus, verputzte, verfugte, betonierte, flieste und malerte. Doch die ganze Zeit nagte Sandro Hüppenlenks Frage an mir: »Du kennst dich doch mit Büchern aus. Kannst du mir sagen, welche wertvoll sind?«

An einem Tag Ende August stand ich auf der Leiter und kratzte Moos vom Dach, während unter mir die Zwillinge herumtappelten und nach wenigen Schritten auf den Hintern plumpsten. An Momenten wie diesen ergötzt sich jeder Vater. Instinktiv machte ich eine Bewegung, die, wenn sie Antonia gemacht hätte, sie im Gleichgewicht gehalten hätte – doch weil *ich* sie machte, fiel ich von der Leiter und brach mir das Handgelenk. Danach ließ ich die Handwerkeleien. Wir hatten genug Geld, um die fälligen Arbeiten durch richtige Handwerker erledigen zu lassen, und dank der Reformen konnten wir die leicht finden.

In dieser verkorksten Zeit kam auch jener Brief aus dem Knast. Acht handschriftliche Seiten auf Gefängnis-Vordrukken. Absender war Joachim Schöbel, jener Stasi-Offizier, der mich mittels gefälschter Umsturzpläne hinter Gitter bringen wollte. Jetzt schrieb er mir einen langen Brief, mit

Passagen, die abwechselnd anbiedernd oder selbstmitleidig waren, und bettelte darum, daß ich sein Gnadengesuch unterstütze. Ohne meine Unterstützung hätte er keine Chance, daß er »Weihnachten bei seiner Familie unterm Tannenbaum sitzt«.

Ich hatte gehofft, so einen Brief nie zu bekommen, aber nun war er da. Joachim Schöbel hatte sechs von vierzehn Jahren Haft abgesessen und wäre gern rausgekommen. Denn die »breierne Zeit« war vorüber, das war klar. Er war weggesperrt, mußte Winter für Winter Bäume fällen, um die Volkswirtschaft mit Holz zu versorgen, während sich das Leben draußen auf eine Art beschleunigte, die interessant war und die selbst einem üblen Stasi-Kämpfer das Blut in den Ohren rauschen ließ. Da wäre er gern dabei!

Ich las den Brief von Joachim Schöbel nur zweimal, beide Male schnell und oberflächlich. Es war peinlich und ekelhaft, an ihn erinnert zu werden. Ich wollte nichts mit ihm zu tun haben. Wollte mir nicht bei einem Kaffee seine damaligen Beweggründe erläutern lassen, wollte ihm nicht zufällig auf der Straße oder bei einer Lesung begegnen. Weggeschlossen im Gefängnis war er mir am liebsten, auch wenn ich klar erkannte, daß vierzehn Jahre eine zu grausame Strafe waren und allein schon deshalb Gnade ergehen müßte. Aber all das behielt ich für mich. Ich schrieb weder ihm noch jemand anderem, und er schrieb mir auch kein zweites Mal. Joachim Schöbel wurde, wie mir irgendwann erzählt wurde, im Jahr 2006 begnadigt. Bis heute hat er keinen Kontakt zu mir gesucht. Und dabei bleibt es hoffentlich auch.

Sabine hatte während des Mütterjahres ein Fernstudium absolviert und wurde bei ihrem beruflichen Wiedereinstieg Filialleiterin, noch dazu in unserer Nähe. Jeden Tag kam sie mit Geschichten vom Wahnsinn des wild wachsenden Privatsektors nach Hause. Klar, die neuen Zustände brachen zuerst in Berlin-Mitte aus. Sabine verdiente dreimal so viel wie vorher, was auch damit zu tun hatte, daß sie als Filialleiterin gegen Korruptionsversuche immunisiert werden sollte. Der letzte Beweis für die gewandelte Rolle des Geldes waren hochprofessionelle Blüten – während früher immer von »Spielgeld« die Rede war und das Bonmot kursierte »Wir tun so, als ob wir arbeiten, und die tun so, als ob sie uns bezahlen«.

Dann kam es zu diesem Banküberfall. Drei Männer mit Motorradhelmen. Sabine, die sofort wußte, daß es keine Übung ist, blieb cool. Die Bankräuber nicht. Sie schlugen eine ältere, schreckensstarre Kundin zu Boden, und als der Schläger seine Waffe auf Sabine richtete, hörte die schon die Englein singen. Sie dachte an mich und die Zwillinge, und ob wir es auch ohne sie schaffen werden. Dann aber hatte sie einen Geistesblitz und dachte an: Fernsehsprecher. Die dürfen, wie wir am Vorabend anhand sehr amüsanter Beispiele gesehen hatten, in keiner Situation und nach keiner Panne die Nerven verlieren, sondern müssen immer formvollendet agieren – und so fragte Sabine den Mann, der eben eine Oma niedergeschlagen hatte und nun seine Waffe auf sie richtete: »Wie kann ich Ihnen helfen?« Sie ging von Schalter zu Schalter, füllte seine Sporttasche und zeigte am Ende noch den Tresor, wo das meiste Geld lag. Der Bankräuber hatte gleich zu Beginn von Sabine verlangt, daß sie die Schuhe auszieht, damit sie schneller laufen kann – und am Ende des Überfalls, vor dem Tresor, trat er ihr zweimal so schmerzhaft auf die Füße, daß sie an Ort und Stelle zusammensank. Sie ist nie wieder zu einem Wettkampf als Seilspringerin angetreten. Das Sirren des Seils, das leise Mahlen der Lager und das weiche Klatschen des Gummis, wenn es den Boden berührte – ich bekam es kaum noch zu hören.

Wegen der zunehmenden Kriminalität hatte das DDR-Fernsehen eine Polizeisendung in der Pipeline. Jan Josef Liefers riß sich darum, den ›Wir kriegen dich!‹-Moderator zu geben, nachdem ihm, der beruflich den Kommissar Kohse im ›Polizeiruf 110‹ mimte, sein sauer ersparter Westwagen (ein BMW) geknackt und zu Schrott gefahren worden war, und angeblich bildete Sabines detaillierte Erinnerung an die Bankräuber den Grund, mit der Sendung rauszukommen; die Ermittler waren sich sicher, die Täter fassen zu können.

Sie wurden tatsächlich geschnappt, aber Sabine hatte an dem Überfall lange zu knabbern. Ihr wurde wegen des Schocks auch gleich eine Kur zugesprochen, so daß ich vier Wochen mit den Zwillingen allein war, die sich erstaunlich schnell mit der Abwesenheit der Mutter arrangierten. Die Tage begannen meist damit, daß sich die Schlafzimmertür öffnete und ein Schwall Lebensfreude und Optimismus hereinflutete. »Heut ist der schönste Tag der Welt!« rief Antonia oft. »Die Sonne scheint! Papa, du mußt jetzt aufstehen!« Und selbst, wenn die Sonne nicht schien, rief sie: »Es ist hell, es ist Tag! Papa, du mußt aufstehen und mit mir spielen!« Um die Gabe, jeden Tag so positiv beginnen zu können, beneidete ich meine Kinder. Wie auch darum, daß sie jeden einzelnen Tag und das Leben überhaupt als großartiges Geschenk feiern und sich darüber freuen konnten.

Abends erfand ich immer eine Gute-Nacht-Geschichte, die gut auszugehen hatte. Von einem Vögelchen, das eine Feder verlor und wiederfand, in seinen Flügel steckte und davonfliegen konnte. Von einem Bärchen, das sich im Wald verläuft, dann aber das Eichhörnchen trifft, das ihm den Weg zeigt. Die Geschichte vom Häschen, das in den Bach fällt und vom Biber zurück ans Land gestupst wird, wollte Pauline immer wieder hören, so daß ich mir in den letzten zwei Wochen gar keine neuen Geschichten ausdenken mußte.

Wenn die Zwillinge schliefen, konnte ich sie stundenlang betrachten. Mehr Entertainment brauchen Väter nicht. Oft dachte ich daran, daß ich jetzt glücklich nachhole, was mir durch meine Weigerung, Ninette zu folgen (bzw. dem Festhalten an meinem »babylonischen Versprechen«), entgangen war, nämlich: Vater zu sein. Und erst jetzt verstand ich, welche Dramen mit einem so lapidaren Satz von »einem Riß im Herzen, der aber durch einen kleinen operativen Eingriff behoben werden konnte« verbunden waren.

Und während ich vor einigen Jahren noch gemutmaßt hatte, ob Sabine eine Frau sei, für die ich eine Revolution verraten könnte, war mir beim Anblick der Kinder klar, daß ich mir ihretwegen jede Revolution schenken kann. Es fühlte sich nicht mal an wie Verrat. Mit Familie wirst du automatisch zum Konservativen.

Einmal lag ich auf dem Sofa und rief einfach in die Tiefe der Wohnung: »Wer gibt mir als erstes einen Ku-huß?« Kurz darauf hörte ich Füßetrappeln, Lachen und Juchzen, und fast gleichzeitig kamen Antonia und Pauline ins Zimmer gerannt, um sich auf mich zu werfen und mich zu küssen. So ist es, wenn man Kinder hat.

Und so könnte ich zahllose Momente und Szenen betrachten, wenn ich in der Kommode meiner Erinnerungen krame. Ich tue es nicht, weil sich das, was Tolstoi über die Ehe sagte, auch auf die Familie abwandeln läßt: Alle glücklichen Familien ähneln einander, während jede unglückliche Familie einzig ist.

Kurz vor Ostern erschien im ›Spiegel‹ ein langes Gespräch zwischen Christa Wolf, Volker Braun und Ingo Schulze, drei Autoren also, deren Äußerungen und Essays oft interessanter waren als ihre Bücher. Konsens war, daß die jetzige DDR eine »Übergangsgesellschaft« sei (den Begriff prägte Volker Braun schon vor Jahren, nur jetzt schien er tauglich). Die Wirtschaftsreformen und auch der Generationswechsel müßten zwangsläufig in eine demokratische, freie Gesellschaft münden, meinte Ingo Schulze, während Volker Braun in der von oben gewollten Fokussierung auf individuelle wirtschaftliche Selbstverwirklichung ein perfides Ablenkungsmanöver sah, den Ruf nach Bürgerrechten zu ersticken. (»Im Marktgeschrei der Händler, Gaukler und Jongleure wird der Prediger überhört. Im Funkeln des Tands wird der in die Acht Geschlagene übersehen.«) Und Christa Wolf sah in dieser Entwicklung eine einzige große Ungerechtigkeit; ihre Generation sei eine »Generation ohne Genugtuung«: Durch den Krieg wurden ihr Kindheit und Eltern geraubt, in den Aufbaujahren wurde sie »an unseren Platz gestellt vernutzt«, dann mußte sie den Niedergang der Utopie ansehen, »wobei auch die gehobene Position keine trostspendende Perspektive bot« (hört, hört!), und jetzt müsse sie um die Rente fürchten, die von einer gewollten Inflation aufgefressen zu werden drohte. Während für Ingo Schulze und Christa Wolf das Wirtschaftliche und das Politische nur zwei Seiten einer Medaille waren, schied Volker Braun zunächst das eine fein säuberlich vom anderen. Indem er den Wirtschaftsreformen dann eine reaktionäre politische Funktion zuwies, vereinte er beides dann aber doch; der Mann war eben ein unverbesserlicher Dialektiker. Den Schwachpunkt seiner Position deckte jedoch Ingo Schulze auf: Volker Braun sprach immer von »Massen« oder »Volksmassen«; er schien gar nicht wahrzunehmen, daß niemand mehr Masse war, geschweige denn, Masse sein wollte.

Seltsam war allerdings, daß keiner auf das Offensichtliche stieß: Daß die Partei ihre Hoheit über die wirtschaftlichen Geschicke tatsächlich aufgegeben und an einen sich bildenden Markt übergeben hat, ihre politische Macht jedoch ausübt und verteidigt wie eh und je. Ökonomisch Marktwirtschaft, politisch Diktatur – das sollte die DDR sein. Ein Kapitalismus unter Führung der Partei. Und nicht als Übergangsgesellschaft, sondern als dauerndes Modell.

Ich schrieb sogleich eine entsprechende Erwiderung unter dem Titel ›Im Labor von Egon Krenz‹, die aber der ›Spiegel‹ nicht druckte, weil sich zum gleichen Thema, nur deutlich wortgewaltiger und unter dem Titel ›Diktatur bleibt Diktatur, da helfen keine Pillen‹ Wolf Biermann zu Wort meldete. Mein letzter Abschnitt war sozusagen sein Auftakt, und im Fortgang beschrieb er Schulzes Vorstellung, wonach die politischen Freiheiten sich irgendwann von selbst aus den ökonomischen Reformen ergeben werden, als »einen Irrtum, von dem irgendwann nur ein paar tausend zerschossene Leiber vor den Zentralen der Macht bleiben werden. Dieser Traum wird eines Tages mit Blut durch die Gosse gespült.« Biermann eben.

Ich mußte nun zur Kenntnis nehmen, wie abgemeldet ich war. Klar, mein letztes »wichtiges« Buch war ein paar Jahre her. Aber es schmerzte schon, zu erleben, daß Bücher, die bekanntlich für die Ewigkeit gedacht sind, eine Halbwertszeit von wenigen Jahren haben. Und selbst wenn ich die Bücher rauslasse: Mein erster (und bis dato letzter) ›Spiegel‹-Essay war immerhin ›Die breierne Zeit‹. Daß ich dafür nicht mal einen Freischuß hatte, nahm ich dem ›Spiegel‹ ein bißchen krumm. Biermanns Erwiderung war gut als Erwiderung, sie war ein Hingucker, ein Rummelplatz knalliger Formulierungen. Und wenn es eines Tages die paar tausend zerschossenen Leiber vor den Zentralen der Macht gäbe, würde man sich an seine düstere Prophezeiung auch erinnern – auch dann, wenn da nur zweidrei Tote liegen –, aber seine Vorhersage traf bis heute nicht ein. Ob er an sie glaubte, als er dies schrieb, und ob die ›Spiegel‹-Redakteure sie glaubten, als sie sie druckten? Oder schrieb er es nur deshalb und druckten sie es nur deshalb, weil es eine so plastische, bildgewaltige Vision war?

Die Spielregeln des westdeutschen Feuilletons sind mir ein Rätsel. Es gibt so viel »Meinung«, daß »Wahrheit« kein Kriterium ist. Es geht eher darum, einen Platz auf dem Meinungskarussel zu besetzen und möglichst viele Runden mitzufahren. Der Kartenabreißer, sprich, der Feuilleton-Redakteur will eine gute Mischung zusammenstellen. Je lauter gejuchzt wird, desto mehr gucken hin und glauben, da geht sonstwas ab. Im Feuilleton lese ich die unterschiedlichsten Ideen: Bestechende Ideen, waghalsige, verquaste, provozierende oder interessante Ideen. Das meiste sind allerdings nur Imitationen von Ideen. In der Literatur, die für ihre Entstehung viel, viel länger braucht als ein Feuilleton-Artikel, sehe ich diese Ideen dann aber »durchgeprüft«. Ich vertraue einer Idee erst dann (und erst recht den eigenen), wenn sie auch unter den Bedingungen eines Romans funktioniert. Bis dahin bleibt die Idee nur eine Idee. Überlebt sie den Versuch im Roman, darf sie als »vorläufige Wahrheit« gelten, und das ist eine ganze Menge.

Als ich das letzte Mal jemanden »Wiedervereinigung« sagen hörte
(2005–2006)

Ich hatte die Idee mit dem Hitler-Buch nicht aufgegeben, sondern, wann immer mir in den letzten Jahren gedankliche Abschweifungen gestattet waren, Episoden zusammenspintisiert, die Hitler erlebt haben könnte, wenn er denn Künstler geworden wäre. Da ich aber den Sachverstand der Zulassungskommission der Kunstakademie nicht anzweifeln wollte, wurde Hitler bei mir nicht Maler, sondern Bühnenbildner. Als solcher arbeitete er sich in der Theaterhierarchie unablässig nach oben, bis er als Regisseur mit einer eigenen Ästhetik, dem ›Theater der Überwältigung‹, zum wichtigsten Antipoden von Brecht und dessen ›epischem Theater‹ wird, als Prototyp eines Theatertyrannen. Natürlich ist der Zweite Weltkrieg ausgefallen, Hitler war ja am Theater beschäftigt, und Deutschland, dem die Einsteins, Feuchtwangers, Zweigs und Wilders nicht wegliefen, blieb eine führende Nation. Laser, Disco, Mondrakete – alles *Made in Germany.*

Die Selbstverwirklichung Hitlers als Theatermann zu beschreiben war ein großes Vergnügen, zumal ich tagelang in Bibliotheken saß und in Inszenierungen, Bühnenbilder und Theatertechnik der zehner, zwanziger und dreißiger

Jahre eintauchte. Aber je länger ich schrieb, desto größer wurde meine Traurigkeit darüber, daß diese eine Gestalt die Geschicke Deutschlands und Europas so stark beeinflußen konnte, noch dazu mit solchen Konsequenzen. Hitler, der ein mächtiges und ruhmreiches Deutschland wollte, führte Deutschland in den Abgrund, während mein Buch, bei dem es Hitler nur am Theater weit brachte, von einem mächtigen, ruhmreichen Deutschland erzählte. Anneliese Löffler (lebte die eigentlich noch?), Cornelia Geißler und all die anderen Kritiker, die schon immer gegen mich waren, würden dieses Buch mit dem festen Vorsatz lesen, aus mir einen verkappten Nazi zu machen, der seine Hitler-Bewunderung nicht mehr im Zaum halten kann. Dann wäre endlich der Beweis erbracht, daß ein Feind unserer Ordnung letztlich eine braune Gesinnung haben muß, und wenn er jahrelang von ihr abzulenken vermochte, kommt sie eines Tages doch ans Licht. Daß die West-Kritiker eine Art Gegenpol bilden, darauf konnte ich mich auch nicht verlassen, denn ihr Lieblingsfilm war ›Sie küßten und sie schlugen ihn‹. Nein, nein, mein Hitler-Manuskript würde schön in der Schublade bleiben.

Abgesehen davon wurden mir beim Schreiben auch die Tücken des kontrafaktischen Erzählens bewußt. Natürlich hat die Idee eines »Was wäre, wenn« immer etwas Verlockendes. Was wäre, wenn Hitler an der Kunstakademie genommen worden wäre? Was wäre, wenn nicht der Marshall-Plan, sondern der Morgenthau-Plan umgesetzt worden wäre? Was wäre, wenn Lenin nicht im versiegelten Waggon nach Rußland gelassen worden wäre und die Oktoberrevolution in der Schweiz angezettelt hätte? Ja, solche Fragen befeuern die Phantasie. Doch mir war auch bewußt, daß das Lesen dazu dient, die eigenen Erfahrungen zu festigen, zu bestätigen oder auch nur dazu, Worte für sie zu finden. Das kontrafaktische Erzählen hingegen setzt sich über die Erfahrungen oder zumindest das gesicherte Wissen der Leser hinweg: Jeder weiß, daß Hitler an der Kunstakademie abgelehnt, der Morgenthau-Plan verworfen und die Oktoberrevolution in Rußland losgebrochen wurde. Wozu also die Zeit mit etwas vergeuden, das erkennbar Unsinn ist?

Mit dem Hitler kam ich kaum voran, weil sich in der Berliner Wohnung kaum noch arbeiten ließ, seitdem sich das benachbarte Grundstück in eine Baustelle verwandelt hatte. Kreissägenlärm von früh bis spät. Holzhäuser boomten. Jene Bombenlücken, bei denen Ninette in der Straßenbahn auf unserer Fahrt zum Tränenpalast jedesmal leise sagte »Ich habe einen Eid geschworen«, wurden jetzt geschlossen. Seit dem Klassentreffen vor einigen Jahren wußte ich, daß Holzhäuser im Kommen sind, aber erst jetzt sah ich erstmals eines entstehen. Äußerlich sahen die zwar nicht wie Blockhütten aus, trotzdem wurden die Bewohner von Holzhäusern im Volksmund »Trapper« genannt.

Um dem Kreissägenlärm zu entgehen, nahmen wir Ende Juni die Zwillinge aus der Krippe und fuhren wieder in den Oderbruch. Diesmal mit dem eigenen Auto. Der Autokauf war eine schräge Episode. Als Sabine und ich den Wagen abholen wollten, kreuzte Robert im Auslieferungslager des VEB Fahrzeughandel auf und nahm mich beiseite. »Thomas«, sagte er, »Bonn will die Einfuhrzölle auf Westwagen fallen sehen. Das war ein Wahlversprechen von Gitting. Es wird gemunkelt, daß ansonsten die Wohnsitzklausel bei der Lohnsteuer abgeschafft wird.«

»Ich habe siebzehn Jahre auf das Auto gewartet«, sagte ich zu Robert. »Da drinnen steht es, endlich, und wenn man einsteigt, dann riecht es noch richtig neu.«

»Was soll der Wagen denn kosten?«

»Vierundachtzigtausend.«

»Eijeijei.«

»Komm, immerhin ein Škoda mit VW-Motor.«

»Wenn die Zollschranke fällt, kannst du ein viel besseres Auto fahren«, sagte er. »Wozu hast du eigentlich dein D-Mark-Konto? Vierundachtzigtausend sind ne Menge Geld für nen Škoda.«

»So viel nun auch nicht«, sagte ich und zog einen Briefumschlag aus der Innentasche.

»Das ist alles?« fragte Robert erstaunt, der einen dickeren Umschlag erwartet hatte.

»Sind die neuen Tausender«, sagte ich. »Willst du mal sehen?«

Ich zeigte sie ihm, und während er sich die neuen, orangenen Scheine mit dem Thälmann-Porträt betrachtete, merkte ich, daß ich keine Kraft hatte, mich umzuentscheiden.

Sabine kam. »Was heckt ihr hier wieder aus?«

Robert sagte: »Ich bin die Stimme der Vernunft«, und erklärte ihr, worum es ging. Doch am Ende entschied sich Sabine gegen seinen Rat, mit einem maximal unvernünftigen Argument: »Ich will einfach wissen, ob sich Geldausgeben mit Tausendmarkscheinen anders anfühlt.«

Robert winkte ab, mit Tränen in den Augen. »Euch ist wirklich nicht zu helfen!« sagte er. »Der eine glaubt, er kann nicht länger warten, weil er schon siebzehn Jahre gewartet hat, der andere will den Kauf nur, weil er noch nie mit Tausendern eingekauft hat. Was für ein Kindergarten!«

Ein Vierteljahr später fiel der Einfuhrzoll für Westwagen. Dem allgemeinen Automangel folgte ein allgemeiner Parkplatzmangel. Robert jedoch schenkte uns einen Aufkleber fürs Rückfenster, entdeckt in einem Schreibwarenladen:

ACHTUNG,
Fahrer
hoffnungsloser Trottel!
Neuwagenkauf 2005

Ich wollte ihn reuig in die Heckscheibe kleben, aber Sabine sagte, sie werde das Auto nicht fahren, wenn ich es tue. Also ließ ich es.

Auf unserem Grundstück im Oderbruch hatten wir eine kleine, ungemein gemütliche Laube. Wenn ich dort an meinem Manuskript arbeitete, war meine Abschiedsformel »Ich geh mit Hitler in die Laube.« Ich hatte einen »Kreissägen-Hitler« und einen »Vogelgezwitscher-Hitler«, wobei der Kreissägen-Hitler mehr ein Nazi am Theater war, während der Vogelgezwitscher-Hitler ein völlig durchgeknallter, größenwahnsinniger und alle Widerstände niederreißender Egomane war, der aber letztlich nur ein mittelmäßiger Künstler war. Zu Sabine sagte ich Sätze wie »Natürlich macht der Vogelgezwitscher-Hitler mehr Spaß, aber der Kreissägen-Hitler wird dem Geschichtsbild viel eher gerecht«, worauf Sabine etwa sagte »Na dann nimm doch eine Schlüsselszene aus dem Kreissägen-Hitler und tu sie in den Vogelgezwitscher-Hitler, dann hast du ein Buch, das Spaß macht, und wenn die Polizei dein Buch liest, zeigst du auf die Schlüsselszene.« Sie machte Fotos, wie ich – freier Oberkörper, kurze Hosen, Badelatschen – in der Laube arbeitete, und nannte sie: »Thomas mit Hitler«.

Am Nachmittag des 18. Juli spielten die Zwillinge mit einem Wasserschlauch, Sabine holte einen Himbeer-Streusel-Kuchen aus dem Ofen, und auf der Leiter stand diesmal nicht ich, sondern ein Handwerker, der die Regenrinne reparierte. Die Vögel sangen, die Kinder juchzten, die Grillen zirpten – als plötzlich ein Klingelton tüdelte. Der Handwerker, auf seiner Leiter stehend, holte ein Telefon heraus: »Hallo?« Auch Sabine hatte die Tonfolge gehört und kam aus dem Haus gelaufen. Sie blickte zu mir, dann zum Mann auf der Leiter, der ein Gespräch führte, als sei es das Normalste von der Welt. Als er fertig war, fragte ihn Sabine: »Haben Sie hier ein Netz?« Der Mann schaute auf sein Handy und sagte: »Ja, tadellos. Drei Sterne.«

Ich ging zu unserem einzigen Nachbarn. Das fehlende Netz war immer Gesprächsthema zwischen uns. Ich fragte ihn, ob er schon wisse, daß wir jetzt Empfang haben. »Der Osang hat da hinten sein Wochenendhaus«, meinte unser Nachbar. »Und wenn der jetzt ›ND‹-Chefredakteur ist, kann er ja nicht ohne Netz bleiben.«

Mein babylonisches Versprechen lag fast auf den Tag genau vierzehn Jahre zurück. Hinter die Westreisen und den Kundera konnte ich einen Haken machen, und hinter das Telefon eigentlich auch. Es wäre gekünstelt, demonstrativ so lange mit dem Telefon zu warten, bis auch das letzte

Fleckchen in der DDR seine Netzabdeckung hat. Ich hatte mein babylonisches Versprechen gegeben, um mich etwaiger Privilegien zu entsagen. Jetzt ein Telefon zu besitzen – das fand ich auch vor mir selbst unverdächtig. Außerdem: Gab es noch irgend jemanden, der sich für mein Versprechen interessierte? Als ich mich am Abend, als die Zwillinge schliefen, mit Sabine besprach, wurde mir bewußt, wie lang dieser Abend im Babylon her war. Und zugleich: Daß die Jahre dahinrasen, als wäre es nichts.

Am nächsten Tag, also am 19. Juli 2005, fuhren wir nach Frankfurt (Oder) und kauften auf der Post auch mir ein Handy, den »Joker« von RFT. Wenn schon, denn schon. Das Ding hatte eine Tastensperre und ein Nummernverzeichnis mit bis zu achthundert Einträgen, und freigeschaltet war es auch schon. Weil ich im Windfang der Post sogar noch eine Steckdose entdeckte, konnte ich das Telefon sogleich benutzen. Doch wen rief ich an vor lauter Glück? Ich wählte die Nummer, die ich am längsten kannte, und als abgenommen wurde, sagte ich: »Hallo Mutti! Man kann mich jetzt anrufen.«

Wann immer die Rede auf das Jahr 2006 kommt – eine Frage wird immer gestellt: »Wo hast du das Spiel gesehen?« Ich sah es zuerst zu Hause, mit Sabine und Robert, als es aber in der Nachspielzeit die Spielunterbrechung wegen Enkes Verletzung gab und der Elfmeter schon verhängt war, sagte Robert »Ich krieg n Anfall!«, und wir sahen den Rest in der nächsten Kneipe. Dort hatte sich eine »geschlossene Gesellschaft« versammelt, aber wir wurden trotzdem eingelassen. Eine Hochzeit. Die Braut, ganz in Weiß, saß allein an der Tafel und weinte, während sich alle übrigen um den

Fernseher versammelt hatten. Sabine wollte trösten und erfuhr bei der Gelegenheit, daß sich die Braut seit langem um den begehrten Hochzeitstermin 20.06.2006 bemüht hatte – ohne zu ahnen, daß ihre Hochzeitsfeier einem Fußballspiel zum Opfer fallen würde.

Ich hatte mich zwei Jahrzehnte lang nicht für Fußball interessiert. Schaltete ich den Fernseher ein und das Bild wurde grün, flankiert vom typischen Stadion-Sound, schaltete ich weiter. Fußballspiele anzusehen, kam mir nicht in den Sinn, nicht mal aus Langeweile.

Mit den Olympischen Spielen 2008 in Berlin hatte es ja, dem Olympiabotschafter Günter Grass sei dank, nicht geklappt. Aber die Fußball-WM 2006 hatte Franz Beckenbauer, dem ja immer alles glückte, in die BRD geholt, und endlich qualifizierte sich mal wieder die DDR – das erste Mal seit 1974, wo sie prompt auf die BRD getroffen war und sie mit 1:0 besiegt hatte. Und ausgerechnet jetzt, wo wieder die WM in der BRD stattfand, war die DDR durch die Qualifikation gekommen, hatte Gruppenphase und Achtelfinale überstanden. Trainer Hans Meyer hatte die Gabe, aus durchschnittlichen Spielern überdurchschnittliche Mannschaften zu formen, und nachdem die DDR in der Relegation jenes unglaubliche 2:0 in Wembley schaffte, war ich der Ballack-Truppe verfallen, sah alle ihre Spiele. Frage mich bitte keiner, wie ich das mit meinen politischen Überzeugungen vereinbare – aber beim Fußball verwandelt sich der Mensch zum Fan. Und der ist gegen jegliche Vernunftargumente immun.

Das Viertelfinale war nicht nur brisant wegen seiner Ansetzung, es war dramatisch wie kaum ein Spiel. Die Westdeutschen waren erdrückend, übermächtig, während die

Ballack-Elf immer am Rande des Abgrunds stand. Der wahnsinnigste Moment in diesem an Wahnsinn nicht armen Spiel war sicher der, als mit Jens Jeremies ein Feldspieler beim Elfmeter in der Nachspielzeit für den verletzten Enke ins Tor mußte – und hielt. Die folgende Verlängerung fühlte sich aber an wie eine lange, grausame Hinrichtung, denn die Westdeutschen waren einfach besser, spielten in Überzahl, hatten einen Plan und ließen auch nicht nach, als sie 3:2 in Führung gingen. Daß Carsten Jancker in letzter Sekunde dennoch fast das 3:3 geglückt wäre, ein heransprintender, heranfliegender Philipp Lahm den Ball aber gerade noch von der Linie schlug, setzte dem Wahnsinn die Krone auf.

Nach dem Spiel blieb ich mit Robert am Tresen; das gemeinsame Mitfiebern hatte uns wie selbstverständlich in einen Teil der Hochzeitsgesellschaft verwandelt. »Es gibt noch ne Revanche«, sagte Robert. Er sprach von der Westwagenschwemme und dem Einbruch der Nachfrage bei Sachsenring Zwickau und Wartburg Eisenach, weshalb dort Elektroautos entwickelt werden, auch für den westdeutschen Markt. Der Clou war, daß diese Autos nicht aus der Steckdose betankt werden, sondern daß ihre Akkus an toilettenhäuschengroßen Austausch-Boxen zu wechseln sind, was nicht länger dauern soll als eine gewöhnliche Rotphase. Man fährt an die Tauschbox (der Begriff »Teslabox« kam erst später auf), wo das Auto identifiziert und der leere Akkublock vollautomatisch gegen einen vollen getauscht wird. Zugleich wird Geld von dem Konto abgebucht, das dem Wagen zugeordnet ist. Der Strom für die Akkus soll von Windrädern entlang der deutsch-deutschen Grenze produziert werden; das westdeutsche Stromnetz steht dank des Handelsabkommens langfristig zur Verfügung. Der

DDR-Stromlieferant Z-Strom wurde im Volksmund »Zonen-Strom« genannt, weil keiner wußte, wofür das Z steht. »Noch verkaufen wir nur Strom in den Westen, aber bald verkaufen wir Mobilität«, sagte Robert pathetisch, der im Kneipenlärm kaum zu verstehen war.

Als im Fernsehen die Pressekonferenz nach dem Spiel kam, bat ich Robert, mal die Klappe zu halten. Jürgen Klinsmann sprach, noch ganz aufgekratzt vom Spiel. »Eine Mannschaft aus Spielern dieser beiden Mannschaften dürfte auf Jahre unschlagbar sein.« Hans Meyer sagte: »Gehen Sie mal davon aus, daß ich schon einige Fußballspiele gesehen habe. Aber so was noch nie. Wenn wir, wie es der geschätzte Kollege Klinsmann vorschlägt, so was wie eine deutsche Wiedervereinigung veranstalten, dann werden wir solch ein Spiel nie mehr erleben.« Um dann mit einem maliziösen Lächeln hinzuzusetzen: »Und da wird mich jeder Fan verstehen: Das ist die Wiedervereinigung einfach nicht wert.«

Als Hans Meyer das Wort »Wiedervereinigung« in den Mund nahm, so lässig und das Tabu mißachtend, merkte ich, wie sehr dieses Wort seinen provokanten Klang verloren hatte. Es war direkt ulkig, im Jahr 2006 noch den Begriff »Wiedervereinigung« zu benutzen, so ulkig wie die Benutzung von Worten wie »Beatmusik«, »Farbfernseher«, »hurtig« oder »Telegramm«.

Robert redete an dem Abend noch mehr, er lieferte die komplette Windenergie-Vision. Das unschlagbare Argument für den Kauf eines DDR-Autos sei, daß Benzin für hundert Kilometer inzwischen um die fünfundzwanzig D-Mark kostet, während der Strom für die gleiche Strecke nur ein Drittel kosten wird, und zwar deshalb, weil der Ladestrom nicht aus der Steckdose kommt. Es ist viel teurer und dauert obendrein länger, wenn ein Autofahrer sein Auto dann auflädt, wenn es ihm gerade einfällt. Beim Akkutausch hingegen werden die Akkus aufgeladen, wenn der Wind weht, und getauscht, wenn sie der Fahrer braucht. Das ewige Problem der Windkraft, daß sich die Energie nicht speichern läßt, wird gelöst, indem die Energie in Millionen Akkus gespeichert wird. Und das Geld, das jetzt noch an den Tankstellen ausgegeben wird, wird in Zukunft nicht mehr bei den Scheichs landen, sondern in der DDR. »Laß den Westen doch Fußballspiele gewinnen. Wir werden die neuen Scheichs!« sagte er, schlug mir auf die Schulter – und ich hielt ihn, ehrlich gesagt, für irgendwie geisteskrank.

Wenn ich, vor der Kommode meiner Erinnerungen sitzend, nach einer Rechtfertigung dafür suche, warum ich damals die Windenergie-Vision für vollkommen irre hielt, fällt mir nur ein, daß wir das jämmerliche Ende der Holz-Vision gerade aus nächster Nähe erlebt hatten. Im Frühjahr hatten wir vorübergehend eine Trapperfamilie, die Haases, bei uns aufgenommen. Ich hatte sie buchstäblich vor unserer Haustür aufgegabelt, als mir eine heulende und schniefende Frau mit zwei Kindern im Vorschulalter begegnete. Ich fragte, was denn passiert sei. Sie erzählte mir, daß sie im Nebenhaus wohne, jenem Holzhaus, das unter permanentem Kreissägenlärm entstanden war. Aber nun habe der evangelische ›Umweltmonitor‹ erstmals labormäßig nach Holzschutzmitteln gesucht. Sie zeigte mir eine Ormig-Kopie, die ich im Blinklicht der ›Paradies-Reisen‹-Leuchtreklame – das Licht im Treppenhaus war chronisch kaputt – zu entziffern versuchte. Die gefundenen Holzschutzmittel standen in einer Tabelle, wobei in der Spalte ›Bemerkungen‹ Formulierungen auftauchten wie »in der BRD seit 1990 verboten« oder »erhielt nach Tierversuchen keine Zulassung in der BRD« und sogar »wurde im Ersten Weltkrieg als Kampfstoff verwendet«. Fazit: Die neuen Holzhäuser waren Todesfallen und praktisch unbewohnbar. Der Bericht des ›Umweltmonitors‹ war mit einem Wirbelsturm vergleichbar, der 150 000 Familien obdachlos machte, und eine davon war Familie Haase. Silke Haase war, es hätte schlimmer nicht kommen können, Architektin, die Holzbau-Kindergärten projektierte. Über den Verbleib ihres Mannes Sebastians wußte sie in der Minute unseres Kennenlernens nichts; er war wenige Stunden zuvor bei dem Versuch, sich aus Protest am Roten Rathaus anzuketten, verhaftet worden.

Ich bot ihr an, erst mal bei uns unterzukommen. Sebastian kam noch am selben Abend frei, und wir redeten die ganze Nacht. Die Haases waren bis zu dem Tag eine typische DDR-Familie, die auf ein gutes Leben hoffte, indem sie sich nicht für Politik interessierte und sich nicht mit dem Staat anlegte. Mit dem Entschluß, sich vor dem Roten Rathaus anzuketten, war diese Strategie passé, was sie einen unbehaglichen Gedanken fanden. Als Silke die Idee hatte, jene Eltern über die Holzschutzmittel aufzuklären, die ihre Kinder in die von ihr entworfenen Kindergärten brachten, und ich sie fragte, ob sie am Eingang Flugblätter verteilen wolle, zuckte sie zusammen. »Flugblätter« – das klang nach Widerstand und Illegalität. Ein paar Tage später verteilten wir dann doch Flugblätter, die sie zur Selbstbeschwichtigung »Informationszettel« nannte. Die Wirkung unserer Aktion war blaß. Die Mütter sagten beim Hineingehen nur »Nicht vor den Kindern«, und als sie ohne Kind wieder herauskamen, wollten sie sich auch nicht ansprechen und in eine »Flugblattaktion« verwickeln lassen. Nur die Väter ließen sich manchmal auf Diskussionen ein. Aber was für welche! »Lassen Sie den Quatsch, oder glauben Sie, die DDR weiß nicht, daß die Kinder unsere Zukunft sind?« Ein anderer Vater beschuldigte Silke, als Architektin die Verwendung der giftigen Holzschutzmittel selbst angeordnet zu haben. Ein dritter gab sich überlegen: »Der ›Umweltmonitor‹ ist doch eine Institution, die den typisch westlichen Alarmismus pflegt, oder? Und obwohl die Westnachrichten voll sind vom Schadstoff-Horror, erfreut sich der Durchschnittswestler bester Gesundheit. Wollen Sie mir das mal erklären?« Ähnlich argumentierte ein ganz Überzeugter: »Wenn der kirchliche ›Umweltmonitor‹ die Holzbauweise diskreditiert« – er benutzte tatsächlich dieses Wort – »dann ist das nur ein Versuch des Gegners, eine DDR-Erfolgsstory in den Dreck zu ziehen.«

Schließlich kam auch die Leiterin des Kindergartens heraus. Wenn wir auf dem Gelände des Kindergartens weiterhin die Eltern belästigen, werde sie die Polizei rufen. Sie wies auf die Grenze des Kindergartengeländes, die genau da verlief, bis wohin der Hausmeister Schnee geschoben hatte. Im Schneematsch des Bürgersteiges stehend glaubten wir noch weniger an den Erfolg unserer ohnehin nicht erfolgreichen Aufklärungsaktion – und brachen ab.

Bei Konnopke tranken wir einen Kaffee. Silke gestand, daß sie vor Jahren mal eines meiner Bücher, ›Steil und geil‹ angefangen habe. »War aber nicht mein Ding.«

Als sie den Titel erwähnte, erinnerte ich mich an die Zeit, als es fertig wurde – kurz nachdem ›Wasserfarben‹ erschienen war. In ›Steil und geil‹ ging es um Freiheit. Das war mal ein großes, elektrisierendes Thema. Und wie hatten die Zeiten sich gewandelt. Jetzt wollte jeder nur noch mit dem Arsch an die Wand kommen.

Sechs Wochen wohnten die Haases bei uns. Wenige Tage vor ihrem Umzug in eine Marzahner Plattenbauwohnung erwähnte Silke einen Fünfhundertmarkschein, den sie am Vorabend auf den Kühlschrank gelegt habe, der nun aber verschwunden sei. Sebastian, Silke und ich suchten die ganze Küche nach dem Schein ab, rückten den Kühlschrank ab, untersuchten seine Rückwand und sein Inneres – ohne Erfolg. Silke schwor Stein und Bein, daß sie den Schein auf den Kühlschrank gelegt habe, denn sie fand ihn auch nicht dort wieder, wohin sie ihn »unbewußt« (bei einem Fünfhundertmarkschein?) verlegt haben könnte. Auch so abwegige Ideen wie »zum Fenster oder zur Wohnungstür hinausgewedelt« schieden aus – der Schein blieb verschwunden. Ich wußte, daß sie mich für den Dieb hielten. Das mußten sie nicht mal aussprechen, ich merkte, in welchem Licht sie mich sahen. Als einen, der sich auch sonst wenig um die Gesetze kümmert, der Informationszettel provozierend Flugblätter nennt, der verbotene Bücher schreibt und einen Staat herausfordert. Daß ich die heulende Silke von der Straße geholt hatte, sie und ihre Kinder bei uns wohnen ließ, tat ich nicht, weil ich ein guter Mensch war, sondern aus einer Dissidenten-Kumpanei heraus …

Das Verschwinden eines dämlichen Fünfhundertmarkscheins machte alles kaputt. Alles hätte sich geändert, wenn ich in einer übersehenen Ritze des Küchenbodens den Schein noch gefunden hätte, gern auch Jahre später. Aber das Geld blieb verschwunden, und unser Verhältnis ließ sich nicht wieder ins Lot bringen.

Nürnberg, Italien, Frankreich usw.
(2007–2008)

Im Februar 2007 hatte ich eine Veranstaltung in Nürnberg. Als ich abends in mein Hotelzimmer zurückkehrte, blinkte eine rote Leuchtdiode neben dem Bett. Ich rief bei der Rezeption an, und der Nachtportier sagte mir, daß ein Umschlag für mich abgegeben worden sei.

Ich bat ihn, den Umschlag zu öffnen, hörte ein Geräusch reißenden Papiers, dann las der Nachtportier: »Lieber Thomas, Tanja bekommt morgen ihr erstes Zeugnis am Gymnasium, und ich würde mich freuen, wenn ihr euch mal kennenlernt. Ninette. Null eins fünf sieben acht fünf sechs zwo acht neun null fünf.«

Ninette in Nürnberg? War sie nicht das Reisebüro von Werder Bremen? Ich war sehr müde, und genoß es auch, daß mich Ninettes unerwartetes Auftauchen nicht in helle Aufregung versetzte. Am nächsten Morgen ging ich in das Business Center und googelte sie, was ich bis dahin noch nie getan hatte. Tatsächlich, sie lebte in Nürnberg, und sie war die Nürnberger Frauenbeauftragte.

Nach dem Frühstück rief ich sie an. »Mein Papa hat mir zum Zeugnis immer fünf Mark geschenkt«, sagte ich. »Was erwartet denn Tanja von ihrem?«

»›Papa‹ finde ich einen kühnen Einstieg«, sagte Ninette. »Du altes Trampeltier.«

Wir verabredeten uns für elf Uhr in einer Bäckerei, die auch ein Café hatte und in der Nähe der Schule war.

Dann rief ich Sabine an und fragte sie, was das passende Geschenk für meine überraschend aufgetauchte zwölfjährige Tochter sei. »Du mußt mit ihr shoppen gehen. Du mußt ihr, ohne zu zögern, all die geschmacksverirrten Klamotten und Schuhe, die sie auswählt, bezahlen. Und du darfst erst aufhören, wenn sie nichts mehr schleppen kann.«

»O Gott!«

»Das ist noch nicht alles. Wenn du wieder zurück bist, machst du dasselbe mit mir.«

»Ich finde, du wählst keine geschmacksverirrten Klamotten aus.«

»Prima. Um so leichter wird es dir fallen.«

Als ich in der Bäckerei ankam, war Ninette schon da. Ich sagte zur Begrüßung, sie sei »schön wie eh und je«, und vergewisserte mich, ob es dafür »gleich Punktabzug bei der Frauenbeauftragten gibt«. Mein Erschrecken beim Wiedersehen nach langen Jahren ist immer ein doppeltes: Denn nicht nur für den anderen, auch für mich sind die Jahre vergangen, und ich muß im gleichen Ausmaß gealtert sein.

In Bremen habe sie nicht lange gelebt; wegen eines Stalkers sei sie von dort weg, und weil sie einer Nürnberger Sozialdemokratin, die sie über Willi Lemke kennengelernt habe, imponiert hatte, war ihr geraten worden, sich auf die Stelle der Frauenbeauftragten zu bewerben. »Ganze Hörsäle voller Ethnologie- und Soziologie-Studentinnen träumen davon, Frauenbeauftragte in Nürnberg zu werden –

und ich werde es. Obwohl ich schon die Bezeichnung daneben finde. Frauenbeauftragte, das klingt, als ob Frauen allein nicht über die Straße kommen. Jetzt heißt es zwar Gleichstellungsbeauftragte, klingt abstrakt, ist aber egal, denn im gleichen Zuge wurde meine Stelle entfristet.«

Daß sie keinen Ring trug, hatte ich schon gesehen. Geht das, als Frauenbeauftragte Männer kennenlernen? Da sie mich schon Trampeltier genannt hatte, konnte ich ja mal fragen.

»Das ist schwierig, wegen der Voreingenommenheit. Du hast dir deine Bemerkung ja auch nicht verkneifen können. Ausnahmslos alle Männer erzählen mir etwas darüber, wo in ihren Augen die Geschlechterdiskussion gerade steht. Während ich in so was wie ne Paarbeziehung eintreten will, werde ich mutwillig in Genderfragen verstrickt.« Sie senkte die Stimme. »Und nur Katastrophen im Bett. Für eine alleinerziehende Mutter ist Sex sowieso ein eigenes Kapitel. Aber ich spüre die Verlegenheit der Männer, den Sex so zu praktizieren, daß er keinesfalls frauenfeindlich rüberkommt. Ist ja auch ein verflixtes Problem: Wie vögelt man eine Frauenbeauftragte?«

»Schreib doch mal ein Buch darüber«, sagte ich.

»Rat mal, was ich an all den einsamen Abenden versuche. – Als Frauen- oder meinetwegen auch als Gleichstellungsbeauftragte wird dir jeder feministische Quatsch persönlich angekreidet. Dabei gehe ich nur einem Verwaltungsjob nach, der das, was längst Gesetz ist, in den Alltag umsetzt. Ich habe keine Ahnung, wer dafür gesorgt hat, daß im Wetterbericht Hochs und Tiefs jedes Jahr eine Geschlechtsumwandlung erleben – es war mit Sicherheit keine Gleichstellungsbeauftragte. Heute liegt Hoch Clarissa über Nürnberg, aber Abtreibungen sind immer noch strafbar.«

»Wie bitte?«

»Na klar. Wer abtreiben will, muß nach Pilsen fahren. Gibt dort Praxen, die haben sich auf unsere Frauen spezialisiert. Der Vito, der die jeden Mittwoch um acht abgeholt und um neunzehn Uhr zurückgebracht hat, ist von der Polizei als Tatwerkzeug beschlagnahmt worden. Im Freistaat Bayern des Jahres 2005. Acht Tage nach der Papstwahl war man sich das schuldig.«

Das Gespräch verlief, als wäre eine Glasplatte zwischen uns. Nur als sie sagte »Rat mal, was ich an all den einsamen Abenden versuche« war es für einen Moment wie früher. Und als sie über den Tod ihrer Mutter sprach, im letzten Jahr, Anfang Dezember. »Wenn die Tage kürzer werden, legen sich die Leute hin«, sagte sie. Ein Satz wie auf dem Theater.

Dann klingelte ihr Telefon. Das Gespräch war kurz. »Wir sitzen beim Scharnagel«, sagte sie nur, und: »Bis gleich!«

Ich saß mit dem Rücken zur Tür. Bei jedem Öffnen bimmelte ein Glöckchen, und jedesmal dachte ich, daß ich jetzt meine Tochter sehen werde. Wir hatten nicht mehr viel Zeit.

»Ich hab natürlich alle deine Bücher gelesen«, sagte Ninette. »Und du bist nicht schlechter geworden. Obwohl manche Kritiker das sagen. Und obwohl ich, schon aus reiner Eitelkeit, natürlich gern erlebt hätte, daß es in deinem Schaffen eine Delle gibt, so ganz ohne mich.«

Daß sie so über meine Bücher spricht, Mann, das hatte ich nicht erwartet. »Findest du wirklich?« sagte ich etwas hilflos.

»Absolut. Ich lese deine Bücher und habe bei dir – mehr als bei jedem anderen Autor – das Gefühl, ein besonderer Mensch zu sein, auch wenn mein Leben gewöhnlich ist.«

Ich mußte schlucken. Als Ninette wegging, hatte ich eine Zeitlang das Gefühl, kein besonderer Mensch mehr zu sein. Das Gefühl, das ich bei ihr bestätigte, war genau das, was durch unsere Trennung bei mir gefährdet war.

»Es hat eine Weile gedauert, bis ich das als die eigentliche Qualität deiner Bücher erkannt habe. Du gewinnst als Leser deiner Bücher an Würde. Jawohl. Amen.«

Das »Amen« sagte sie, weil die Situation sehr ähnlich der war, als ich an unserem Abend zu ihr fuhr und sie mir alles über mich sagte – nur damals küßten wir uns nach jedem bedeutungsvollen Gedanken. Das »Amen« war eine Art Kuß-Ersatz.

»Sogar dieses Hubschrauberbuch, das ich damals für ausgemachten Blödsinn hielt – es ist großartig. Wie du da noch die Kurve gekriegt hast. – Denkst du denn manchmal an mich?«

Die Wahrheit war, daß ich kaum an sie dachte. Ich lebte ein anderes Leben, mit einer Frau, die längst nicht das Feingefühl für mein Schaffen hatte, aber das war nicht wichtig. Aber die Wahrheit war auch, daß ich mir in diesem Moment ohne weiteres vorstellen konnte, mit Ninette bis auf den heutigen Tag zusammengeblieben zu sein. Ich befand mich nicht nur in einer Nürnberger Bäckerei, sondern auch in meinem anderen Leben, das zu leben ich mich vor Jahren weigerte.

Das Bimmeln, das zu Tanja gehörte, unterschied sich nicht von dem vorigen Gebimmel, aber ich erkannte an Ninettes Blick, daß Tanja jetzt gekommen war. Und dann stand sie auch schon an unserem Tisch und sah verlegen zwischen Ninette und mir hin und her. »Ja, das ist sie«, sagte Ninette und kämpfte mit den Tränen. »Das ist er.« Ich stand auf und umarmte meine Tochter, und sie mich auch, lang und fest, auch Ninette legte ihre Arme um uns, und wir heulten und schnieften alle drei. »Ist doch gar nicht traurig«, sagte Tanja. »Nö, isses auch nicht«, sagten Ninette und ich.

»Sind wir eigentlich eine Familie?« fragte Tanja.

»Falls deine Frage meint, ob ich nachher mit dir shoppen gehe – auf jeden Fall.«

Tanja zeigte ihr Zeugnis, doch ich war von ihrem Dialekt irritiert. Daß jemand, der völlig anders spricht als ich, meine Tochter sein sollte, bekam ich nicht auf die Reihe. Dann drängte sie zum Aufbruch; das mit dem Shoppen gefiel ihr. Ninette drückte mich beim Abschied fest und zog mein Ohr dicht zu sich heran. »Wenn du wüßtest, was du versäumt hast mit uns. Da warst du so dumm, wie nur ein Mann dumm sein kann. Bloß, weil dir mal in Anwesenheit einer Kamera was rausgerutscht ist, dein Kind und deine Liebe wegzuschmeißen – das hab ich nie verstanden.«

Tanja schleppte mich den Nachmittag durch die Einkaufszone, und ich hielt mich strikt an Sabines Anweisung, sämtliche Geschmacksverirrungen klaglos hinzunehmen. Als wir an einem Kino vorbeikamen, fragte ich: »Kennst du eigentlich ›Sneak Preview‹?«

Tanja sah mich verunsichert an, was ich als Nein deutete.

»Prima«, sagte ich. »Dieser Film steht in allen coolen Kinos seit Jahren auf dem Programm. Läuft einmal die Woche. Muß ein doller Kultfilm sein. Hab ihn nie gesehen. Hm, was meinste? In zehn Minuten gehts los.«

Die Idee, mit meiner zwölfjährigen Tochter anläßlich unseres Kennenlernens einen Film anzuschauen, der so abgrundtief kultig war, daß er ohne Fotos und ohne Nennung von Regisseur und Darstellern beworben wurde, fand ich gut – aber Tanja leider nicht. Sie zog mich weiter, und als wir an einer Lebkuchenbäckerei vorbeikamen, wollte sie zwei mit Lebkuchen gefüllte Spieldosen kaufen, und als ich ihr auch diesen Wunsch erfüllte, gab sie mir die beiden Spieldosen und sagte: »Das ist mein Geschenk für meine beiden Schwestern. Sag ihnen, daß sie eine große Schwester in Nürnberg haben, und daß sie zu Weihnachten ein Paket von mir kriegen.« Nach ein paar Augenblicken sagte sie. »Aber Weihnachten ist noch so lange hin. Wann haben sie denn Geburtstag?«

»Am zweiten Mai«, sagte ich und frohlockte innerlich. Das Westpaket, es stirbt nicht aus.

Im Juli 2007 trank ich den ekelhaftesten Kaffee meines Lebens. Nicht etwa am Mitropa-Ausschank in Bitterfeld, sondern ausgerechnet in Italien, in der Toskana. Ferry hatte, vermutlich auf der Suche nach neuem Monolog-Stoff, eine interkulturelle Ehe geschlossen, mit einer Gianna. Er bot uns nun an, zwei Wochen in ihrer *Casa in Campagna* zu verbringen, wenn wir uns nur um ihre Katze kümmern. Als wir uns der besagten Adresse näherten, wollten wir gar nicht glauben, daß wir hier unseren Urlaub verbringen durften. Das Haus war riesig, mit traditionellen Materialien gebaut und von allerlei Pflanzen überwuchert. So was kannte ich nur aus Architekturmagazinen. Der Garten mit den Lavendelbüscheln, dem Rhododendron, den Bougainvilleen und den Zitronenbäumchen war ein einziger feuchter Traum von Italien. Die Katze, um die wir uns kümmern sollten, hatte gerade gejungt, was für Antonia und Pauline natürlich eine Riesenattraktion war. Während sich Sabine von Ferry und Gianna durch den Garten führen ließ, bereitete ich einen Kaffee vor; auf Ferrys Frage, ob ich mich denn in der Küche zurechtfinden werde, antwortete ich »Aber sicher doch, geht doch nur um nen Kaffee!« Ich kam aus dem hellen Sonnenschein, und die Küche hatte nur ein Fensterchen, also sah ich kaum etwas. Doch seine Frage, in der ja die Unterstellung mitschwang, daß mir die Weltläufigkeit fehle, mich in italienischen Landhaus-Küchen zurechtzufinden, trieb mich zu besonderer Geschwindigkeit an. Schranktüren wurden aufgerissen und zugeknallt, und schnell fand ich eine Kaffeedose. Sie klapperte, als ich sie schüttelte, aber auch eine Kaffeemühle war schnell gefunden. Was ich dann in die Kaffeemühle schüttete, hielt ich für Kaffeebohnen, die Lichtverhältnisse waren, wie gesagt, heikel. Das, was ich für gemahlenen Kaffee hielt, löffelte ich in den Espressokocher.

Fünf Minuten später saßen wir auf der Terrasse. Ferry und Gianna tranken Weißwein. Sabine und ich blickten in einen herrlichen toskanischen Augustnachmittag – doch als ich den ersten Schluck meines Kaffees trank, fand ich ihn furchtbar. Er schmeckte nach Fisch. Auch Sabine verzog nach dem ersten Schluck angewidert das Gesicht, und wir kamen mit Blicken überein, lieber den Kaffee tapfer auszutrinken, anstatt uns als mäkelnde Gäste zu präsentieren. Kaum war meine Tasse leer, tauschte Sabine ihre heimlich gegen meine. Egal, wieviel Zucker und Milch ich dazu tat – der Kaffee blieb penetrant fischig.

Als uns Ferry erklärte, daß die Katze mit Trockenfutter zu füttern sei, ging Gianna in die Küche. Auf dem Rückweg klapperte sie, und das Klappern kam mir bekannt vor. Als sie im Türrahmen erschien und uns die zweckentfremdete Kaffeedose mit dem Trockenfutter zeigte, sagte Sabine: »Ah, sicher mit Fischgeschmack.« Ferry fragte erstaunt »Woher weißt du das?«, und ich war Sabine sehr dankbar, daß sie die Frage unbeantwortet ließ.

In Ferrys Bücherregal stieß ich ein paar Tage später auf ein Buch mit dem Titel ›Adolf H. Zwei Leben‹. Autor war Éric-Emmanuel Schmitt, ein französischer Schnulzenautor (Sinnfragen krebskranker Kinder etc.). Diesmal hatte er sich Hitler vorgenommen, indem er einmal sein wirkliches Leben erzählte, parallel dazu aber sein Leben, das er hätte leben können, wenn er die Aufnahmeprüfung an der Kunstakademie bestanden hätte.

Scheiße, das war auch meine Idee. Er hatte sie also auch, und sogar vor mir; die französische Ausgabe war bereits 2001 erschienen.

Ich nahm mir sein Buch vor, und es zog mir die Schuhe aus. Der Roman-Hitler besteht im Gegensatz zum historischen Hitler die Eignungsprüfung. Beim Aktzeichnen wird er nervös. (Mist! Hitler beim Aktzeichnen hatte ich auch.) Ein Kommilitone rät ihm, seine Klemmigkeit bei Dr. Freud in der Berggasse 10 zu behandeln. Fortan widmet sich Schmitt mit besonderer Vorliebe den Frauengeschichten seines fiktiven Hitlers – allerdings sind seine Sexszenen voller unfreiwilliger Komik, sie sind grotesk mißraten. Ansonsten ließ Schmitt es laufen, wie es bei Schnulzenautoren eben so läuft: Künstler, Bohemien, Weiber, Erfolg, dann nachlassender Erfolg, Verrat des Lieblingsschülers usw. Die Moral des Buches lautete in etwa: Sind wir nicht alle ein bißchen Adolf?

Schmitt und ich hatten unabhängig voneinander die gleiche Idee, er ein paar Jahre früher – aber ich hatte das bessere Buch. Daß jemand mit der gleichen Idee ein so schlechtes Buch macht, ärgerte mich – und weckte in mir die Lust, dem staunenden Publikum zu zeigen, was für ein Feuerwerk sich abbrennen läßt, wenn man im Chemiebaukasten des Erzählers zu den richtigen Ingredienzen greift.

Kaum waren wir aus Italien zurück, erschien ein weiteres Buch, das mich ärgerte. Falko Hennig, ein der Lesebühnen-Szene entstammender Autor, hatte eine Art Mauer-Komödie geschrieben: ›Am kürzeren Ende der Sonnenallee‹.

Ich lästerte bei jeder Gelegenheit über dieses Buch ab, und als Sabine meinte, daß ich, wenn ich nur ein paar Jahre jünger wäre, dieses Buch selbst hätte schreiben können, platzte mir der Kragen. Obwohl ich insgeheim wußte, daß ich Falko Hennig darum beneidete, so eine milde, schmerzfreie Rückschau halten zu können, erging ich mich in einer Endlos-Suada, daß »es ja so wohl nicht geht«, daß »diese Diktatur-Weichzeichnerei« »verantwortungslos« ist und daß »der Autor ›komisch‹ mit ›albern und lustig‹ verwechselt«. Als Sabine erwiderte, daß ich »wie so ein blöder Literatur-Sittenwächter« klang, schwieg ich für einen Moment, aber dann setzte ich meine Suada fort. Und zwar über Wochen. Sie kam erst zu einem Ende, als sich das Schicksal einer meiner literarischen Dauer-Reklamationen annahm: Jahrelang war ich mit der Aussage unterwegs, daß es in der deutschen Literatur kein Buch gibt, das die Erfahrungen derer, die von Deutschland nach Deutschland gegangen sind, auf eine für alle gültige Weise thematisiert. Es gab seit 1945 inzwischen fünf Millionen, die in den Westen gegangen waren, aber es gab kein Buch, auf das sich alle einigen konnten, so wie sich die Frontsoldaten des Ersten Weltkriegs auf ›Im Westen nichts Neues‹ und die Holocaust-Überlebenden auf ›Das Tagebuch der Anne Frank‹ einigten. Und dann kam es doch. Daß es Uwe Tellkamp geschrieben hatte, war für mich keine Überraschung. Unsere einzige Begegnung lag über zehn Jahre zurück, aber er wirkte bereits damals auf mich wie ein Vulkan, der schon raucht, und irgendwann ausbrechen und Feuer herausspucken wird. Ja, er protzte mit seinen Möglichkeiten, ja, hinter dem sprödnichtssagenden Titel ›Die Wand‹ verbarg sich ein »Konsensschmöker« – aber endlich, endlich hatte jemand diesen Schritt auf die andere Seite so lebendig und in allen Farben und Facetten beschrieben, daß alles Bisherige zu diesem Thema wirkte wie Entwürfe und Skizzen der Schüler, die ihrem Meister zuarbeiteten. Zudem war Tellkamp so, wie ich mir einen Schriftsteller wünschte (ohne selbst so sein zu wollen). Er war medial schwer vermittelbar, buhlte nicht um Sympathien, war weder schlagfertig noch eloquent. Er busselte auch keine faltigen Literaturbetriebs-Großfürstinnen ab. Zugleich hatte er etwas Hagestolzes, Unnahbares, ließ sich aber nicht in die Rolle des schrulligen Schriftstellers drängen. Einer Chirurgendynastie entstammend, hatte er keine Probleme, auch mal etwas Standesdünkel einzusetzen, wenn ihm der Plebs zu sehr auf die Pelle rückte.

Daß für ihn auch Plebs war, wer mit Kamera, Mikrophon oder Notizblock kam, erlebte ich bei einer Buchmesse in Brive-la-Gaillarde, wo uns eine Fotografin für den ›Figaro‹ fotografierte. Sie wollte, daß wir lächeln, oder zumindest, daß wir freundlich gucken. Tellkamp jedoch lächelte nicht, noch guckte er freundlich, und als die Fotografin das dritte

Mal den Apparat sinken ließ, ohne geknipst zu haben, erklärte ihr Tellkamp, daß er Schriftsteller sei. Er werde hier nicht die Grinsebacke geben, um sich bei den französischen Lesern anzubiedern, und überhaupt könne ihm jeder Leser gestohlen bleiben, den er erst anlachen muß, damit der sein Buch aufklappt. Montaigne lache auf keinem der Bilder, die er, Tellkamp, von ihm kenne – und trotzdem habe er ihn von vorn bis hinten gelesen, während die Franzosen Patrick Süßkind wie verrückt gelesen haben, obwohl sie auch nur das eine Bild von ihm kennen, auf dem er übrigens auch nicht lacht oder lächelt, und wenn sie in zwei Minuten ihr Foto nicht gemacht hat, wird er sich von dieser unwürdigen Veranstaltung entfernen.

Der Star auf jener Buchmesse war allerdings Daniel Kehlmann, der gerade einen Weltbestseller geschrieben hatte. Er hatte die geniale Idee, heroische Gestalten der deutschen Geschichte ganz unheroisch durch die Welt stolpern zu lassen. Mit seiner Formel, daß unsere Sockelfiguren nach heutigen Maßstäben vielleicht nur Witzfiguren sind, machte er deutsche Vergangenheit salonfähig, ohne sich verdächtig zu machen; ich hatte manchmal das Gefühl, daß »deutsche Vergangenheit« leichthin auf die Jahre zwischen 1933 und 1945 reduziert wurde.

Doch ausgerechnet die französischen Germanisten zeigten sich wenig erfreut von Kehlmanns Buch; sie nahmen es ihm sogar übel. Denn es war einfach zu amüsant, um als »deutsche Gegenwartsliteratur«, und zu erzählerisch, um als »österreichische Gegenwartsliteratur« zu gelten. Kehlmann hob angesichts der vorwurfsvollen Fragen immer wieder hilflos die Hände und lachte einfach. Anders als Tellkamp bewahrte Kehlmann in dem ganzen Rummel eine Engelsgeduld. »Lieber so, als wenn sich keiner für dein Buch interessiert.« Er wußte, wovon er redet; er hatte zuvor mehrere Bücher geschrieben, die nur mäßig beachtet wurden.

Wenn Tellkamp das Genie in Moll war, war Kehlmann das Genie in Dur. Ein quecksilbriger Typ, sehr aufgeweckt, freundlich und fröhlich. Und das seltene Exemplar eines Kollegen, der überwiegend positiv von anderen Schriftstellern sprach. Seine Freundlichkeit und Kollegialität brachten ihm aber ein lebenslanges Flugverbot bei Easyjet ein. Angeblich hatte er sämtliche Passagiere eines Fluges in den Zustand der Volltrunkenheit versetzt. Die Geschichte geht so: Auf der Buchmesse in Brive-la-Gaillarde wurde Kehlmann mit einem Wein beköstigt, den er über die Maßen lobte (er lobte gern über die Maßen), woraufhin ihm die Veranstalter zum Ende der Buchmesse drei Kisten als Präsent überließen. Anstatt ihm die drei Kisten nach Hause zu schicken, überreichten sie das Geschenk persönlich, um des Fotos willen: Bestsellerautor nimmt freudestrahlend unseren Wein entgegen. Auf dem Flughafen mußte er die Weinkisten als Gepäck aufgeben, doch die Kosten für die Gepäckaufgabe überstiegen bei weitem den Preis, den er bei einem Weinhändler in Wien für denselben Wein bezahlt hätte. Die überteuerten Gepäckgebühren gingen ihm gegen den Strich, und da er es obendrein ungerecht fand, daß nur er drei Kisten Wein von der Messeleitung bekam, schenkte er den Spitzenwein kurzerhand an alle mitfliegenden Messebesucher aus – Schriftsteller, Literaturkritiker, Verlagsangestellte. Die Mittagstemperaturen lagen bei achtundzwanzig Grad, und die Klimaanlage auf dem Flughafen war bereits überfordert. Die Flaschen waren im Nu geleert, dafür waren die Fluggäste voll. (Auch ich war zu jener Zeit auf dem Flughafen und hörte ungewöhnliches Gelärm aus Richtung Boarding Zone des München-Fluges, ohne mir einen Reim auf die Ursache machen zu können.) Als der Flugkapitän beim Einsteigen hörte, welch laute, tumultartige Geräusche aus der Kabine in sein Cockpit drangen, wußte er, das diesmal etwas anders ist – und er weigerte sich zu starten. Die Fluggesellschaft erstattete wegen »Gefährdung des Flugverkehrs« sogar eine Anzeige gegen Kehlmann (die aber im Sande verlief) und erließ ein lebenslanges Flugverbot. Dieser Vorfall wurde bekannt und hatte zur Folge, daß Kehlmann zum Weinbotschafter der Region Limousin und zur Werbeikone von Austrian Airlines erkoren wurde, als die mit ihrer Freigepäcksklausel warb. (Kehlmanns Begründung, weshalb er mit beidem drei Jahre später aufhörte: »Weil ich unweigerlich Alkoholiker und Österreicher geworden wäre, also in Daseinsformen geraten wäre, die es unbedingt zu vermeiden gilt.«) – Als Gérard Depardieu Jahre später in einem Flugzeug randalierte, holte sich Harald Schmidt Kehlmann in seine Sendung und diskutierte mit ihm, wie man sich als Prominenter in Flugzeugen danebenbenimmt, ohne dem eigenen Ruf zu schaden. Auch darüber konnte er selbstironisch und schlagfertig plaudern, aber dennoch dachte ich: Was für eine Verschwendung von Talent! Der weiß so viel und kann über so viele Dinge reden, wie man selten jemanden darüber reden hört – aber wenn er dann mal ins Fernsehen kommt, verwandelt es ihn in eine durchschnittliche Fernsehprominenz, und er wird noch in zehn Jahren von Wildfremden angesprochen, die ihm nichts weiter sagen werden als »He, ich hab Sie in der Harald-Schmidt-Show gesehen! Sie sind doch dieser Flugzeugrandalierer!«

Wieder mal Schluß mit lustig
(2008–2009)

Im September wurden die Zwillinge eingeschult, und im Dezember legten sie mir ihren Aufnahmeantrag für die Pionierorganisation vor. Alle Kinder ihrer Klasse würden Pioniere, erzählten sie. Es war genau wie bei mir, nur fast vierzig Jahre später, und sie hätten kein Verständnis dafür gehabt, wenn ich ihnen die Mitgliedschaft nicht gestattete. Ich versuchte, ihnen zu erklären, warum ich es besser finden würde, wenn sie den Pionieren fernblieben. Aber das zog nicht, ebensowenig wie die Aussicht auf einen supercoolen Ausweis (mit Fadenheftung, Fingerabdruck und Front-/Profilfotos), den ich ihnen fertigen und der den läppischen Pionierausweis in den Schatten stellen würde. Es gab schon Tränen, als ich mit ernstem Gesicht nur anhob, ihnen die Pioniere auszureden. Was solls, dachte ich irgendwann, daß ich zur Staatsaffäre wurde, hatte mein voriges Pioniersein auch nicht verhindert.

Also ließ ich sie. Begleitete sie zum Fotografen, um Paßbilder machen zu lassen, und unterschrieb eigenhändig im Feld »Erziehungsberechtigte/r«. Und als ginge es der Volksbildungsministerin Petra Pau darum, mich persönlich zu demütigen: Die Klasse von Antonia und Pauline bekam aus ihren Händen den Pionierausweis überreicht und von ihren Händen das Pioniertuch geknotet.

Am 13. Dezember, dem »Pioniergeburtstag« kamen sie stolz wie Oskar aus der Schule. Als erstes vergewisserten sie sich, ob sie den Pionierknoten noch können. Sie konnten ihn nicht mehr, aber ich. Pionierknoten binden ist wie Fahrradfahren: Man verlernt es nie. Dann zeigten mir Antonia und Pauline ihre Pionierausweise. Dieselben hellblauen, dreiteilig gefalteten Kärtchen aus zellophanbeschichtetem Karton wie zu meiner Zeit. Als ob in den Sechzigern ein Berg von Blanko-Pionierausweisen gedruckt wurde, der seitdem abgetragen wird. Oder nein, ein Blick auf die Piongebote zeigte eine leichte Veränderung. Hinsichtlich »Wir Jungpioniere lieben unsere Deutsche Demokratische Republik/unsere Eltern/den Frieden« war alles beim Alten geblieben, aber die Liebe, die sich während meiner Jungpionierzeit besonders auf die Kinder der Sowjetunion erstrecken sollte, war in den jetzigen Pioniergeboten ganz allgemein auf die Kinder der ganzen Welt ausgeweitet.

Ich holte meinen alten Pionierausweis hervor, den ich aus unerklärlichen Gründen über all die Jahre aufbewahrt hatte, und legte ihn neben ihre. Er war längst vergilbt und ausgeblichen. Mein Paßfoto war insofern witzig, weil ich auf der Stirn eine Schramme hatte, so groß wie ein Fünfmarkstück, auf der sich Schorf gebildet hatte. Es war mein erstes Paßfoto, mein erster Ausweis, und auch für Antonia und Pauline war es das erste Paßfoto und der erste Ausweis. Pauline hatte sogar einen Hingucker, der meinem vergleichbar war: Beim Lachen wurde eine klaffende Zahnlücke sichtbar; sie hatte am Vormittag des Fototermins ihren ersten Zahn verloren.

Meine beiden Töchter, stolze Jungpioniere, betrachteten ehrfürchtig den Pionierausweis ihres Vaters, der auch mal ein stolzer Jungpionier war und der sich fragte: Werden eines Tages auch Antonias und Paulines Kinder stolze Jungpioniere werden? Und in dessen Kopf wieder diese eine Liedzeile summte: *Und ich weiß, und ich weiß, das geht nie vorbei …*

An einem Mittag im Mai erhielt ich einen Anruf, den ich für einen Scherz hielt. Es meldete sich jemand, der behauptete, er sei Udo Lindenberg, und obendrein klang er auch wie Udo Lindenberg. Nuschelnd, schniefend und mit Reibeisenstimme erzählte mir dieser Jemand etwas über ein Musical »über den kleinen Udo, damals, mit Mauer, Erich, Ostberlin, Palazzo Prozzo, das ganze DDR-Programm eben«. Das Musical solle am St.-Pauli-Theater in Hamburg laufen, und »mein guter Freund Uli Waller hat da regiemäßig n Auge drauf«. Der Haken war nur: Das Musical gab es noch nicht, und ich sollte der Autor sein. Um darüber zu reden, solle ich doch mal nach »Hamburch« kommen.

Ausgerechnet ein Musical! Theater fand ich schon immer etwas seltsam, aber erst ein Musical, mit dem Gesinge und Getanze zwischendurch, und den trivialen Geschichten, die sich abwechselnd in holzschnittartigen Dialogen und Vibratogesängen erzählten. Freiwillig bekam mich niemand in ein Musical. Wie kam ich dazu, jetzt eins schreiben zu wollen?

Andererseits: Mein Leben war mal wieder reif für ein schräges Abenteuer, da kam ein Anruf von Udo Lindenberg genau richtig.

Was mich in Hamburg erwarten würde, kannte ich schon

aus der Autobiographie von Peter Zadek: Um den einzunorden, führte ihn Lindenberg immer wieder die Reeperbahn rauf und runter, sich von den Hamburgern grüßen lassend. Das Spiel war, daß der König von Hamburg seinen Ratgeber von weither kommen läßt und ihn, bevor er ihn in seine Dienste stellt, erst mal durch sein Reich führt. So lief es auch diesmal, nur daß Udo mit mir nicht die Reeperbahn abschritt, sondern die Außenalster. Hier ein Foto, da ein Autogramm – Udo war Idol und Fanbetreuer in einer Person. Dann trafen wir Uli Waller, der mich in das St.-Pauli-Theater, dessen Intendant er war, mitnahm. So kam ich dann doch noch auf die Straße mit dem irren Namen, die Reeperbahn. Die Adresse des Theaters klang noch verrückter: Spielbudenplatz 6.

»Tellkamps Ost-West-Roman«, so Uli Waller, »hat den Geschichtenreichtum der Teilung gezeigt. Es gibt ja kaum einen Deutschen, den die Teilung nicht irgendwie angeht, sei es durch Verwandtschaft, die eigene Herkunft oder weil vielleicht der Ehepartner aus dem Osten ist. Seit Tellkamp wissen wir, daß uns solche Geschichten nicht kaltlassen. Daß sie uns da berühren, wo die deutsche Seele liegt. Womit alles darüber gesagt ist, was wir uns von dir als Autor erhoffen.«

»Es gibt da nur ein klitzekleines Problem«, sagte ich. »Ich mag keine Musicals.«

»Welcher anständige Mensch mag schon Musicals?« sagte Uli Waller. »Aber schau dir das mal an«, sagte er und gab mir eine Karte für das Abba-Musical ›Mamma Mia‹, das am Abend nur zweihundert Meter entfernt von seinem Theater lief. »Es ist nicht so schlimm, wie du denkst.«

Auch Udo war in ›Mamma Mia‹, und da er, wie ich, ansonsten Musicals mied, hatte sich wohl die Vorstellung festgesetzt, in Musicals ginge es um adoleszente Kinder, die ihren leiblichen Vater kennenlernen. In ›Mamma Mia‹ lädt eine Zwanzigjährige, die in den abgelegten Tagebüchern ihrer Mutter stöberte, jene drei Männer zu ihrer Hochzeit ein, mit denen ihre Mutter neun Monate vor ihrer Geburt ein Verhältnis hatte. Es gibt allerlei Verwicklungen, Tränen, Freude, Wiedersehen, und am Ende wird geheiratet. Udo wollte unbedingt eine derartige Geschichte. Vielleicht auch, weil ihm die Vorstellung gefiel, daß ihm, ähnlich wie in ›Mamma Mia‹, plötzlich ein Ableger vor die Füße fällt.

Da ihn alle Welt Udo nennt, will auch ich ihn Udo nennen. Er ist jemand, der es versteht, die Wurst in dünne Scheiben zu schneiden. Sein Interesse gilt der Pose, auch der sprachlichen Pose, und dem Image. Seine Leistung war es, sich die deutsche Sprache rockmusiktauglich zurechtzuzotteln, und aus all den Wortspiele- und -flachsereien eine zusammenhängende Sprachlandschaft zu erschaffen. Daß das eine echte Tat ist, wird zuallererst jemand bestätigen, der, wie ich, mit Texten von Kurt Demmler, Wolfgang Tilgner und Gisela Steineckert aufgewachsen ist. (Frag nicht, wie.)

Udo hat keine höhere Bildung genossen, und die Zeit, die andere in Hörsälen verbrachten, saß er im Bandbus. Ich habe diese Bandbus-Atmosphäre einmal kennengelernt, bei Kerschowski. Die Band, die zu ihrem Auftritt fährt oder ihn schon hinter sich hat, hockt beieinander, und der Bus muß viele Kilometer Autobahn fressen. Man blödelt und witzelt, und konkurriert darum, der Coolste und Witzigste zu sein. Man könnte sich auch über Gott und die Welt unterhalten, was man manchmal auch tut – aber meistens schnippt man sich Repliken zu, spricht in Andeutungen und Abkürzungen. Man könnte auch gar nicht reden, etwas lesen oder Walkman hören – aber man redet. Belangloses Zeug, das aufgemotzt wird. Dem Stumpfsinn der Autobahn wird eine Kreativität im Umgang mit der Sprache entgegengesetzt.

Udo hat die Tourbus-Atmosphäre irgendwann für seine Songs genutzt. Außerdem waren seine originellen Sprachschöpfungen ein Mittel, mit dem er sich gegenüber Journalisten und Kritikern Respekt verschaffte. Er bekam es außerhalb der Band immer wieder mit Menschen zu tun, die eine gewisse Macht hatten und schon mal eine Uni von innen gesehen hatten. Um mit ihnen auf Augenhöhe umgehen zu können, traf er sich mit ihnen in seiner Slang-Kolonie. Da erntete er Beifall und Respekt.

Da es in dem Musical »um den kleinen Udo« gehen sollte, gab er mir seine »Autobiographie« zu lesen. Die Anführungszeichen deshalb, weil ich wohl noch nie eine Autobiographie gelesen habe, bei der die mutmaßliche Entfernung zwischen Dichtung und Wahrheit so groß war. Die eigentliche Leistung seiner »Lebensgestaltung« (Kannst du dein Leben gestalten?) unterschlug er, oder er war sich ihrer gar nicht bewußt: Udo hatte etwas, das ich »Entscheidungsstärke« nenne. Er traf mehrmals in seinem Leben wichtige und zum Glück auch die richtigen Entscheidungen, obwohl ihn niemand gefragt oder zu einer Entscheidung gedrängt hatte. Irgendwann hörte er, ein Schlagzeuger der Spitzenklasse, auf zu trommeln und begann zu singen – obwohl ihn niemand gefragt hatte. Aber berühmt wird man nicht als Schlagzeuger, sondern nur als Sänger. Erst sang er englisch, aber dann entschied er sich, deutsch zu singen – obwohl ihn niemand gefragt hatte. Als er dann tatsächlich so berühmt war, daß er eine Karriere in Übersee hätte starten können, widmete er sich der DDR – obwohl das wirklich nicht auf der Hand lag. In seiner Autobiographie lesen sich die achtziger Jahre wie ein einziger langer Versuch, endlich seine DDR-Tournee zu bekommen. Zu der kam es bekanntlich erst 1996, und da hatte Udo dann mittlerweile aber in der DDR den Status eines Außerirdischen, eines Gottesgesandten.

Udos bislang letzte wichtige Entscheidung war sicherlich die, mit der Sauferei aufzuhören. Daß er überhaupt die Mengen an Alkohol überlebt hat, die er im Laufe der Jahre in sich hineinschüttete, ist eine körperliche Leistung, die in einer eigenen Liga rangiert.

Ein Reiz dieser Arbeit am Musical war, daß eine Handlung gefunden werden mußte, die nicht nur das von Udo gewünschte Motiv des späten Vaterglücks aufnahm, sondern die auch als Plattform für seine größten Hits dienen konnte. Ich sollte einen Zusammenhang zwischen den Songs herstellen, der niemals so gedacht war – was in etwa der Szene aus ›Apollo 13‹ gleichkommt, als man vor ein paar Technikern der Bodenkontrolle drei Kisten voller Krempel auskippt, der auch in der Raumstation verfügbar ist, und dann erwartet, daß die Techniker daraus etwas basteln, was die Astronauten im Orbit zu ihrer Rettung nachbauen können. Hinterher mußte es so aussehen, als sei das Lied eigentlich nur zu dem Zweck geschrieben worden, genau an jener Stelle von jener Person im Musical gesungen zu werden.

Obwohl man meinen sollte, daß ein schräger Vogel wie Udo die seltsamsten und komischsten Begebenheiten auf sich zieht – ich habe sie nicht erlebt. Außer, daß Udo prominent ist, weiß ich nichts von ihm zu berichten.

Dafür hatte ich endlich die Idee für die richtige Hauptfigur in ›Kein Sex seit hundertachtzig Jahren‹. Es sollte ein Arzt sein, der die Unsterblichen berät, die es nicht mehr aushalten und zu einem endlichen Leben mit Sex optieren wollen. Meine Hauptfigur soll Prognosen darüber abgeben, ob die Wechselkandidaten ein glückliches Sexleben erwarten dürfen, oder ob sie von so schweren sexuellen Störungen geplagt werden, daß sie lieber asexuell-unsterblich bleiben sollten. Eine Hauptfigur, die ständig mit Sex zu tun hat, ohne ihn zu praktizieren – das gefiel mir. Daß das alles in der Ich-Form geschehen sollte, war sowieso klar. Alles andere wäre nicht wirklich komisch. Das mit dem Sex machte natürlich Riesenspaß; der Roman schrieb sich dank meiner Hauptfigur von ganz allein. Dazu kam, daß ich das Planspiel einer Teilung der Gesellschaft in »Sexler« und »Unsterbliche« gerne spielte: Wer von beiden Gruppen hat die Macht? Wie balanciert man diese völlige Unterschiedlichkeit zwischen den Unglücklichen (weil Sterblichen) und den Unzufriedenen (weil in Entsagung Lebenden) aus? Meine Hauptfigur sollte seinen Roman aus einer Bilanzsituation heraus schreiben, nämlich im Gefängnis, in das er gekommen ist, weil er sich zu oft geirrt hatte und Wechselkandidaten zu einem Wechsel geraten hatte, obwohl die dann kein glückliches Sexleben führten … Es tat mir so gut, endlich mal wieder was richtig Abgefahrenes zu schreiben, und weil ich die Story auch in einem autoritären Staat spielen ließ, war das alles nicht bloß Schabernack. Eineinhalb Jahre schrieb ich an dem Roman, immer im Wechsel mit dem Musical. Wenn ich eine Musicalfassung zur Meinungsbildung weggab, beugte ich mich über den Roman, und was ich mir im Musical wegen der Konsenserwartungen, der Biederkeit und der Massentauglichkeit verkneifen mußte, das konnte ich bei der Arbeit am Roman richtig rauslassen.

Als ich einmal aus Hamburg kam, wäre ich beinahe auf der Friedrichstraße überfahren worden, aber ein aufmerksamer junger Mann packte mich am Arm. Ich bekam einen Riesenschreck, als der Wagen still an mir vorüberrollte. Seine Gefahr bestand in seiner Lautlosigkeit. E-Mobile hießen nicht umsonst »die Stillen«.

Auch Robert fuhr einen Stillen, den Wartburg Gleiter. Was mir 2006 nach der Niederlage im WM-Viertelfinale in seiner Kneipenerzählung noch wie ein durchgeknallter Plan vorkam, war inzwischen Wirklichkeit geworden. Doch ständig passierten Unfälle; die Lautlosigkeit war eine echte Gefahr. Auch mein Liebmütterlein wurde angefahren. Auf jeder Familienfeier gab es immer den einen, der mit Gipsbein oder Gehhilfen kam, und dann war regelmäßig Thema: Wo bist du in einen Stillen gelaufen, wie lange hast du die Krücken noch, wo gibts die besten Physiotherapien. Egal, wie klein eine Runde war, immer gab es einen, der von einem Unfall oder Beinahe-Unfall zu berichten wußte. Auch im Stadtbild war auffällig, wie viele im Gips oder auf Gehhilfen unterwegs waren. Angeblich brachten sogar verschiedene Außenministerien Gefahrenhinweise für DDR-Reisende heraus, als reise man in ein Bürgerkriegsgebiet. In der Sparkasse gewöhnte sich Sabine allmählich daran, daß Kunden, die über Wochen wegblieben, dann mit Gehhilfen in die Filiale gehumpelt kamen. Sie erlebte auch, daß Kredite für »Nutzungskooperativen« (was im Westen »Car Sharing« hieß) fast ungeprüft durchgewunken wurden. Nutzungskooperativen schossen wie Pilze aus dem Boden, denn es gab keine Wartezeiten auf ein E-Mobil, aber es war so teuer, daß sich viele keinen eigenen Stillen leisten konnten. Die eine Kooperative hatte eine große Flotte, die nächste niedrige Tarife, die dritte protzte mit ihrer Modellvielfalt, die vierte mit ihrer überregionalen Nutzbarkeit. Aber durch die Nutzungskooperativen kamen oft Zwanzigjährige hinters Steuer, was wegen der langen Anmeldezeiten auf Autos bislang eher selten war – und das hatte Auswirkungen auf die Verkehrsdisziplin.

Man sollte meinen, daß das allgemeine Gehumpel ein gefundenes Fressen für die Kabarettisten war – aber sie durften nicht. Ferry, der natürlich auch gleich in einen Stillen lief, wollte ein Programm darüber machen, aber ihm wurde gedroht: Wenn er sein Programm ›Ich geh am Stock‹ weiter aufführt, wird er wegen eines vorigen Programmes verklagt, in dem er ganz nebenbei über einen Menschen mit einem Phantasienamen herzog, den er zudem nur ein einziges Mal erwähnte. Nun gab es aber wirklich einen Menschen dieses Namens, zu allem Unglück ein Stasi-Mitarbeiter. Wenn der Ferry verklagt, hätten Ferry astronomische Entschädigungszahlungen geblüht (das Zwanzigfache der gesamten Tour- und CD-Erlöse jenes Programms) und so verzichtete Ferry darauf, ›Ich geh am Stock‹ aufzuführen.

Eines Tages rief mich Sabine aus der Sparkasse an, sehr aufgeregt. »Hör mal«, sagte sie und begann zu lesen. »Auf tragische Weise mitten aus dem Leben gerissen.« Es war die Todesanzeige für Lothar Bisky. Ein Schock; ich konnte mir den Mann nicht tot denken. Er war immer mein guter Engel gewesen, hat mich auf seine Filmhochschule gelockt, wo ich erst Ferry und durch den wiederum Ninette kennenlernte, hat der Dorfstasi mit verstellter Stimme die angeblich schärfsten Passagen aus dem ›Breierne-Zeit‹-Essay vorgelesen und mir mit den Worten »Wir wollen uns doch nicht lächerlich machen« eine Goldene Brücke zu meinem Abschluß gebaut. Er hatte eine Wärme, wie sie nur wenige Menschen haben, schon gar nicht, wenn sie Chefs sind. Auf der Trauerfeier erfuhr ich, daß er direkt vor der Filmhochschule von einem seiner Studenten überfahren wurde. Zwei Tage kämpften die Ärzte um sein Leben, doch die Verletzungen waren zu schwer. Ich sah ihn aufgebahrt im offenen Sarg, sah das letzte Mal seine Hände, von denen er selbst sagte, daß es nur Händchen wären, und ich wünschte mir, es hätte irgendeine Hand oder auch nur ein Händchen gegeben, das ihn zurückgerissen hätte, als er die Straße im falschen Moment betrat. Ich erinnerte mich, wie er mir bei unserer ersten Begegnung leise sagte: »Ich mach mir n bißchen Sorgen um Sie« – und nun war er derjenige, dem ein Unglück zugestoßen war. Und ich bekam einen Haß auf diese E-Mobile, die uns einfach alle überfahren. Der Tod von Lothar Bisky stachelte mich auf; ich wollte nicht hinnehmen, daß nach seinem Tod alle so tun, als wäre nichts geschehn.

Dabei war die Elektromobilität inzwischen eine Angelegenheit von allerhöchstem Interesse. Es ging nicht mehr darum, wie Robert in jener Kneipenerzählung von 2006 noch sagte, VW, BMW und all die anderen durch unsere E-Mobile plattzumachen. Sondern darum, andere Autohersteller in unser E-Mobilitätskonzept hineinzulocken, hineinzuzwingen. Die Investitionen waren astronomisch; es wurde am ganz großen Rad gedreht. Die DDR wollte liefern, was Autos in Bewegung hält. Akku statt Tank. Was in den Tanks war, kam von den Scheichs. Was in den Akkus sein wird, kommt aus der DDR. Den Scheichs das Geschäft auszuspannen – darum gings.

Wegen der Bedeutung dieser Angelegenheit blieben die Unfallzahlen natürlich unter Verschluß. Ein Fall für Guerilla-Statistik: Ich meldete mich bei einem Rettungsfahrer, der vor Jahren mit einem Armee-Manuskript vor meiner Tür gestanden hatte und fragte ihn, wie oft im Jahr er zu einem Herzinfarkt gerufen würde (die Gesamtzahl der Herzinfarkte wurde veröffentlicht). Dann wollte ich wissen, wie oft er zu Unfällen zwischen Fußgängern und Stillen gerufen wird. Natürlich berücksichtigte ich ein Stadt-Land-Gefälle, aber ich kam auf etwa dreitausend Unfalltote – im Jahr. Die meisten von ihnen waren ältere Unfallopfer, die nach Oberschenkelhalsbruch nicht mehr aus dem Krankenhaus kamen. (Das Krankenbett meines Liebmütterleins stand, wo zuvor das Bett einer Achtzigjährigen war, die nach Oberschenkelhalsbruch an einer Lungenentzündung starb.) Um irgendwie einen Zusammenhang zwischen dem Anstieg der Verkehrstoten, der Elektromobilität, den Windrädern und der autoritären Herrschaft herzustellen, bezeichnete ich die dreitausend Unfallopfer bei einer Rede in Korea als »Opfer eines Krieges«.

Ich war dort zu einem internationalen Schriftstellerkongreß eingeladen, finanziert von einem südkoreanischen Milliardär, der sich Sorgen um die Zukunft des Planeten machte. Die Einladung war von dubioser Unterwürfigkeit. (»Dear Mr Brussig, please forgive my reckless liberty but – as you are one of the most important writers on the planet – I would be honoured if you would consider accepting my invitation to attend the 1st Seoul Writers Congress.«) Mir war nie in den Sinn gekommen, daß sich Menschen geehrt fühlen, wenn ich nur in Betracht ziehe, Einladungen in ferne Länder anzunehmen! Wegen der Zeiten mit der Mauer würde ich niemals eine Auslandsreise absagen können, so wie die Generation meiner Eltern, die, weil sie den Hunger von Krieg und Nachkrieg kannte, kein Brot wegwerfen konnte. (Ich hatte schon vor Jahren das Wort »Auslandsreise« so oft benutzt, daß auch Antonia und Pauline den Gebrauch übernahmen, allerdings dann, wenn sie »ausnahmsweise« meinten. »Papa, Cola trinken, Auslandsreise?«)

Mir blühten vier Tage Seoul, die ich ohne weiteres komplett im Hotel hätte zubringen können. Ich verwandelte mich in ein Wesen, das man Tagungsredner nennt. Ich lief über weiche Teppiche, schlief in einem breiten Bett und hörte Reden in klimatisierten Räumen. Ich konnte sogar in meiner Muttersprache sprechen, weil Heerscharen von Übersetzerinnen zur Verfügung standen. Morgens, mittags und abends war in einem der drei Hotelrestaurants ein Buffet aufgebaut, und auch was beim geselligen Beisammensein an der Bar getrunken wurde, bezahlten wir Tagungsredner mit Getränkebons, für die es immer Nachschub gab. Eine Yuna, die stets lächelte und deren Stimme so künstlich klang wie asiatisches Telefongetüdel, lief wie ein Serviceroboter zwischen uns umher und fragte: »Want ticket for drink, sir? Want ticket for drink, sir?« Am ersten Tag dachte ich noch, daß der Milliardär am Ende unsere Rechnung bezahlt, am letzten Tag erfuhr ich, daß ihm das ganze Hotel gehört.

Ich war einer der ersten Redner. Dank eines Projektors ließen sich Bilder an die Wand werfen, und ich zeigte wahllos Gesichter, die ich über die Jahre fotografiert hatte. In meinem Vortrag dienten sie als unbekannte Unfallopfer, analog zum unbekannten Soldaten. Dreitausend Menschen seien im vergangenen Jahr in der DDR in einem Krieg umgekommen, sagte ich. In einem Krieg, in dem es um Energie und Energiekonzepte ginge. Während im Nahen Osten gestorben wird, um den Zugang zu Ölquellen zu sichern, sterben in der DDR Menschen bei der Erprobung eines Verkehrskonzeptes, das vom Öl unabhängig, aber von »uns« abhängig macht. Auf einer riesigen Granittafel am Palast der Republik, sagte ich, sollte aller überfahrenen Fußgänger gedacht werden, indem Namen sowie Geburts- und Sterbedatum eingemeißelt werden. Und ich sprach von der »Elektrokratie«, um unsere Staats- und Herrschaftsform, die ihr Schicksal ganz und gar an die Stromerzeugung und den Stromexport geknüpft hatte, durch eine Bezeichnung zu brandmarken. Dazu warf ich eine Art Karikatur auf die Leinwand, gezeichnet von meinem Bruder, der meine Anti-Windrad-Obsession kannte. Er hatte das bekannte Anti-AKW-Symbol parodiert, auf dem das Atom-Dreieck in dreivier Schritten zu einem Windrad mutiert. In seiner Parodie war das DDR-Staatswappen mit HammerZirkelÄhrenkranz der Ausgangspunkt. Im zweiten Bild drehte er den Hammerstiel nach oben, der sich in den folgenden Motiven, wie auch die beiden Schenkel des Zirkels, in Rotorblätter verwandelte. Bis dahin war die Spielerei mit dem DDR-Staatswappen noch nicht anstößig – aber daß der Ährenkranz zu einem Paar Handschellen wird, brachte die Sache auf den Punkt.

Nach mir sprach ein Mexikaner, der nicht nur Schriftsteller, sondern auch Apotheker war und viele Details über die Folgen der Katastrophe von Los Angeles wußte. An den Spätfolgen starben zehnmal so viele Mexikaner wie US-Amerikaner, erfuhr ich zu meinem Erstaunen. Dann redete ein Chinese. Ich folgte über Kopfhörer seiner Rede, die aus dem Chinesischen ins Deutsche mit einem koreanischen Akzent übersetzt wurde. Es ging um Umweltsünden unvorstellbaren Ausmaßes. Dann sprach ein sowjetischer Schriftsteller, der gleich klarstellte, daß er ein ukrainischer Schriftsteller sei. Er widmete sich der Unterdrückung nationaler Minderheiten, dem Russifizierungs-Zwang. Durch diese Rede, im Internet verbreitet, werde seine Rückkehr in die Heimat unmöglich, da ihm jetzt Gefängnis sicher sei. Die Übersetzung seines Vortrags war noch schlimmer als alles Vorige, weil er auf der ukrainischen Sprache beharrte, die Veranstalter aber mit einer auf Russisch gehaltenen Rede gerechnet hatten und die eigens gebuchten Übersetzerinnen kaum Ukrainisch konnten. Ich ging dann nicht länger zu den Vorträgen, weil mir war, als sei ich auf einer Ansammlung von Spinnern der größte Spinner. Eine Granittafel mit den Namen von Verkehrstoten, die als Opfer eines Krieges betrachtet werden – wie mag das wohl, von Koreanerinnen übersetzt, auf Chinesisch oder Englisch klingen?

Nein, so bringt man nicht die Mächtigen zum Zittern. So schmiedet man auch keine Gemeinschaften. Immerhin bat mich ein ›FAZ‹-Korrespondent, meine Rede und auch die Karikatur nachdrucken zu dürfen. Ich gab sie ihm und durchstreifte in den verbleibenden Tagen Seoul, einen blitzblanken Moloch. Abends stand ich mit anderen Konferenzteilnehmern an der Bar und fühlte mich vollkommen bedeutungslos, während Yuna alle zwei Minuten zwischen uns umherging und fragte »Want ticket for drink, sir? Want ticket for drink, sir?« Einige betranken sich, und manche sehr, darunter auch ich, obwohl ich das nie getan habe. Ich soff bis zum Filmriß. Falls da ein Plan hintersteckte, habe ich ihn nicht verstanden.

Auf dem Rückflug las ich in der ›FAZ‹, daß in Kürze zweitausend Teslaboxen im Westen installiert würden, während zeitgleich Mercedes in der Taxiklasse E-Mobile anbot. Dies nähme die Gitting-Regierung zum Anlaß, Steuern für »Automobilstrom« zu erheben, um die zu erwartenden Ausfälle bei der Mineralölsteuer zu kompensieren. Ob das eine gute Nachricht war (weil der DDR-Strom dadurch so teuer wird, daß das ganze Konzept ineffektiv wird) oder eine schlechte (weil der DDR-Strom als Steuerquelle gehegt und gepflegt werden muß), konnte ich nicht einschätzen. Aufmacher im Feuilleton war meine Seoul-Rede. Na, das paßte! Bei der Zwischenlandung in München humpelte prompt Andreas Dresen auf mich zu, der auch nach Berlin wollte; wir setzten uns nebeneinander. Dresen sprach mich auf meine Rede an. Dreitausend Tote seien doch arg viel; woher denn die Zahl stamme. Ich sagte, daß man manchmal einfach eine Zahl in die Welt setzen muß – aber auf meine Frage, ob er sich das Bein beim Skifahren gebrochen habe, antwortete er nur ausweichend; er sei wegen einer Jurysitzung in München gewesen.

Was für eine Lachnummer in Korea und was für eine Wirkung vor Ort! Daß sich aus einer unsäglich peinlichen Veranstaltung ein Destillat ergab, das die Seiten ernsthafter Zeitungen füllte und ernsthafte Menschen dazu brachte, sich damit auseinanderzusetzen, war ein kleines Wunder. Vermutlich ist die innere Wahrheit von dem, was Intellektuelle produzieren, manchmal so fest, daß ihr auch der lächerlichste Rahmen nichts anhaben kann. Und als ich in den folgenden Wochen und Monaten merkte, daß meine Begriffe »Elektrokratie«, »dreitausend Tote« und »Opfer eines Krieges« manche Diskussion besetzten, da fand ich, die Reise hatte sich gelohnt.

Als wir beim Flug über die Grenze tief drunten den Gürtel aus Windrädern sahen, bekam ich wieder schlechte Laune. Ich nahm die Anwesenheit dieser Dinger inzwischen persönlich, denn sie hielten die DDR ökonomisch aufrecht und zementierten damit das System der Unfreiheit, ja, machten es sogar zum Teil einer Erfolgsgeschichte. Denn wie kannst du für die Freiheit werben, wenn in der Unfreiheit eine Mehrheit das Gefühl hat, es geht aufwärts?

Dresen war von den Windrädern übrigens begeistert. »Als Filmemacher muß man die Dinger einfach lieben.« Dank der Windräder lassen sich Landschaften »filmisch dekonstruieren«. Wenn es nach ihm ginge, könnte es gar nicht genug davon geben. Irgendwann wird er einen Film inmitten von Windrädern drehen, und da wird er die alte Billy-Wilder-Frage »How would Lubitsch do it« umformulieren zu »Kak eto sdjelal by Tarkowski«. Wie bitte, Symbol der Unfreiheit? Nein, es ist nur eine Neuauflage des deutschen Waldes, des Märchenwaldes. Wenn er hinter allem nur politisch-ökonomische Verstrickungen sehen wollte, wäre er Journalist geworden. Im übrigen findet er den Gedanken unerträglich, daß diese riesigen Dinger Unterdrückungswerkzeuge sind. Da fühlt man sich doch klein und ausgeliefert. Und das ist eine künstlerisch fragwürdige Moral. Er würde sich mit nichts befassen wollen, was nicht zumindest einen Funken Optimismus versprüht.

Ich übrigens auch nicht. Aber vielleicht war das auch der Grund, weshalb ich mir keinen Gegenwartsstoff mehr zutraute. Ich litt an einem Mangel an Zuversicht. Die Städte wurden mit Teslaboxen vollgepflastert, und ich machte es mir zur Angewohnheit, an sie dranzupissen. Ich variierte auch Max Liebermanns berühmtesten Satz, aber »Ich kann gar nicht so viel saufen, wie ich pissen will«, blieb matt. Nicht nur sprachlich, sondern sowieso angesichts der Lage. Und als ich einmal an einer schadhaften Teslabox beim Pissen einen elektrischen Schlag erhielt, ließ ich auch das. Für einen Witz reichte es noch: Als ich an jenem Abend zu Sabine ins Bett kroch, sagte ich ihr »Heut wirst du aufleuchten wie ein Spielautomat!«

Das geht nie vorbei
(2009–2010)

Meine öffentliche Behauptung, daß dreitausend überfahrene Fußgänger auf das Konto der E-Mobile gehen, brachte mir seit langem wieder eine »Vorladung zur Klärung eines Sachverhaltes« ein. Es war wieder das Polizeirevier in der Brunnenstraße, in das ich vorgeladen wurde, und ich saß im gleichen Zimmer wie 1993, nach meiner »Eingabe« wegen des Einbruchs in meine Wohnung – nur daß mich anstatt Honecker diesmal Krenz von der Wand aus anschaute. Die Paragraphen, gegen die ich verstoßen hatte, waren immer noch die gleichen, und in meinem Kopf hämmerte die alte Kerschowski-Zeile *Und ich weiß und ich weiß, das geht nie vorbei*. Neu war allerdings die Selbstsicherheit des Stasi-Hauptmannes, der das Gespräch führte. Ich müsse doch selbst merken, wie sehr ich in einer Außenseiterposition sei; die Elektromobilität war da, und sie würde auch im Westen kommen, »weil die Leute sie wünschen«, das nenne man Demokratie, da könne ich herumdiffamieren, wie ich wolle. Seitdem sich Kanzler Gitting mit Steuern auf unseren Strom sogar den Haushalt aufbessere, habe sich »der Wind gedreht«. (Er weidete sich spürbar an dieser Formulierung.) Ich solle mir nicht einbilden, daß sich irgendwer noch für mich einsetzen wird, wenn ich einkassiert würde. Ist mir etwa eine Woge der Sympathie entgegengeschwappt, als ich von den »dreitausend unschuldigen Opfern in unserem Krieg« gesprochen habe? Oder habe ich ein Abrücken meiner einst so zuverlässigen Vasallen bemerkt? Ja? – Dann wurde der Hauptmann plötzlich ganz mild, um nicht zu sagen, menschlich, und er sagte: »Ist Ihnen eigentlich schon mal die Idee gekommen, daß Sie sich irren?«

Leider hatte der Stasi-Hauptmann recht: Ich war isoliert, war extreme Minderheit.

Trotzdem schrieb ich an Ralf Gitting, um ihm den Wahnsinn einer Elektrokratie, also einer Herrschaftsform, die ihr Schicksal ganz und gar an die Stromerzeugung und den Stromexport geknüpft hatte, klarzumachen. Wobei die Abholzung der Wälder, die Landschaftsverschandelung und selbst die dreitausend Toten nur Kleinigkeiten sind, wenn man bedenkt, daß die Elektrokratie einer Demokratie, den Menschenrechten und der Freiheit entgegensteht. Denn so lange die DDR Geschäfte mit Z-Strom treiben kann, wird sie sich nicht demokratisieren. Die Elektrokratie wird soviel Geld scheffeln, daß der Staat es sich leisten kann, die Bevölkerung zu kaufen. Und bald nicht nur die eigene. Dieses Problem möge ein Kanzler der Bundesrepublik Deutschland bitte im Blick behalten.

Drei Wochen später antwortete Gitting. Zunächst schrieb er, daß er viele meiner Bücher gelesen und sie auch häufig und gern verschenkt habe. Nach ausführlichen und überaus liebevollen Schilderungen seiner Leseeindrücke, die nicht den verkrampften Ton von Deutschaufsätzen hatten, kam er zum eigentlichen Anlaß meines Briefes. Das Problem sei ihm natürlich bewußt, andererseits habe die DDR Freiheit, Demokratie und Menschenrechte schon zu den Zeiten mißachtet, als sie noch keine »Elektrokratie« war. Es sei reine Spekulation, ob zum Beispiel durch eine steuerliche Behandlung von Automobilstrom, die das DDR-Konzept unrentabel macht, eine demokratische Wende oder andere wünschenswerte Entwicklungen tatsächlich erzwungen werden können. Durch Maßnahmen, »die den Geschmack von Embargo« haben, würden, das lehre die Erfahrung, äußerst selten im sanktionierten Land die erwünschten Veränderungen herbeigeführt.

Das ist das Grausame an der Kunst: Da liebt jemand deine Bücher, und trotzdem trennen euch Welten. Obwohl du immer wieder erlebt hast, daß du von deinen Lesern zugleich geliebt und bitter enttäuscht wurdest – begreifen wirst du es wohl nie.

Eines Tages kam Sabine völlig fassungslos von der Arbeit nach Hause; sie konnte gar nicht reden, so aufgeregt war sie. Alles begann damit, daß sie von einer Kollegin gefragt wurde, »warum sie das mitmache« und daß, »wenns um die Kinder geht, der Spaß ja wohl aufhört«. Sabine fragte, bohrte nach und erfuhr, daß es Gerüchte gibt, wonach ich unsere Kinder mißbrauchte, das Jugendamt aber nichts machen könne, weil ein Sorgerechtsentzug von der Westpresse als politisch motivierter Schachzug gegen einen Regimegegner gebrandmarkt würde. Gerüchte wie dieses sprechen sich gut herum, sie fließen und kriechen hervorragend in die Ritzen des Bewußtseins; ich erinnerte mich, daß ich in den achtziger Jahren mal vor einem mißliebigen Pfarrer gewarnt wurde, weil der »mit kleinen Jungs rummacht«. Nun also war ich an der Reihe. Kerschowski hat es schon immer gewußt. *Und ich weiß und ich weiß, das geht nie vorbei.*

Ich habe immer geglaubt, mir sei ziemlich egal, was andere über mich sagen oder denken, und ich fand mich mit dem Spruch »Wenn ich alle Unwahrheiten über mich korrigieren wollte, hätte ich für nichts anderes mehr Zeit« gut ausgestattet. Allerdings war ich nie auf die Idee gekommen, daß mir Derartiges unterstellt wird. Auf einmal war mir nicht egal, was die Nachbarn denken.

Das Gerücht mußte schon vor geraumer Zeit gestreut worden sein, denn mir begegneten verschiedene Varianten, zum Beispiel, daß der angebliche Mißbrauch dadurch auffiel, weil eine meiner Töchter im Kindergarten stotterte und zum Logopäden mußte. Andere Gerüchte wollten wissen, daß der Sorgerechtsentzug schon ausgesprochen war, daß ich aber meine Kinder nach der ersten Nacht in Obhut des Jugendamtes zurückholte. Oder daß ich die Kinder behalten durfte, wenn ich sie Pionier werden ließ.

Es gibt bestimmte Gerüchte, gegen die ist man machtlos. Wenn im Schwange ist, ich sei Zuträger der Stasi, bin ich nicht in der Lage, das Gegenteil zu beweisen. Wenn ein Gerücht kursiert, ich sei pädophil – was kann ich dagegen tun? Zufällig tauchte das Thema Pädophilie kurz in meinem Roman ›Kein Sex seit hundertachtzig Jahren‹ auf. Der Arzt, der die sexuellen Karrieren der Wechselwilligen vorhersagen soll, sieht für einen Wechselwilligen eine glückliche sexuelle Karriere voraus. Letztlich wird dieser aber pädophil, was der Arzt, dem wegen dieser und anderer verunglückter Prognosen der Prozeß gemacht wird, mit »Grundsätzlich gehe ich der Frage nach, ob es *ihm* damit gutgehen wird – nicht den anderen« reinwaschen will. Das sagt er, weil man sich manchmal eben auch mit der dööfsten Entschuldigung zu retten versucht – aber mir war klar, daß ich für eine voreingenommene, scharfrichternde Öffentlichkeit die Komplizenschaft mit einem Pädophilen herstelle, weil ich selbst einer bin.

Wo die Quelle des Gerüchts war, konnte ich mir denken. Dort, wo man bestimmt: Wer windkraftzersetzende Briefe an Kanzler Gitting schreibt, muß mundtot gemacht werden. Und so, wie man nach einem Mord tot ist, war ich mundtot nach Rufmord. Das begriff ich, als ich die Idee hatte, über diese Angelegenheit öffentlich zu sprechen. Zwei West-Zeitungen winkten ab, weil sie, so mein Gefühl, sich vor der Blamage fürchteten, wenn an der Sache doch was dran ist.

Als ich im Verlag in Frankfurt anrief, erfuhr ich von Jörg Bong, daß man auch dort die Gerüchte kannte – und ratlos war. Ich hörte zweierlei heraus, nämlich daß er von der Haltlosigkeit der Unterstellungen überzeugt war, zugleich aber fürchtete, daß sich die Gerüchte noch lawinenartig verbreiten und nicht nur ›Kein Sex seit hundertachtzig Jahren‹, sondern auch meine gesamte Reputation als Autor zermalmen könnten. Allerdings hatte auch er keine Idee, was ich tun sollte.

Daß Robert eine große Nummer in Sachen Windkraft war, hatte ich schon immer geahnt, nur spielte er seine Bedeutung gerne herunter. Als er aber den Nationalpreis bekam, half ihm auch keine Bescheidenheit der Sorte »Ich hab ihn ja nur stellvertretend fürs Kollektiv gekriegt«. Sabines Bruder war also der innovativste und findigste Windkraft-Pionier, ihr Mann hingegen der erbittertste Windkraft-Gegner.

Ich hätte aus dieser Konstellation sofort ein Musical machen können, doch der gegenseitige Respekt sorgte dafür, daß jeder den anderen machen ließ. Meine Bemerkung mit den dreitausend Kriegstoten sorgte aber dafür, daß Windkraft und Elektromobilität stärker in den Fokus kamen, und so ergab es sich, daß Robert zu ›Dreier mit …‹ eingeladen wurde. Sabine und ich wollten ihn begleiten und aus der Regie zuschauen, aber bereits beim Pförtner gab es Schwierigkeiten. Das Fernsehgelände war Sperrgebiet, erst nach etlichen Telefonaten erhielten Sabine und ich eine Besucherkarte. Wir wurden in ein Kabuff geschickt; »Sie werden abgeholt.« Kurz darauf öffnete sich die Tür, Abini Zöllner begrüßte uns, und mit ihr flutete eine Woge Herzlichkeit über die Schwelle. Sie berlinerte leicht und hatte die Angewohnheit, jedem ihrer Sätze ein Lachen hinterherzuschicken. »Ach, die ganze Familie!« rief sie und gab nacheinander Sabine, Robert und mir die Hand. »Die Europameisterin … der Nationalpreisträger … und der Mann, der mir schlaflose Nächte bereitet hat, dessen *Bücher* mir schlaflose Nächte bereitet haben«, korrigierte sie sich rasch, doch zu spät, denn Sabine hatte sich bereits entschieden, mich mit einem tiefen Blick in die Augen zu fragen: »Thomas, gibt es da etwas, das ich wissen sollte?« Die beiden Damen verstanden sich also auf Anhieb, und wir waren schnell beim Du.

Als Robert in der Maske war, fragte mich Abini, ob ich nicht auch mal in die Sendung kommen möchte. »Ich mag deine Sendung zu sehr, um sie durch meine Teilnahme auf die Abschußliste zu bringen«, sagte ich, aber sie meinte es ernst. »Beim DDR-Fernsehen ist im Moment ne Menge möglich«, sagte sie. »Wobei *Eine Menge möglich* nicht bedeutet *Alles ist möglich*. Live senden wir nicht.« Das Westfernsehen, erklärte sie mir, arbeite ganz anders. Die haben keine Zensur, keine politische Aufsicht, aber sie haben die Quote. »Und da sind die auch total vernagelt. Bis bei uns in der Redaktionssitzung einer mal Parteilinie sagt, haben die schon zehnmal Quote gesagt.«

»Wenn ich ins Ostfernsehen komme, dann doch nur, um Pluralität vorzugaukeln.«

»Kann sein, daß es jemand in der Chefetage oder sogar noch höher aus genau diesem Grund gut findet, wenn du mitmachst. Aber als du vorhin beim Pförtner warst, habe ich gedacht: Geile Idee. Den will ich.«

»Nimm doch Ingo Schulze. Der hat gerade den Nobelpreis gekriegt.«

»Schulze interessiert mich nicht. Ich will dich. He, deine Bücher werden gelesen, weitergegeben, da kaut man der besten Freundin ein Ohr ab, daß die das auch lesen müsse. Deine Bücher haben mir wirklich schlaflose Nächte bereitet. Die einzigen, denen unser frischgebackener Nobelpreisträger schlaflose Nächte bereitet, sind Literaturkritiker, weil die sich vor der Blamage fürchten, ein Osterei zu übersehen, anspielungstechnisch, also bitte, zier dich nicht so.«

Daran, daß ich ihre Einladung nicht annahm, merkte ich, daß ich älter wurde, und zwar auf eine uninteressante, spießige Art. Früher hätte ich solche Spielchen mitgespielt. Früher hatte ich Dinge allein deshalb getan, weil ich sie noch nie getan hatte. Mir tat es ein bißchen leid, ihr einen Korb zu geben; sie war ungewohnt offen.

Als ich sie fragte, wann ich denn meinem Anwalt die Hand schütteln könne, sagte sie »Gysi kommt immer auf den letzten Pfiff«, und dann erzählte sie, daß ›Dreier mit ...‹

so eine Art Startrampe für Gysi sei, der mit seiner schlagfertigen und selbstironischen Art so gut ankomme, daß er sich inzwischen zum Krenz-Nachfolger gemausert habe; Krenz war immerhin schon über siebzig. »Als ich den ›Kessel Buntes‹ als Moderatorin abgegeben habe und eine Talkshow wollte, hat man mir gesagt: ›Mädchen, du bist zweimal Fernsehliebling des Jahres geworden, also laß die Sonne auf jemanden scheinen, mit dem wir noch was vorhaben.‹ Und als sie mit Gysi kamen, habe ich gesagt: ›Wunderbar, aber jetzt will ich noch Hans-Joachim Maaz als Dritten im Bunde.‹ Den hab ich dann auch gekriegt.« Und lachte wieder.

Als sie für einen Moment verschwand, kam der Sicherheitsdienst; man habe Order, mich hinauszubringen. Meine Besucherkarte wurde mir mit den Worten »Die sollen wir einziehen« weggenommen. Sabine begleitete mich, obwohl der Rauswurf nicht ihr galt. Unterwegs begegnete uns Gysi. Wir nickten uns kurz zu, aber die kurze Hoffnung auf seine anwaltlichen Instinkte für jemanden, der von zwei Sicherheitsleuten abgeführt wird, war vergebens. Sabine ging dann mit ihm, um ihn von meinem Rauswurf zu unterrichten; sie hoffte, er würde das rückgängig machen. Immerhin war ich der Schwager des Gastes seiner Sendung. »Der wird schon nicht aus den Kulissen stürzen und vor der Kamera Proklamationen verlesen«, soll sie gesagt haben, aber vergeblich: Es blieb bei meinem Rauswurf.

So sah ich Roberts Auftritt erst zur Ausstrahlung vier Tage später. Interessant fand ich die Stelle, als Maaz die Rede auf die vielen überfahrenen Fußgänger brachte. Gysi sagte: »Also dreitausend sind es nicht«, worauf Abini sofort fragte, wieviel denn dann – und Gysi antwortete gequält »Weniger«. Dann setzte er mit einem ironischen Lächeln hinzu, es sei ein Beitrag zur Verkehrssicherheit, die holprigen Straßen *nicht* auszubessern, denn auf glatten Straßen höre man die E-Mobile noch weniger. Ich schaute Sabine ungläubig an – meint er das tatsächlich ernst?

Unmittelbar nach der Sendung hatte Abini gegenüber Sabine noch gemutmaßt, daß die Pädophilie-Gerüchte vielleicht die Retourkutsche für meine Guerilla-Statistik seien: Weil ich den Staat mit erfundenen Zahlen in Verlegenheit bringe, revanchiert sich der Staat mit erfundenen Anschuldigungen. »Willst du damit sagen, daß er selbst schuld ist?« fragte Sabine, worauf Abini antwortete: »Nee, aber ich glaube, es gibt Leute, die finden, jetzt stehts eins zu eins.«

Als ich meinte, das Libretto für das Lindenberg-Musical fertiggestellt zu haben, kam die Paradigma plötzlich ins Spiel. Das war eine Monster-Company, die in ganz Westeuropa in den größten Theatern jene Monster-Musicals aufführte, die qua Gebrauchsanleitung inszeniert wurden. Egal, wo du hinkommst: ›Mamma Mia‹ und ›König der Löwen‹ sehen überall gleich aus. Die Paradigma saß im belgischen Gent, in einer Etage eines betongrauen Sechziger-Jahre-Hochhauses, von wo aus sie von zwei Brüdern regiert wurde, mit Blick auf den Charme eines Busbahnhofs. Calvinismus pur. Die Paradigma hatte in den vergangenen Jahren versucht, mit den Scorpions eine Art Ost-West-Musical an den Start zu bringen. Aber da es auch renommierten Autoren wie Maxim Biller, Peter Schneider und zuletzt Benjamin von Stuckrad-Barre nicht gelungen war, eine geeignete Geschichte zu stricken, wurde das Scorpions-Projekt eingestellt, oder besser, gegen das Lindenberg-Musical »getauscht«.

Premiere sollte mittlerweile auch nicht mehr im St.-Pauli-Theater sein, sondern im ICC, der größeren, zugleich aber auch problematischeren der beiden Westberliner Spielstätten, welche die Paradigma betrieb. Das ICC war gleichsam die Inkarnation eines Theaters, von dem Calvinisten träumen: Groß, eckig, verkehrsgünstig und mit einem riesigen Parkplatz davor.

Bei meinem ersten Treffen mit den Paradigma-Leuten wurde ich etwas überrumpelt. »Wir duzen uns hier alle. Also ich bin der Jens.« Und, ebenfalls ganz calvinistisch, wurde auch gleich was von meinem Autorenvertrag abgezwackt – obwohl ins ICC dreimal so viel Leute passen wie ins St.-Pauli-Theater, die alle einen etwa doppelt so hohen Eintrittspreis zahlen würden. Dafür, so hörte ich, müsse im ICC die Bestuhlung alle drei Jahre neu gepolstert werden. »Dafür muß dann auch noch Geld da sein. Oder willst du das etwa bezahlen?«

Die gewünschten vier Freikarten im Monat wurden mir auch nicht zugestanden. Dafür sollte ich das Stück etwa doppelt so lang machen, damit es eine Pause gibt, in der die Leute Geld am Buffet lassen. Mir wurde ausführlich die Nebenkostenökonomie eines Musicalbesuchs erläutert, was mir das Gefühl eines Eingeweihten verschaffen sollte, der jetzt zur Paradigma-Familie gehört. Der kostenlose Parkplatz war den Paradigma-Leuten ein Dorn im Auge, weil die Besucher ihre Jacken und Mäntel oft im Auto lassen, anstatt sie zur Garderobe zu bringen.

Als die Paradigma-Leute klammheimlich den Regisseur und Spiritus rector Uli Waller aus dem Projekt kippen und durch Leander Haußmann ersetzen wollten, waren sie zu geizig, das Haußmann-Anwerbungsgespräch standesgemäß in einem teuren Restaurant stattfinden zu lassen. Statt dessen rief eine Praktikantin bei Haußmann an, die ihn fragte, ob er Interesse hätte, das Scorpions(!)-Musical für die Paradigma in Berlin zu inszenieren. Ob sie keine Peilung hatte und tatsächlich glaubte, daß Scorpions-Musical sei noch auf der Agenda, oder ihr nur ein Versprecher unterlief, weiß ich nicht – aber Haußmann soll am Telefon fast ausgeflippt sein. Die Scorpions seien das Ekligste an Band, das er sich nur vorstellen könne, und es sei eine Unverschämtheit, zu denken, er würde seine Vita mit so einem Projekt beschmutzen. – Einen Tag nach dem Fauxpas der Praktikantin unternahm der »Creative Producer« (bei der Paradigma führte man englische Bezeichnungen) noch einen Versuch. »Habt ihr sie noch alle?« soll Haußmann gesagt haben. »Gestern Scorpions, heute Lindenberg – morgen vielleicht Pittiplatsch? Habt ihr etwa keine Nummern von anderen Regisseuren? Im übrigen finde ich eure ranschmeißerischen Plakate häßlich, und ich will meinen Namen niemals auf so nem geschmacklosen, knallbunten Fetzen sehen. Ende der Durchsage.« – Der Creative Producer soll das Gespräch so zusammengefaßt haben: »Ich glaube, ein Nein herausgehört zu haben.«

Uli Waller blieb. Das Stück wurde lang genug für eine Pause, in der die Leute Geld am Ausschank ließen. Und es bekam auch einen Titel: ›Mädchen aus Ost-Berlin‹.

Das Stück beginnt mit dem Auftritt Udo Lindenbergs, den er am 25. Oktober 1983 im Palast der Republik hatte. Dabei kommt es zu einer kurzen, aber in Herzensdingen heftigen Begegnung mit einer jugendlichen Chorsolistin, die vor ihm ihren Auftritt hatte. Es entspinnt sich eine leidenschaftliche, aber letztlich unmögliche Liebesgeschichte zwischen dem West-Rockstar und der Ost-Jugendlichen; Mauer und Stasi erweisen sich als übermächtig. Doch bei einem heimlichen Treffen in Prag wird das Mädchen schwanger. Sie treibt nicht ab, verrät aber auch nicht die Herkunft ihres Kindes. Als sie sich mit einem Leistungssportler liiert, einem Hammerwerfer, der sie schon lange anbetet, glaubt alle Welt, er sei der Vater. Der ist aber in Wahrheit wegen jahrelangen Dopingkonsums impotent, wofür er sich schämt und deshalb ihre Lüge deckt. Er wiederum glaubt, seine Freundin sei von einer flüchtigen Lagerfeueraffäre auf einem tschechischen Campingplatz schwanger geworden. Als der erwachsene Sohn Jahre später ein Streitgespräch seiner Eltern belauscht, erfährt er, daß der Mann, den er für seinen Vater hielt, gar nicht sein Vater ist. Er stellt eigene Nachforschungen an, und als er kurz davor ist, den Fall aufzuklären, gesteht ihm seine Mutter, wer die große Liebe ihres Lebens und der Vater ihres Sohnes ist – nämlich Udo Lindenberg. Mutter und Sohn fahren daraufhin nach Hamburg, wo sich Udo und Sohn das erste Mal begegnen. Tränen, Vorhang, Applaus.

Bei der Paradigma war man begeistert, während ich fand, daß so was ohne Musik kaum auszuhalten sein dürfte.

Anläßlich des Probenbeginns kam es zu einer Pressepräsentation im Foyer des ICC, damit die Zeitungen und Sender etwas über das anstehende Stück berichten konnten. Udo posierte wie ein besoffenes Rumpelstilzchen für die Fotografen. Nach der Präsentation, als sich die Ansammlung langsam auflöste und das Stimmengewirr auf ein ruhiges Maß herabgesunken war, suchte eine kleine schwarzhaarige Frau Blickkontakt, darauf wartend, in einem günstigen Moment an mich heranzutreten. Als sie dann vor mir stand, erwartete sie, daß ich sie erkenne – aber das tat ich nicht. Bis sie sagte: »Na, Thomas. Ich bin Anja.«

Puh, das war aber lange her. Was meiner Erinnerung half, war, daß es mit Ninette mal eine – unbegründete – Eifersuchtsszene gegeben hatte, weil sie ein Zettelchen in meiner Jackentasche gefunden hatte, das mir die Stasi untergejubelt hatte und der eine mit »Anja« unterschriebene Liebesbotschaft darstellte. Aber ehe mir die ganze Geschichte wieder einfiel, zeigte sie mir ein Handyfoto und sagte: »Und das ist Paul.«

Paul war mir wie aus dem Gesicht geschnitten, er sah genau so aus wie ich als Achtzehnjähriger, nur daß seine Haare kurz waren. Anja lächelte verlegen, und ich versuchte zunächst, mich an damals zu erinnern. Wir waren in meiner Wohnung, ich hatte eine Party gegeben, was damals noch »Fete« hieß, es war kurz nachdem ›Wasserfarben‹ erschienen war, und ich galt als interessant, so als Schriftsteller, und Anja, die ne heiße Maus war, aber etwas langweilig (»Weißt du, ich sitz unheimlich gern so im Café, Menschen beobachten, einfach so.«), war geblieben, und als alle weg waren, knutschten wir, und weil alles so wortlos vonstatten gegangen war, dachte ich hinterher, daß alles ihr Plan gewesen ist; meiner war es jedenfalls nicht. Wir hatten erst noch Musik gehört, aber dann war die Platte zu Ende, was war das doch gleich, ich glaube, Suzanne Vega. Anja ging dann auch bald, was ich nicht so toll fand, und als sie zweidrei Tage später überraschend vor meiner Tür stand, war ich vielleicht etwas brummig, was ich aber oft bei Überraschungsbesuchen bin – und so verschwand sie auf Nimmerwiedersehen. Ich lief ihr nicht nach, und ich vergaß sie auch schnell. Ich hätte ihr im Jahr 2010 eine halbe Stunde in der S-Bahn gegenübersitzen können, ohne daß ich sie erkannt hätte. Ihre Stimme half mir, mich an sie zu erinnern; ich finde es immer wieder erstaunlich, wie konstant Stimmen über Jahre und Jahrzehnte bleiben.

Paul also. Wie witzig, Paul hieß im Musical auch der Sohn, der unverhofft vor Udo auftaucht.

Mein erster, zugegebenermaßen unpassender Gedanke war der, ob die Stasi, als sie mir einen Zettel von Anja in die Tasche legte, ihren Namen nur zufällig wählte – oder ob die Stasi die ganze Zeit über wußte, daß eine Anja einen Sohn von mir hatte.

Mein zweiter Gedanke war, daß ich die Geschichte, die ich mir als Schmonzette ausgedacht hatte, jetzt noch mal, aber als das wahre Leben vorgeführt bekam. Und daß sich die Vaterschaftsphantasien, die Udo vielleicht an dieses Musical knüpfte, statt dessen für mich erfüllten.

Anja sagte, daß Paul wisse, wer sein Vater ist, aber kein Interesse oder keinen Mut habe, mich zu sehen. Sie sagte mir rundheraus, daß er wenig von mir halten würde, was sie bedauerte. Sie hätte mich unter normalen Umständen auch nicht aufgeklärt, aber da nun heute diese Präsentation war und der Musical-Sohn auch noch Paul hieß, hielt sie es für den richtigen Moment, mir reinen Wein einzuschenken.

»Glaubst du, wir wären zusammengeblieben?« fragte ich.

»Nee«, sagte sie. »Du warst so abweisend, als ich ein paar Tage später zu dir kam.«

»Wir hatten Sex, und dann gehst du. Ist doch ne klare Botschaft.«

»Ich fand deine Decke so muffig.«

Wahnsinn. Welch läppische Beweggründe bei Frauen zu weitreichenden Entscheidungen führen, werde ich wohl nie begreifen.

»Aber hättest du mir nicht mal sagen können, daß du schwanger bist? Daß ich n Kind habe?«

»Mal ehrlich, Thomas: Über die ganze Zeit betrachtet, wars doch so rum für dich besser. Oder willst du verantwortlich sein für ein Kind aus ner peinlichen Affäre? Mann, ich frage mich, wie jemand, der so wenig von sich selbst versteht, sich herausnimmt, Romane zu schreiben!«

Obwohl wir uns für unser Gespräch in einen stillen Winkel des ICC-Foyers zurückzogen, war der Winkel nicht still genug, um gänzlich unbeobachtet zu sein. Ein paar Paradigma-Leute, die zur Pressebetreuung abgestellt waren und nun nichts mehr zu tun wußten, hatten mitgekriegt, worum es in dem Gespräch gegangen war.

»Oh!« sagte eine Blonde in einem dunkelblauen Business-Anzug. »Nach einer wahren Begebenheit? Damit hätten Sie aber mal n Stündchen früher rauskommen können!«

Anja war fast schon wieder weg, ich lief ihr nach und erwischte sie noch am Ausgang. »Was macht Paul eigentlich?« Ja, wie fragt man so was?

»Was willst du denn wissen?« fragte Anja zurück.

Ich hob etwas hilflos die Hände. Sie ließ ein Schnaufen vernehmen, das Ungeduld und Enttäuschung verriet. »Du wirst es nie lernen, wie man sich für andere interessiert.« Aber schließlich sagte sie: »Er hat sein Abitur gemacht, mit sehr gut. Jetzt hat er einen Ferienjob bei Schnurrer, der ziemlich begehrt ist, und über den er sich total freut.« Schnurrer war eine Nutzungskooperative, deren Autos umgangssprachlich »die Krümelfreien« genannt wurden, weil sie – innen wie außen – immer wie geleckt aussahen. Ihr Slogan war »Immer sauber weg«.

»Was macht er da?« fragte ich.

»Er fährt mit nem E-Roller durch die Stadt, und wenn er einen abgestellten Schnurrer sieht, saugt er ihn kurz durch, poliert ihn ab, meldet Schäden, die er selbst nicht beheben kann …«

»Und danach? Weiß er schon, was er studieren will?«

»Weiß er nicht.«

Sie machte eine Pause, in der ich hätte sagen können »Wie sein Vater«, aber den Fehler machte ich nicht. Sie sagte: »Er hat ja dann auch seinen Wehrdienst.«

»Ab November?«

»Genau.«

Im November und im Mai wird noch immer einberufen, nach wie vor. *Und ich weiß und ich weiß, das geht nie vorbei …*

»Wenn er nicht weiß, was er werden will – hast du ihm vielleicht mal ›Wasserfarben‹ zu lesen gegeben?«

Sie verzog unwillig das Gesicht. »Du mit deinen ›Wasserfarben‹! Ich habs ihm natürlich *nicht* gegeben. Er hat mich mal gefragt, was das für ein Buch ist, und ich habe ihm gesagt, daß es von einem total eingebildeten Typen stammt, der glaubt, der hätte Wunder was vollbracht damit, aber es ist letztlich nur ein blödes, weinerliches Jungs-Buch. Ich hab doch nicht mit dir geschlafen, weil ich dich toll fand, sondern, weil …« Sie überlegte kurz, wie sie es so verletzend ausdrücken soll, daß es noch ein Körnchen Wahrheit enthält – »Weil mir so langweilig war, daß ich sogar einen wie dich interessant fand, wenn du die Wahrheit wissen willst.«

Und dann ging sie.

Als ich später mit Sabine darüber sprach, fragte sie, ob da vielleicht noch jemand komme. Darauf wußte ich allerdings keine Antwort. Das, was nach jener Präsentation geschah, war schon unwahrscheinlich genug – aber wenn es einmal passierte, warum dann nicht noch öfter? Daß ich mit einer zusammen war, die ich komplett aus den Augen verlor, ehe mir ein dicker Bauch hätte auffallen können – das gabs in meinem Leben mehr als einmal. Und als ich Sabine gestand, froh darüber zu sein, daß Anja all die Abfälligkeiten über mein Schreiben und Empfinden erst jetzt sagte, denn hätte sie es damals gesagt, hätte es mich über all die Jahre wie ein Fluch verfolgt, erwiderte Sabine etwas sehr Kluges. »Du bist als Schriftsteller einen Tick zu bekannt und erfolgreich für dein Talent. Du wirst als wichtiger Dissident gehandelt, obwohl ich immer nur erlebe, wie du dich aus allem herauszuhalten versuchst. Und für jemanden, der so selten mit Blumen nach Hause kommt, hast du ne ziemlich tolle Frau. Ist dir schon mal die Idee gekommen, daß du ein Glückspilz bist?« Wenn ich ein Idiot wäre, hätte ich gesagt: Aha, du hältst mich also für überschätzt, feige und privat ein Arschloch. Doch weil ich keiner bin, lächelte ich und sagte: »Ich *bin* ein Glückspilz. Aber sags bitte nicht weiter.«

Den Proben zu ›Mädchen aus Ost-Berlin‹ blieb ich fern, einfach, weil allein die Anwesenheit von Autoren im Probenprozeß als übergriffig empfunden wird. Aber zur Premiere wollte ich, und was ich da erlebte, hatte ich nie erwartet.

Die schwülstige, klischeebeladene Handlung paßte auf

die riesige Bühne wie Arsch auf Eimer, und die Songs waren ein echtes Pfund. Normalerweise hängen Musicals immer durch, wenn die unvermeidlichen Balladen einsetzen – aber Udos Balladen fielen gegenüber den schnelleren, rokkigen Titeln nicht ab. Die größte Überraschung aber war das Publikum. Die Leute lachten, und sie weinten. (Ich habe auch bei Männern nasse Augen gesehen.) Es war, bei aller Überhöhung, irgendwie unsere Geschichte – zu der die Musik die Gefühle löste. Dazu kam, daß sich die Schauspieler die Lieder anders aneigneten als Udo, der ja immer auf die Pose ging. Seltsam war auch, daß dieses Musical, das unter der Ägide der Paradigma immer nur wie ein Produkt behandelt wurde, sich bei der Aufführung in ein Kunstwerk verwandelte. Und ich war, zu meiner eigenen Überraschung, stolz, daran mitgewirkt zu haben.

Ich habe mich bemüht, optimistisch zu enden, aber sorry, liebe Freunde, mehr ist nicht drin
(2011–2014)

Wegen des Musicals, das als schnöder Kommerz galt, war ich mir gar nicht sicher, ob ich überhaupt noch der literarischen Welt zugerechnet werde. Um so mehr freute ich mich, als mir ein Herr Richard David Precht, Leiter des neu eröffneten Heidelberger Literaturhauses, einen Brief schrieb. Er warte ja schon lange auf einen Vorwand, mich kennenzulernen, und jetzt habe er ihn endlich gefunden. Vor wenigen Wochen erst sei das Debüt eines Simon Urban erschienen, ›Plan D‹, und darüber wolle er gern mit dem Autor und mir diskutieren. Den Roman schicke er gleich mit.

Simon Urban mußte, wie ich den Angaben auf dem Umschlag entnahm, ein blitzgescheiter Typ sein. Wäre er in der DDR aufgewachsen, hätte er wohl in Shanghai studiert, da er aber in der BRD groß wurde, landete er bei Scholz & Friends. Und tatsächlich setzte er bereits im dritten Satz durch die Verwendung des Wortes »kataklastisch« eine intellektuelle Duftmarke. Na gut, ein Jungautor eben.

Die Idee seines Buches war schlicht, aber überzeugend: Er entspann einen Politthriller im heutigen Deutschland, das aber, und jetzt kommts, schon im Jahre 1990 wiedervereinigt wurde. Einen Thriller in einem kontrafaktischen historischen Raum anzusiedeln war schon die Methode von Robert Harris, der mal im Dritten Reich des Jahres 1964 einen Thriller spielen ließ; Urban hatte den wohl gelesen und sich gesagt: So ein Buch schreib ich auch. Allerdings holperte sein Thriller: Urban dachte sich ein Jenaer Neonazi-Trio aus, das jahrelang im Untergrund lebt, Banken überfällt und Türken umbringt, ohne daß Verfassungsschutz oder BKA die Spur aufnehmen. Na gut, dachte ich, wenn man sich als Schriftsteller etwas ausdenken muß, ist man sich für nichts zu schade. – Wie die Einheit zustande gekommen sein soll, bleibt auch schleierhaft. Urban erfindet eine Fluchtwelle über Ungarn im Sommer 1989, nachdem die Ungarn Grenzbefestigungen demontiert hatten. Die Fluchtwelle bringt in Urbans Vorstellung einige Unruhe in die DDR-Gesellschaft, Menschen protestieren, fordern Demokratie und Freiheit, Honecker wird von den eigenen Leuten gestürzt, und das Politbüromitglied Schabowski verhaspelt sich auf einer Pressekonferenz, was zur Maueröffnung führt. So weit, so doof. In der Folge gibt es so was wie »den Druck der Straße«, eine Übergangsregierung, freie Wahlen, eine Währungsunion – und binnen eines Jahres wird die DDR eingemeindet. Helmut Kohl wird bei den ersten gesamtdeutschen Wahlen sogar von den DDR-Bürgern, pardon, den Ostdeutschen gewählt. Und das alles, ohne daß auch nur ein einziger Schuß fällt. Mann, in so ner Welt würde ich gerne leben!

Im Jahr 2011, in dem das Buch spielt, ist Berlin Hauptstadt, Sahra Wagenknecht eine prominente Politikerin, liiert mit Oskar Lafontaine, der nie Kanzler war – aber regiert wird Deutschland durch eine ostdeutsche Bundeskanzlerin, die mich beim Lesen immer an Apfelkuchen-Angela, unsere Trauzeugin, erinnerte.

Das Ganze war in eine avantgardistische Orthographie gekleidet, weil Urban unterstellte, daß es in einem geeinten Deutschland zu einer »Rechtschreibreform« gekommen sei. Seine diesbezüglichen »Fantasien« liefen auf eine fast vollständige Ausrottung des »ß« und »Grauen erregende« Regeln hinaus; streckenweise las sich ›Plan D‹ wie das Elaborat eines Schulversagers.

Meine Güte, dachte ich beim Lesen immer wieder, wie kann man sich bloß so einen Käse ausdenken? Und was haben sich bloß die gedacht, die so was drucken?

So schlau dieser Autor auch war, er hatte doch erkennbar keine Ahnung. Wirklich stimmig fand ich nur, daß mein Name nirgends in dem gesamten Buch auftauchte. Denn daß ich in einem geeinten Deutschland als Schriftsteller arbeite, kann ausgeschlossen werden. Ohne die Reibung mit dem SED-Staat bin ich als Schriftsteller undenkbar. Ja, was wäre aus mir geworden, wenn es 1990 eine Einheit gegeben hätte? Vermutlich würde ich heute im Keller von Oliver Welke sitzen und mir FDP-Witze ausdenken.

Trotzdem ärgerte mich Urbans Buch so sehr, daß ich bei seinem Verlag anrief und mir den Verlagschef Helge Malchow geben ließ. »Was habt ihr euch dabei gedacht, so einen Schund herauszubringen«, sagte ich. »Das ist doch Volksverblödung, ein Buch, das mit der Möglichkeit spielt, daß der ganze DDR-Staat einfach so abtritt, weil sich alle auf die Formel ›Keine Gewalt!‹ einigen. Da werden heute noch Leute eingelocht oder mit Hausarrest und Berufsverbot belegt, weil sie für Menschenrechte eintreten, weil sie verhindern wollen, daß die DDR die Atom-Müllkippe Europas wird, oder weil sie schlicht für ein paar Singvögelchen kämpfen, die ihre Brutgebiete wegen der Windräder verlieren oder für das Biotop Wald, das der Nutzholzgewinnung geopfert wird – und ihr macht ein Buch, in dem sich die Stasi-Zentrale einfach mal so von ein paar hundert Demonstranten stürmen läßt und dann jeder auf Antrag seine Akte bekommt! Der Typ hat doch null Ahnung von der DDR, es ist ja schon peinlich! Nicht nur das – es ist eine Verharmlosung der Stasi, es ist ein Schlag ins Gesicht von Autoren wie Wolfgang Hilbig und Reiner Kunze, wenn so getan wird, als ob ein derartiges Abtreten der Stasi denkbar wäre!«

Malchow gab mir insoweit recht, daß auch er Urbans Annahmen »ziemlich phantastisch und hier und da auch etwas unrealistisch« finde. Man habe das Buch aber nicht wegen seiner Geschichtsversion gemacht. Sondern weil dieses Buch eben »anders« sei. Die Manuskripte, die heutige Debütanten einreichten, seien mit Hilfe von Google und Wikipedia zusammengestoppelte Konvolute. Kaum noch eine eigene Darstellung mit dem Mut zur Subjektivität. Keiner sucht noch den Ort seiner Beschreibung auf – man bedient sich im Internet. Doch bei ›Plan D‹, das war klar, würde diese Methode nicht funktionieren, denn über ein nichtexistentes geeintes Deutschland findet sich nichts im Internet.

»So anders ist der nicht«, sagte ich. »Kataklastisch im dritten Satz konnte er sich auch nicht verkneifen.«

»Nobody is perfect«, sagte Malchow. »Aber schön, daß Sie nach Heidelberg kommen wollen!«

Daß er mich siezte, durchzuckte mich wie ein elektrischer Schlag, denn ich hatte ihn ja halb geduzt. Ich hatte mir die schlechten Manieren der Paradigma fast schon angewöhnt. Es wurde Zeit, daß ich wieder zurückkam in die Literatur.

Bei der Diskussion in Heidelberg ging es zum Glück gar nicht um die Plausibilität von Urbans Deutschland-Vision. Sondern um den nahen Sieg des Kommunismus. So zumindest sagte es Richard David Precht, der auch Moderator unseres Gesprächs war. Precht hatte besondere Antennen für den Kommunismus, denn er war einer der seltenen Menschen, die im tiefsten Westdeutschland in einem prokommunistischen Elternhaus aufgewachsen sind. Trotzdem dachte ich, ich träume: Ausgerechnet in Heidelberg wird der nahe Sieg des Kommunismus ausgerufen?

Precht spann die DDR-Pläne, wonach Westdeutschland mit DDR-Energie fahren sollte, einfach weiter. »Preisgünstige Mobilität wird dem Car-Sharing zum Durchbruch verhelfen. Wenn zudem nur grüner Strom verfahren wird, zwackt keinen Autofahrer mehr das ökologische Gewissen. Ausgehend von den Städten wird das E-Mobil das dominante Verkehrsmittel. Junge Menschen werden über das Car-Sharing als Autofahrer sozialisiert, und möglicherweise werden sie sich niemals ein Auto anschaffen, weil Car-Sharing bequemer und billiger ist.« Nach einer Kunstpause sagte Precht dann den entscheidenden Satz: »Was aber ist Kommunismus anderes, als wenn man die Güter miteinander teilt und sich zugleich so viel nehmen kann, wie man braucht?«

»Moment, Moment«, sagte ich. »Kommunismus ist ein Gesellschaftsmodell, Car-Sharing ein Mobilitätskonzept.«

Ich wußte, daß ich mich in der Defensive befand. Und Precht zeigte mir auch, wo mein Denkfehler lag (der kein Denkfehler war, sondern ein beschämender Mangel an

Phantasie): »Wenn Millionen Menschen durch Car-Sharing an eine Kultur des Teilens und des Nicht-Besitzes gewöhnt werden und ihre Vorzüge erleben, dann werden sie dieses Verhalten auch auf andere Lebensfelder ausweiten.« Erneute Kunstpause Precht, dann: »Die Frage ist nur: Wissen das im Moment nur wir drei und unsere zweihundertfünfzig Gäste – oder weiß man das auch in der DDR?«

Mir war zu schlecht, um darauf antworten zu können. Mir fiel nur eine Phrase ein: »Aber was ist dann mit der Freiheit?«

»Was soll mit ihr sein?« fragte Simon Urban zurück. »Warum sollen Car-Sharing oder andere Formen des Teilens die Freiheit einschränken? Sie weiten doch eher die Freiheit aus! Anders gefragt: Wieso sollen Car-Sharing und das Wahlrecht einander ausschließen?«

Wie kann jemand, der ein so dämliches Buch geschrieben hat, nur dermaßen recht haben, fragte ich mich.

Während die Utopisten davon träumten, daß sich der Sozialismus mit der Freiheit vermählt, verwandelte sich der Sozialismus in Kapitalismus, ohne sich der Unterdrükkung zu entledigen – und wurde als Elektrokratie erfolgreich. Der »Dritte Weg« mündet nicht in den demokratischen Sozialismus, sondern in einen Kapitalismus unter Führung der Partei. – Precht und Urban meinten nun aber, daß der Kapitalismus zum Kommunismus mutiert, ohne dabei die Freiheit zu verlieren. Das war etwas, was ich bislang nie in Betracht gezogen hatte – und trotzdem war ich skeptisch. Denn wenn sich der Staat vom ersten Geld die eigene Bevölkerung kauft, wird er sich, wenn die Einnahmen nur sprudeln, weitere Bevölkerungen kaufen. Die Westdeutschen, deren liebster Berater ihr Taschenrechner ist, dürften leichte Beute sein. Ein Schnäppchen, in ihren Worten.

Ach, wäre doch Volker Braun nach Heidelberg gekommen! Der hätte seinen Glauben an den Kommunismus zurückgewonnen. Wenn er ihn nicht schon längst aus dem alten Lenin-Zitat »Kommunismus – das ist Sowjetmacht plus Elektrifizierung« gezogen hat. Die »Elektrifizierung« ist zwar nicht die, die Lenin meinte, und »Kommunismus« ist entsprechend auch nicht der handelsübliche Kommunismus. Egal, isses eben ein anderer. Wenn das Denken durch Haarnadelkurven lief, fühlte sich Volker Braun bekanntlich am wohlsten.

Drei Wochen nach der Heidelberger Episode erschien bei S. Fischer ›Kein Sex seit hundertachtzig Jahren‹. Die Buchpremiere war in der Gethsemanekirche, die zweite Lesung im Audimax der Karl-Marx-Universität Leipzig. Diese kleine Sensation hatte ich zwei lokalen Enthusiasten zu verdanken, Jürgen Krätzer und Peter Hinke, denen es nach monatelanger Diplomatie gelang, mich in den Räumen einer staatlichen Universität zu präsentieren. In der Gethsemanekirche waren keine Publikumsfragen vorgesehen, in Leipzig schon. Die Fragestellerin, welche die erste Frage stellte, erschien mir, wenn ich in meinen Erinnerungen krame, so hoch wie breit, sie stand im Mittelgang, das Mikrophon mit beiden Händen umklammernd, aber sie stand nicht steif, sondern wiegte, rollte mit der Hüfte, und sie fragte mit freundlicher Heimtücke: »Was fällt Ihnen eigentlich zum Thema Kindesmißbrauch ein?«

»Mir fällt dazu ein, daß das ein Verdacht ist, mit dem jemand fertiggemacht werden kann«, sagte ich, und ich merkte, daß ich mich mehr aufregte, als gut für mich war. Scheiße, dachte ich, irgendwann wird dir die Stimme versagen, irgendwann wirst du vom Podium kippen, aber bis dahin mußt du so viel wie möglich gesagt haben. »Welches Gerücht haben Sie denn gehört? Daß eines meiner Kinder stottert? Daß es Zeichnungen gibt? Daß das Jugendamt nicht einschreiten darf? Oder daß meine Kinder schon eine Nacht außer Haus verbringen mußten? Alles Blödsinn, und ich hoffe, daß irgendwann der Tag kommt, an dem sich all jene in Grund und Boden schämen«, und ich wiederholte das, so fest ich nur konnte, weil ich soeben die Formel, das Gegengift gefunden hatte, »in Grund und Boden schämen, die dieser Rufmordkampagne, ich wiederhole: Rufmordkampagne auf den Leim gegangen sind oder sich sogar an ihr beteiligt haben! – Muß ich noch mehr sagen?«

Der Saal lag dunkel vor mir, ich spürte eine atemlose Stille, und von irgendwo hörte ich ein »Nein!«, und ich war dankbar dafür. »Dann werd ich auch nichts mehr dazu sagen.« Ich griff nach dem Wasserglas, wobei ich so zitterte, daß ich auf dem Weg zum Munde die Hälfte verschüttete. Die andere Hälfte kippte ich hinter, dann sagte ich: »Bitte um Verständnis, daß ich hier Schluß mache.« Obwohl ich das einzig Richtige gemacht hatte, war ich fix und fertig.

Beim Signieren bildete sich eine große Traube an meinem Tisch, worüber ich erleichtert war, denn der Zwischenfall führte nicht dazu, daß sich alle von mir abwandten. Weil ich jedoch den Stift nicht halten konnte, redete ich einfach weiter, von all meinen Erlebnissen, seitdem es dieses Gerücht gab. Je länger ich redete, desto besser ging es mir, meine Stimme wurde fester. Und als ich einen Mann sah, der seiner Begleiterin zuraunte »Er sagt die Wahrheit«, sprach ich ihn an und forderte ihn auf, es laut zu wiederholen, und er sagte vor allen: »Ich habe eben gesagt: Er sagt die Wahrheit.« Von da an war alles besser. Ich wußte, daß es um meine Person dieses Gerücht gab, aber wenn ich laut darüber rede, dann wird mir geglaubt. Die Zeit ist auf meiner Seite.

Dachte ich – bis mir Biermann einen Dämpfer erteilte, als ich mit ihm mal über die Sache sprach. Über ihn wurden natürlich auch haufenweise Gerüchte in die Welt gesetzt, unter anderem, daß er ein lausiger Gitarrist sei. »Obwohl ich bei jedem Auftritt das Gegenteil beweise, ist dieses Stasi-Gerücht aus den sechziger Jahren bis heute nicht auszurotten. Daß du der nette Onkel bist, das wirst du nicht mehr los.«

Im Mai 2011 suchte ich den Kontakt zu meinem Sohn Paul. Anja hatte mir die Adresse seiner Kaserne gegeben, und sie hatte ihn wohl auch informiert, daß ich aufkreuzen würde, per Brief übrigens, denn Grundwehrdienstler durften keine Handys haben.

Pauls Kaserne lag an der Peripherie von Wismar. Ich kam an einem Sonntagvormittag um elf. Die Kaserne war riesig, ich fuhr etwa drei Kilometer an einem Zaun entlang, ehe ich endlich das Kasernentor fand. Obwohl Sonntag war, kamen und verließen ständig Mannschafts-LKWs das Kasernengelände. Ich fragte nach Paul und wurde in den Besuchsraum geschickt, der Teil des Wachgebäudes war. Da sollte ich warten. Der Besuchsraum hatte nichts von der Ödnis eingebüßt, die mir aus meiner Armeezeit bekannt war: Stahlrohr-Stühle an Sprelacart-Tischen, mit Wachstuch-Deckchen übereck und salzstreuergroßen Preßglas-

Vasen, in denen je ein Kunstblümelein steckte. An der Wand hing schon das Bild des Neuen, Gregor Gysi, obwohl er erst in der vorvorigen Woche ins Amt gekommen war. Das Bild war, die Traditionen wahrend, geschönt: So jung wie auf diesem Bild war er nicht mal, als ich mit ihm im Zuge der Brussig-Affäre zu tun hatte, und das war immerhin 1997 gewesen. Auch die Parole von der gegenüberliegenden Wand war in vertrauter weißer Schrift auf rotem Grund, wenn auch der Wortlaut »Windkraft – Fundament unserer Zukunft!« zu meiner Armeezeit undenkbar gewesen wäre.

Nach etwa zehn Minuten, in denen ich allein im Besuchsraum saß, kam ein Wachmann und sagte mir, daß Paul noch schlafe, er hätte Nachtschicht gehabt. Ich könne warten. Bis wann die Nachtschichtler schlafen, wisse er allerdings nicht. Also wartete ich, wobei ich fast jede Minute das Aufheulen der Motoren hörte, wenn ein LKW in die Kaserne kam oder sie verließ – an der Schranke mußten alle anhalten.

Gegen vierzehn Uhr, die Wachmannschaft hatte inzwischen gewechselt, fragte ich, ob Paul immer noch schlafe. Ein Anruf auf seiner Kompanie ergab, daß er schon wieder draußen war; die Information, daß er Besuch hatte, war nicht weitergegeben worden. Der Wachmann hob bedauernd die Hände, daß man da wohl nichts machen könne. Ich bat, den Leiter der Wache zu sprechen und erklärte die Situation, wobei ich auch nicht verschwieg, daß Paul und ich uns noch nie begegnet waren. Auf dem Besuchszettel stand mein Name, und mit dem wußte der Leiter der Wache auch etwas anzufangen, das spürte ich. Er telefonierte, kam zurück und sagte, Paul sei bei »Otto Neun«, und ich solle ihn dort treffen. Er wird dort anrufen, so daß Paul mal für eine halbe Stunde mit der Arbeit aussetzt. Als er mir den Weg zu ›Otto Neun‹ erklären wollte, merkte er schnell, daß es zu kompliziert ist; ich solle einfach einem LKW folgen, der auch zu ›Otto Neun‹ fährt. Also setzte ich mich ins Auto und wartete neben der Schranke. Bei jedem rausfahrenden LKW fragte dann der Wachleiter ›Otto Neun?‹, und der Fahrer antwortete dann ›Felix Siebzehn‹, oder ›Norbert Drei‹ oder ›Vincent Elf‹ – aber schließlich kam ein LKW, der zu Otto neun fuhr, und ich fuhr ihm nach. Etwa fünfzehn Kilometer, erst über Landstraße, die letzten drei Kilometer über eine Piste aus nebeneinandergelegten Betonsegmenten. Da waren wir schon auf der Großbaustelle. Windräder bis zum Horizont, aber in den Lücken zwischen den Windrädern wurden weitere, sogar noch größere, gebaut. Die neueste Generation, einhundertsechzig Meter hohe, geschlossene Holztürme. Wie Ameisen machten sich die Arbeiter, alles Wehrpflichtige, auf den einzelnen Baustellen zu schaffen. Eine Eigenschaft der Windräder ist ja, daß sie die Proportionen einer Landschaft zerstören. Es ist mir unmöglich zu schätzen, ob ein Windrad, wenn es mir nah erscheint, nur vierhundert Meter oder doch zwei Kilometer entfernt ist, und wenn es mir fern erscheint, ob es drei oder fünfzehn Kilometer weit weg ist. Daß die Türme einhundertsechzig Meter hoch sind, wußte ich nur, weil Robert es erwähnt hatte. Einmal mußte der mir vorausfahrende LKW die Betonpiste verlassen, weil ein Holztransporter von der Piste abgekommen war und im Schlamm steckte. Ein Traktor war dabei, ihn herauszuziehen, und vier weitere Holztransporter stauten sich dahinter schon.

Bei einer freistehenden Baracke, die etwa dreihundert

Meter von ›Otto Neun‹ entfernt war, hielt der LKW, und die Soldaten, alle in schwarzen Arbeitsuniformen, stiegen ab, gingen in die Baracke und kamen kurz darauf mit gelben Helmen wieder heraus und schlenderten, die Hände in den Taschen, zur Baustelle. ›Otto Neun‹ war noch ganz am Anfang; das Fundament wurde gelegt. Der Gruppe kam ein einzelner Uniformierter entgegen, auch schlendernd, auch die Hände in den Taschen. Es war Paul. »Tach«, sagte er, als er bei mir war. »Ich hab den Befehl gekriegt, meinen Vater kennenzulernen.«

»Und Befehl ist Befehl«, sagte ich.

»Genau, Befehl ist Befehl. Gehen wir rein. Ich nehme an, in deinem Kofferraum ist n Riesen Freßbeutel oder so was? Ich hoffe, so schwer, daß ich tragen helfen muß?«

Ich öffnete den Kofferraum. Die Tasche mit dem Freßzeug war zwar groß, aber nicht so, daß ich sie nicht allein geschafft hätte. Pauls Augen leuchteten trotzdem. »Feines Happa!« sagte er und lachte.

Drinnen – das war eine normale Bauarbeiter-Baracke, mit Blechspinden und einem Tisch in der Mitte. Nur im Hinblick auf die Pin-up Girls war der Baracke anzumerken, daß wir in einem Armeegebäude waren: Jeanette Biedermann und Yvonne Catterfeld, kein bißchen westliche Haut sollte die Soldaten erfreuen.

Es gab nur Hocker. Cola wollte Paul nicht. Es war für Mai recht frisch, und er wollte lieber einen Kaffee trinken. Den mußten wir auf einer Herdplatte zubereiten, türkisch.

»Du hattest Nachtschicht und bist jetzt schon wieder draußen?« fragte ich.

»Doppelschicht«, sagte Paul. »Bei zehn Doppelschichten gibts nen Tag Sonderurlaub. Außerdem ist der Baustellenfraß noch eßbar, im Vergleich zum Kasernenfraß. Da kommt ein Bus, der fährt uns in die Kantine. Wenn du immer nur auf ner LKW-Pritsche rumgegondelt wirst, was meinst du, wie du dich darüber freust, wenn du mal in nen beheizten Bus steigen darfst.« Er trat gegen einen Hocker. »Außer den Sitzen im Bus krieg ich hier nirgends mal n Polster untern Arsch oder ne Lehne hintern Rücken.«

»Und bist du auch mal richtig in der Kaserne, so als Soldat?«

Paul lächelte mich an. »Meine Mutter hat mir schon gesagt, daß du total keine Ahnung hast – aber du weißt es wirklich nicht?«

»Was denn?«

»Es arbeiten *alle* in den Windrädern. Den *ganzen* Wehrdienst. Vier Wochen haste Grundausbildung, da lernste Marschieren, Schießen, n bißchen Dreck fressen, Bettenbauen, Männchen machen, Vereidigung ist zwischendurch – und nach den vier Wochen gehts ab in die Windräder! Wobei ich noch Glück habe, daß ich bei den Tiefbauern bin. Die Tischler sind wirklich angearscht.«

»Wieso angearscht«, sagte ich. »Tischler ist doch ne schöne Tätigkeit.«

»Aber nicht, wenn du nur an der Kreissäge stehst. Dann noch die Doppelschichten. Du kommst mit zehn Fingern und gehst mit neunen. Im Wald, beim Fällen mit Kettensägen, soll wohl noch mehr passieren. Aber das machen Knastis.«

Sieh an, der gute alte Häftling. Der darf auf dem Dienstplan einer Diktatur natürlich nicht fehlen.

»Man wird bei der Musterung so ganz nebenbei gefragt, ob man ein Instrument spielt. Ich hab Klavier gesagt, obwohls gar nicht stimmt, sonst wär ich vielleicht zu den Tischlern gekommen.«

Ich dachte daran, wie mir, als ich vier oder fünf war, Herr Schiffling vom Parterre seinen Beinstumpf zeigte. Diese Generation wird kleine Kinder mit halben Fingern und Daumenstümpfen beeindrucken können. *Und ich weiß und ich weiß, das geht nie vorbei.* Kerschowski, mußt du denn immer recht haben?

Das Wasser kochte. Paul machte uns Kaffee und kam damit an den Tisch. »Aber du bist ja ein Gegner dieser Windräder, wie ich höre«, sagte er. »Warum eigentlich? Was hast du dagegen, wenn wir den Lebensstandard der Kuwaitis und den Staatshaushalt der Norweger haben? Außerdem ist Windstrom Grüner Strom, und das Holz bindet Unmengen an Kohlendioxid. Für mich klingt das, sorry, aber es klingt super.«

Er war mein Sohn, und er war jung. Würde ich wenigstens ihm den Wahnsinn klarmachen können? Als er vom »Lebensstandard der Kuwaitis und dem Staatshaushalt der Norweger« sprach, mußte ich allerdings schmunzeln. Es erinnerte mich an die in den Siebzigern kursierende Redewendung vom »zweitbesten Geheimdienst der Welt«, für den sich die Stasi – nach dem Mossad – hielt, und die eine ähnlich lachhafte Weltenkundigkeit suggerierte, wie jene Kuwaitis-und-Norweger-Bemerkung, die mir in letzter Zeit immer wieder begegnete.

»Die Windräder sind nicht der Feind«, sagte ich zu Paul. »Auch wenn mir hin und wieder unterstellt wird, ich würde, wie Don Quixote, gegen Windmühlen kämpfen. Aber die Windräder sind die Basis einer Macht, die meiner Meinung nach bekämpft werden muß. Weil sie uns keine Wahl läßt.

Weil sie uns zu Kindern macht. Weil sie uns vorschreibt und verbietet. Das geht damit los, daß hier nicht Scarlett Johansson hängen darf, sondern nur diese blöde Jeanette Biedermann, und es endet damit, daß du deine Regierung nicht wählen kannst.«

»Wozu muß ich sie wählen, wenn es mir gutgeht?«

»Weil wir eine Regierung haben, die in deinen und meinen Alltag tief hineingreift. Wer an der Macht ist, nimmt großen Einfluß auf dein Leben. Deshalb muß diese Regierung auch gewählt werden können – und notfalls auch abgewählt.«

»Und was hat das mit den Windrädern zu tun?«

»Zum einen glaube ich nicht, daß eine gewählte Regierung ein solches Projekt durchpeitschen könnte. Diese großflächige Verschandelung der Landschaft, dieser Verschleiß an Arbeitskräften, bei denen Hunderttausende ihre Finger verlieren – da gäbe es zig Bürgerinitiativen, die sich dagegenstellen. – Zum zweiten besorgen die Windräder und das Kuwait-und-Norwegen-Versprechen ja gerade die Legitimität dieser autoritären, antidemokratischen Regierungsform, der, wie ich sie nenne, Elektrokratie. Sie erzählen uns, weil wir die Windräder haben und es uns bald wie den Kuwaitis und Norwegern gehen wird, brauchen wir keine Wahlen.«

»Aber sind Windräder angesichts der Klimakatastrophe nicht besser als Benzin und Kohle?«

»Doch, sind sie.«

»Und trotzdem willst du, daß die Freiheit vieler Einzelner, vieler *Dummer* wichtiger genommen wird als eine von Experten verordnete Idee, die den Planeten rettet, nämlich die Idee, daß die Energie aus Windrädern kommt? Du sagst doch selbst, daß in einer lupenreinen Demokratie so ein Windrad-Projekt nicht durchsetzbar ist.«

»Noch ist die Welt ja nicht untergegangen. Die Demokratie rettet die Welt auch, nur anders. Die Manöver in einer Demokratie sind nicht so ruckartig. Da ziehn nicht hunderttausend junge Männer mit dem Spaten ins Moor, wenn du verstehst, was ich meine.«

»Wir haben nur einen Versuch. Dann ist die Welt hin oder nicht.«

»Du hast auch nur ein Leben. Das lebst du frei oder nicht.«

Paul schaute nachdenklich auf den Boden seiner Tasse und bildete Landschaften mit dem Kaffeegrund. Dann schaute er auf die Uhr.

»Den heutigen Tag lebe ich auf jeden Fall nicht frei. Ich muß wieder los.«

Ich half ihm noch, meine Tasche mit all dem Obst, der Schokolade, dem Kuchen und dem Kaffeepulver in den Schrank zu stopfen. Eine Stange Cabinet in der Hand fragte ich ihn: »Rauchst du?«

»Nee.«

»Braver Junge.«

Mit den Worten »Kann ich tauschen« nahm er sie doch.

»Kommst du wieder?« fragte er dann.

»Soll ich?«

»Sicher. Danke. Tschüß.« Er gab mir die Hand. Immerhin. Die Begrüßung war ganz ohne Körperkontakt verlaufen. Ich öffnete die Tür der Baracke, ließ ihm aber den Vortritt. Neben der Tür sah ich dann doch noch *westliche Haut*: Ein Poster von Bayern München, mit dem Z-Strom-Signet auf den Trikots. Sieh an, dachte ich, unter diesen Umständen ist westliche Haut in Armeebaracken erlaubt.

»Wie soll ich eigentlich zu dir sagen?« fragte Paul, als wir draußen waren.

»Na ja, *Papa* ist voll daneben, und *Herr Brussig* würde ich auch nicht so toll finden.«

»Und *Herr Vater*?«

Ich mußte lachen. »Du bist ein Super-Typ, weißt du das!«

»Schleimer!« sagte er scherzhaft und ging zurück zu ›Otto Neun‹, schneller als er gekommen war, aus Angst, die Zeit zu überziehen und damit seinen Tag Sonderurlaub zu gefährden.

Als er ein paar Schritte weg war, lief ich ihm hinterher. »Paul!« rief ich. Er lief etwas langsamer, aber als ich ihn eingeholt hatte, wurde er wieder schneller. »Warum machst du das, warum macht ihr das? Diese Doppelschichten … Kasernenfraß … abgesägte Finger. Warum geht ihr nicht einfach in den Westen? Warum zieht ihr euch diesen Scheiß rein?«

»Ich hab dir doch gesagt, daß ich hier draußen nicht den Kasernenfraß habe. Und daß ich bei den Betonierern bin.«

»Du weißt genau, was ich meine.«

»Warum ich nicht einfach in den Westen gehe? Weil das hier die Zukunft ist, und weil sie uns gehört. Als Eintrittspreis für die Gesellschaft der Sieger muß man eben mal für achtzehn Monate die Arschbacken zusammenkneifen und darf nicht zimperlich sein.«

»Achtzehn Monate Zwangsarbeiter, ein Leben lang Norweger.«

»Genau. Könnte von mir sein. Übrigens: Sieben Monate hab ich schon weg!«

Ich begab mich auf den Rückweg. Eine Gemeinheit der

DDR-Obrigkeit bestand darin, daß es an Tankstellen immer seltener Benzin gab, um diejenigen, die weiter mit Flüssigtreibstoff fuhren, zur Umrüstung auf E-Motoren zu zwingen. Die Tankstellen auf dem Weg nach Wismar hatten alle kein Benzin; mit meinem Tank hätte ich es gerade so zurück nach Berlin geschafft; der Abstecher auf die Baustelle mit seinen dreißig Kilometern hin und zurück war allerdings nicht einkalkuliert. Als ich jedoch einen Tankwagen die Betonpiste herunterfahren sah, stellte ich mich winkend in den Weg. Der Tankwagen hielt.

»Wo istn hier die Tankstelle?« fragte ich.

»Woher soll ich das wissen?« fragte der Fahrer.

»Na, du fährst doch Sprit!« sagte ich.

»Das ist Holzleim, Mensch! Polyure…« Den Rest verstand ich nicht, denn der Fahrer fuhr schon wieder los, verärgert über den sinnlosen Halt.

Es gab sie also noch, die Goßbaustellen des Sozialismus. China baut Megacities, wir bauen Windräder, so wie Stalins Sowjetunion Kanäle, Eisenhüttenwerke und Nordmeerhäfen baute. Stalin hatte seine Zwangsarbeiter, unschuldige Leute, die einfach als Volksfeinde gebrandmarkt wurden und dann zum Schuften abkommandiert wurden, zehn, zwölf, zwanzig Jahre. Wir haben unsere Wehrpflichtigen. Wenn tatsächlich der Großteil von ihnen auf den Windrad-Baustellen ist, sind das etwa hundertfünfzigtausend Menschen. Mit Doppel- und Nachtschichten, ganzen achtzehn Tagen Regelurlaub in achtzehn Monaten, und einem lächerlichen Sold. Und mittendrin in dem ameisengleichen Gekrabbel der Schwarzkombi-Träger einer, der sich aus Angst um seine Finger bei der Musterung zum Klavierspieler machte, und der Doppelschichten knüppelt, wegen des besseren Essens und Busfahrten im beheizten Bus auf einem gepolsterten Sitz. Mein Sohn. Mein erwachsener Sohn. Der nicht daran denkt, sich aufzulehnen, weil er glaubt, er rettet die Welt und tut obendrein was für unser aller Zukunft.

Ich stellte mein Auto unter einem Windrad ab, schaute in die Landschaft und wurde der eigenen Kleinheit gewahr. Ich sah Windräder, so weit das Auge reichte, fertige und halbfertige, und hinter dem Horizont ging es weiter, mehr, als ich zählen konnte. Es gab sie von ganz riesig (unter dem stand ich) bis klitzeklitzeklein (am Horizont). Wie willst du dich mit jemandem anlegen, der so viele dieser Kolosse in die Landschaft stellen kann?

Auf der Heimfahrt stieß ich in irgendeinem Kuhdorf auf eine Tankstelle, wo ich noch Sprit bekam, und auf der Autobahn kamen mir LKW um LKW entgegen, die Holz geladen hatten, während ich ein ums andere Mal leere Holzlaster überholte. Zu Hause präsentierten mir die Zwillinge vorwurfsvoll einen Teebeutel, den ich in den Müll geworfen hatte; die beiden Heftklammern seien »wertvolles Altmetall«. Antonia und Pauline sammelten nicht Flaschen und Altpapier, sondern vor allem Schrott. Klar, die Rohstoffarmut der DDR war Dauerthema, und alles, was im Land zusammengekratzt wurde, mußte nicht importiert werden. – Außerdem war ein Fax gekommen, auf englisch; Lady Gaga, die vor einigen Monaten unmittelbar vor ihrem geplanten Auftritt im ›Kessel Buntes‹ von einem Stillen angefahren worden war, bereitete eine Klage vor, und ihr Anwalt bat mich um entsprechende Argumente, denn er klagte nicht gegen den Fahrer, sondern gegen die DDR. Einerseits fühlte ich mich endlich mal verstanden, andererseits konnte ich unmöglich Helfer in einer solchen Sache werden. Es ist schon schlimm, unverstanden zu sein, aber wenn als erstes ein Idiot ruft »Er hat recht!«, dann ist ganz aus. – Später erfuhr ich, daß Lady Gaga tatsächlich den Staat DDR vor irgendeinem US-Gericht auf unfaßbare 250 Millionen Dollar Schadenersatz verklagte.

Bei den Weihnachtseinkäufen im Centrum-Warenhaus traf ich zufällig Abini Zöllner. Ihre Sendung ›Dreier mit …‹ gab es seit fast einem Jahr nicht mehr; sie wurde schon Monate vor Gysis Amtsübernahme eingestellt, von einem Tag auf den anderen. Als ich sie fragte, wieso, sagte sie nur knapp, daß sie mal rumkommen wird. Nach Neujahr kam sie mit einer DVD der letzten, nicht ausgestrahlten Sendung. In dieser Sendung ließ sich Gysi dazu hinreißen, laut über Wahlen nachzudenken. »Wenn die Elektrifizierung des Straßenverkehrs bis 2015 über die Bühne geht – warum dann nicht 2016 wählen?«

Dieser Satz ging allerdings nie über den Sender; Gysi selbst verhinderte die Ausstrahlung. Wenn Krenz von seinen Gedankenspielen über freie Wahlen erfahren hätte, hätte er sich die Krenz-Nachfolge abschminken können. Er forderte von Abini nicht nur die Nicht-Ausstrahlung dieser Aufzeichnung, sondern die komplette Löschung; die DVD, die sie mir zeigte, hatte sie vor Gysis Bulldoggen gerettet. ›Dreier mit …‹ wurde daraufhin eingestellt, doch als im April 2011 Gysi tatsächlich ins höchste Amt kam, bot er Abini den Posten der Regierungssprecherin an. Sie lehnte ab. Das Angebot kam, meinte sie, um sie gleichsam für ihr Schweigen darüber zu bezahlen, daß Gysi einmal laut über freie Wahlen nachgedacht habe.

»Und, schweigst du?« fragte ich sie.

»Ick lache«, sagte sie und lachte. »Googel mal ›Abini lacht‹. Das ist ne geschützte Marke, mein Sohn verkloppt ne App mit meinem Lachen, für einsneunundneunzig West, die sind n Hit, wir gehen nächste Woche auf Karibik-Kreuzfahrt, erste Kategorie, mit Abendessen am Tisch vom Kapitän und so, die ganze Familie kommt mit – und wie haben wirs bezahlt? Mit meinem Lachen!«

Natürlich habe ich die vergangenen Jahre geschrieben und geschrieben. Es ist ja das einzige, was ich kann. Ich erinnere mich an den Stuben-E, der sich vor Lachen auf dem Boden wälzte, als ich ihm meine Parodie auf einen Annoncenbrief vorlas, sehe das zerlesene Exemplar ›Helden wie wir‹ vor mir, das ich Apfelkuchen-Angela signierte, höre Ninette, die beim Manuskript lesen bewundernde Kommentare ausstößt, und denke an Ferry Düren, der auf die Knie sank, als er seinen Monolog das erste Mal las. Es ist schön, ein Talent zu haben, und ich bin dankbar dafür.

Als ich davon sprach, die dreitausend überfahrenen Fußgänger seien »Opfer eines Krieges«, da schlug mir etwas entgegen. Ich wurde als Spinner abgestempelt. Wer etwas zu sagen hat, was die Leute aufregt, sollte seine Idee in eine Geschichte kleiden können. Denn Leser sind wir alle. Wir haben alle schon mal eine Idee, die wir vor dem Lesen eines Buches für verrückt hielten, vierhundert Seiten später mit Leidenschaft verteidigt. Ein Leser klappt das Buch zu, hebt seinen Blick – und schaut anders in die Welt. Und weil ein Schriftsteller weiß, daß er das vermag, kann er in aller Seelenruhe seine verrückte Idee in eine Erzählung kleiden und sich hinterher anhören, wenn er für seine »visionäre Phantasie« gepriesen wird.

Ich habe mich keiner Verfolgung ausgesetzt, in keiner Bürgerinitiative verschlissen – obwohl es immer Menschen sind, die irgendwann den Staat erschüttern, und noch kein Roman je ein System einstürzen ließ. Bücher sind so wichtig für den einzelnen, aber so ohnmächtig gegenüber dem Ganzen. Trotzdem schreibe ich den großen Windmühlen-Roman. Wo ich bin? Nach dreihundert Seiten noch nicht mal am Anfang.